河南省教育科学规划 2023 年度重点课题，2023JKZD 研学社会实践中的价值与应用研究

2024 年度河南省高校人文社会科学研究一般项目，2024–ZZJH–132，OBE 理念下新时代高职院校大学生成长评价模型的构建

产教融合人才培养生态系统构建研究

金慧慧　著

九 州 出 版 社

JIUZHOUPRESS

图书在版编目（CIP）数据

产教融合人才培养生态系统构建研究 ／ 金慧慧著
. -- 北京 ：九州出版社，2023.11
ISBN 978-7-5225-2253-1

Ⅰ．①产… Ⅱ．①金… Ⅲ．①高等学校－产学合作－
人才培养－研究－中国 Ⅳ．①G649.2

中国国家版本馆CIP数据核字(2023)第190774

产教融合人才培养生态系统构建研究

作　　者　金慧慧　著
责任编辑　云岩涛
出版发行　九州出版社
地　　址　北京市西城区阜外大街甲35号 (100037)
发行电话　(010) 68992190/3/5/6
网　　址　www.jiuzhoupress.com
印　　刷　定州启航印刷有限公司
开　　本　710毫米×1000毫米　　16开
印　　张　14.5
字　　数　220千字
版　　次　2023年11月第1版
印　　次　2023年11月第1次印刷
书　　号　ISBN 978-7-5225-2253-1
定　　价　88.00元

在这个日新月异、科技水平突飞猛进的 21 世纪，人才培养的重要性越来越明显。面对这样的形势，高校必须重新审视并优化人才培养模式，寻找新的教育创新途径，以更好地培养适应社会发展的人才。在这个过程中，产教融合人才培养模式受到了广泛的关注。这个模式充分发挥了产业和教育的优势，弥补了传统教育在培养适应社会需要的人才方面的不足。著者对产教融合人才培养生态系统的构建进行了深入研究，为高校提供了更加系统、全面的视角，帮助高校更好地理解并实施这种新型的人才培养模式。

构建产教融合人才培养生态系统并不是一件容易的事情，需要深入研究相关的理论和实践，总结经验和教训，不断地试验和创新。鉴于此，著者撰写了《产教融合人才培养生态系统构建研究》一书，提出具有指导意义的理论和实践建议，帮助读者理解并实施产教融合人才培养模式，其理论意义和实践价值自是不言而喻的。本书在内容编排上共设了七章，各章节内容如下。

第一章主要阐述了产教融合的相关理论，包括产教融合的定义、特性、理论来源、背景、基本原则、功能及作用等，奠定理论研究基础。

第二章主要论述了高校人才培养的相关理论，包括高校人才培养的内涵、特征、目标、任务、意义，以及基本原则，以夯实理论研究基础。

第三章主要分析了产教融合人才培养生态系统的理论渊源，从政策依据、理论之基、一般规律，以及必要性这四个角度入手，展开多角度、多层次论述，进一步夯实理论研究基础。

第四章从多层面入手，包括政府层面、企业层面、高校管理层面、高校教师层面和大学生层面，对产教融合人才培养生态系统的利益进行了全方位的剖析，在强调产教融合人才培养生态系统重要性的同时，明确各方所扮演的角色和获得的利益。

第五章介绍了产教融合人才培养生态系统的基本结构框架，包括制度规范子系统、教育主体整合子系统、科研资源整合子系统、教学资源整合子系统，介绍了各子系统的组成要素，以便更好地了解各系统的运行机理。

第六章主要论述了产教融合人才培养生态系统的运行机制，包括互利共生机制、动态平衡机制、信息流转机制、评价反馈机制，为产教融合人才培养生态系统的高效率运行提供保障。

第七章立足实际，针对如何构建产教融合人才培养生态系统提出了一些有效路径：其一，优化产教融合共生环境；其二，协同各方治理理念；其三，衔接教育链和产业链；其四，建立科学的利益分配体系。本章为产教融合人才培养生态系统能更好地运转提出了一些合理性建议。

由于著者水平有限，书中难免存在不足之处，敬请各位同行和专家学者斧正。

目录

第一章　产教融合概述

第一节　产教融合的相关概论

一、产教融合的定义

在当今快速发展的社会中，产教融合作为一种顺应社会发展需求而在职业教育中产生的人才培养模式，其重要性日益显现。"产"与"教"两个词在这里有着双重含义：一方面，作为动词，分别指代生产和教育活动，共同描绘了一种将生产与教育有机融合的场景；另一方面，作为名词，代表着产业和教育两个社会领域，这两个领域的有机结合便构成了产教融合的内涵。基于此，"产"并不仅仅是指企业，还更广泛地包括了所有参与生产活动并能推动社会经济发展的单位；"教"也不只是指学校，还指向了教育相关部门以及所有等级和类型的学校所从事的教育教学活动，尤其是职业教育为培养人才所开展的各类活动。"产教"不只是企业与学校教育的结合，它更深层次的含义是生产过程与教学活动的融合；"融合"指原本不一样的事物重新组合到一起，形成了一种区别于旧事物属性的新事物。

产教融合，从职业教育的角度出发，强调将学校教育与企业生产紧密联系，通过校企合作共育人才、共享资源、共同发展，实现理论教学与生产实践的交替进行，并由此形成了一种学校与企业一体化的办学模式。在这种模式下，学校不再是教育的唯一场所，企业也成为人才培养的重要主体。产教融合这种校企协同育人、学做融合的办学模式，既满足了职业教育发展的内在需求，又反映了行业企业发展的客观需要，具有更高的效率和效果，能够更好地满足社会的需求，为社会的发展提供强大的人才支撑。

在职业教育领域，产教融合模式的提出，创新地搭建了企业与学校之间的桥梁，使人才培养不再是企业的负担，而是一项重要的社会责任。与以往校企合作的权责分配不同，产教融合模式下的企业和学校共同承担起以人才培养为目标的教育教学活动。在产教融合理念的引领下，教育需要与地方产业共同协作发展，企业与学校也需要深度融合，整合双方资源，为人才培养提供全方位的支持。这样的模式实现了企业与学校之间深度的合作与交流。这种深度的合作与交流，不仅有利于提升人才培养的质量和效果，也更符合社会发展的需要。为了深化校企合作，推动产教融合，各相关部门与职业院校开展了多项创新实践，如由教育部办公厅主持的现代学徒制试点，由人力资源社会保障部办公厅、财政部办公厅开展的新型学徒制试点，以及由政校行企等主体组织创办的、各类职教集团实施的集团化办学等。这些实践都是为了推动理论教学与生产实践的有机融合，以更好地适应社会需求，提高人才培养的质量和效率。在这些探索实践中，工学结合、理实一体的教学模式是核心内容，它能够确保职业教育人才培养的规格与质量，也推动着职业教育向内涵式发展转变。尽管在现阶段，国内对产教融合的理解多数停留在校企合作的层面，但我们也看到，随着社会对人才培养需求的日益多元化，产教融合的内涵和路径将会不断深化和拓展。从目前的实践来看，产教融合已经从简单的校企合作，发展为包含了政策、机构、资源等多元因素的全面合作模式。这种全面合作模式既满足了职业教育发展的需求，也满足了社会对高素质技术型人才的需求。因此，我们可以看到，产教融合模式具有深远的社会意义和价值。

产教融合作为一种新型的人才培养模式，具有宏观和微观两层意义。在宏观层面，产教融合意味着整个产业系统与职业教育系统的紧密结合，也就是说，产业系统和职业教育系统相互融合形成一个有机的整体。教育部门（主要是院校）和产业部门（行业、企业）充分利用各自的资源和优势，基于互信和合约，以服务经济转型和满足社会需求为出发点，以协同育人为核心，以合作共赢为动力，以校企合作为主线，通过项目合作、技术转移以及共同开发等方式进行合作，实现了产业、教育内部及其之间各要素的优化组合和高度融合。这种宏观的产教融合模式可使产业系统和教育系统形成一个更大的、全面的、互补的整体，从而使人才培养更加全面和高效。

在微观层面，产教融合体现在教育教学过程与生产工作过程的融合，主要体现在两方面：一方面是教育教学过程与生产工作过程的融合，实际上是育人方式上的融合；另一方面是教育教学内容与生产技术技能的融合，实际上是育人内容上的融合。教学活动与生产活动的直接对接，使学生在学习的过程中可以直接接触到生产实践，提升了教育的实效性。同时，教学内容与生产技术技能的融合，使教学更加符合企业的实际需求，让学生所学的知识和技能更能满足社会的需求。

对于产教融合，国家级文件侧重于从宏观层面进行解析。在《中共中央关于全面深化改革若干重大问题的决定》中，第一次用"产教融合"这一术语取代了早先的"产教结合"，并对其进行了新的内涵解读。由此可见，产教融合在教育领域内成为一个重要的理念和路径。例如，在 2015 年 7 月印发的《教育部关于深化职业教育教学改革全面提高人才培养质量的若干意见》的文件中，产教融合被诠释为一种理念、机制、途径，产教融合的目的被定位成提高教育质量和办学活力，并要求将产教融合理念贯穿于职业教育教学工作的各个层面。有关部门在《现代职业教育体系建设规划（2014—2020）年》中，将产教融合解释为专业设置与产业需求、课程内容与职业标准、教学过程与生产过程的对接，以实现职业教育、技术进步和生产方式变革、社会公共服务相适应，促进经济的提质增效升级。从这些国家级文件中可以看出，产教融合被视为推动产业升级转型和职业教育内涵式发展的一种重要手段，体现了"产业"与"教育"水乳交融、互为因果的逻辑必然。产教融合的推进，既是出于对教育质量提高和办学活力增强的追求，也是对产业升级和社会发展需求的应对。这种宏观层面上的理解和探索，无疑为产教融合这一概念赋予了更深更广的含义，也预示着其在未来中国教育改革中的重要地位和作用。

产教融合作为一种深化教育改革的重要路径，从宏观到微观主要包括三个层面：其一，产业与教育的融合；其二，企业与学校的融合；其三，生产与教学的融合。这三个层面共同造就了产教融合的丰富内涵和深远影响。

产业与教育的融合，是产教融合的宏观层面，强调产业和教育在资源和目标上的协同合作，具体表现为产业提供物质支持，推动高等职业教育的发展；同时，高等职业教育为产业发展提供人才培养和技术研发等智力支持，进而推动产业的持续发展和升级。

企业与学校的融合，是产教融合的中观层面，体现为校企合作的深度和广度。企业与学校在资源和能力上实现互补，共享成果，通过校企合作，打通职业教育的"最后一公里"，提高毕业生的就业质量和水平。

生产与教学的融合，是产教融合的微观层面，关注的是教学内容与岗位能力的对接、生产过程与教学过程的紧密结合。这种对接使教学更加贴近实际，有助于提高学生的实践能力和就业竞争力。

综合来看，坚持产教融合与校企合作不仅是深化高等职业教育体制机制改革的重要策略，更是高等职业教育发展的必由之路。产教融合作为现代高等职业教育改革的制度创新，实现了产业链和教育链的有机融合，同时也成为教师队伍建设的重要载体。这一切都体现了产教融合的核心理念：依托产业和教育各自的资源和优势，通过校企合作，以服务社会经济发展为宗旨，实现协同发展，共育人才。

产教融合主要受到技能型人才培养需求以及职业教育自身特点的影响，按照职业教育与产业企业的合作从微观到宏观的发展进程，以及各种不同形式的融合模式，产教融合可以进行纵向分层。

产教融合的纵向分层实际上是从微观到宏观层面上的分层。工学结合、校企合作及产教融合三个概念之间存在着纵向深入的关系。工学结合模式强调将课堂教学与实际生产紧密结合，表现形式主要有两种，分别为半工半读、工读交替，旨在实现理论知识和实际能力的有机融合，其优势在于可以使学生在学习理论知识的同时，真正参与到真实的生产实践中，从而加深对理论知识的理解和技能的掌握。校企合作的关注点在于如何将教育机构与企业资源结合起来，共同推动人才培养。这种合作方式有助于确保职业教育更好地适应市场需求，提高职业教育的质量和效果。产教融合是关乎国家职业教育体系与国家产业体系之间的合作，这一层面的合作要求教育与产业深度融合，形成职业教育与产业一体化的发展格局。

产教融合要形成职业教育与产业一体化的发展格局，不仅需要职业教育融入产业，为产业提供技能人才和智力支持，而且产业也需要反哺职业教育，为其提供财力支持。产教融合的实施，实际上反映了国家大系统结构优化的要求。从这个角度来看，国家和企业在结构上具有相似性，例如，国家的政府部门类似于企业的行政部门，国家的产业类似于企业的业务部门，国家的教育培训部门类似于企业的人力资源部门。教育与产业的融合，就像企业中人力资源部门与业务部门的合作，是实现人力资源效率最大化，提高整体效率的一种方式。同样，产教融合也是国家结构优化的必然选择，有助于提高国家整体的人力资源效率。

二、产教融合的特性

在 21 世纪这个知识经济的时代，教育的角色越来越重要，而教育模式也在不断进行革新。产教融合作为教育创新的重要方式，它强调将产业需求和教育培训更紧密地结合起来，不仅可以有效提升教育的针对性和实用性，还可以更好地服务于经济社会发展。下文探讨产教融合的特性，如图 1-1 所示。

追求社会主义市场经济产业化　　以企业需求为出发点

立体式融合　　　　　多主体管理的融合

图 1-1　产教融合的特性

（一）立体式融合

因为社会主义市场经济追求多元化，而产教融合的服务对象之一是社会主义市场经济，所以产教融合的发展路径也必定受制于社会主义市场经济。因此，在今后的发展中，产教融合也会侧重于立体式融合。

立体式融合与平面融合有所不同，从层次上来看前者较为高级，打破了单一或双向合作的限制。它与仅在校企之间进行合作的平面融合不同，立体式融合是在产、学、研三个方面进行全方位、深层次的融合，这种融合形式下的组织既是生产的主体，具有创造经济效益的能力，又能为产业发展输送高质量的专业技术人才，为产业的可持续发展提供强有力的智力支持。在产教融合模式下培养出来的人才，与传统模式相比具备更强的可持续发展能力。这主要是因为，企业需求能为学校的教育教学改革提供方向和目标，使高等职业教育能更好地满足行业需求。同时，融合的组织还能科学配置内部资源，开展基础研究、应用研究和开发性研究，为产业发展提供有力的技术支持，为教育内容的更新提供最前沿的信息资源。

立体式融合不仅促进了产、学、研三者形成良性循环体系，开展教学、科研、生产等服务活动，在促进内部发展的同时，还能向外辐射，发挥其更大的社会效应和作用。这种融合方式对经济发展和社会进步具有重要的推动价值，同时也能反过来推动教育的发展和进步。这种立体式的融合，体现了产教融合的深度和广度，也凸显了其作为现代职业教育改革方向的重要性。

（二）追求社会主义市场经济产业化

在社会主义市场经济环境下，产教融合发展追求产业化。具体来说，这是一种以实际需求为导向，以效益为目标，依赖专业服务和产教融合来构建系列化和品牌化的经营方式和组织结构。其基本特性包括以下七方面：市场导向、行业优势、规模化经营、专业分工、相关行业相辅相成、龙头企业带动，以及市场化运作。在这个框架下，产教融合成为面向市场需求的集成策略，旨在在产、学、研各方面实现规模化发展，通过分工合作和联合优势，以创造良好的市场发展前景。这种融合能带来独特的竞争优势，这是其他组织无法复制的。通过这种方式，组织可以建立自己的品牌，具备核心竞争力，并实现规模化，以驱动更深层次的合作项目。

为了避免产教融合运作过程中的机制偏差，需要注意对不符合市场需求的项目依据市场进退机制，及时终止不必要的投入。这是为了确保产教融合能始终紧随市场脉络，严格按照市场规律来开展活动。总的来说，社会主义市场经济环境下产教融合的产业化发展，是一种具有强大市场导向，强调产学研协同，追求规模化经营和品牌化的发展策略。

（三）以企业需求为出发点

教育的主要目标之一在于培养人才，传统教育在人才培养过程中往往忽视与企业的对接，相比之下，产教融合则更加注重企业的需求，将企业纳入人才培养的全过程中。这样，企业就能充分地表达自身的需求，学校也能在课程设计中将这些需求逐一满足。

在实践产教融合的过程中，有可能会出现形式主义、走过场或是短视等问题，这些问题主要源于合作双方在初期未能找到共赢的路径。有些时候，企业在学校单方的推动下，没有找到合作的需求点，就盲目开始形式上的校企合作。这样的合作往往缺乏前期的详细调研，使产教融合违背了社会主义市场经济的需求导向，难以产生有益的效果。真正实现产教融合的组织，会把企业、学校和相关合作部门的需求作为出发点，观察市场的变化，明确市场供需状况，确定各自的实际需求，寻求利益交集，并以此开展合作。在满足自身需求的同时，还可以对市场供需平衡做出贡献，根据市场供需的变化，调整自己的发展战略。这种方式不仅解决了合作的随意性和被迫性问题，还提高了双方的积极性和主动性。

（四）多主体管理的融合

产教融合是一个过程，它重塑了组织的主体地位，并使之在社会主义市场经济条件下获得了法治的保障。在实践中，许多校企合作活动并未能成功实现产教融合，其关键原因是各方主体的权利和义务关系并未得到明确。这种不明确的关系导致了合作过程中的各种问题，从而妨碍了校企合作的发展。

现如今，产教融合的主体已经发生了转变，主导角色已经从学校转移到企业和行业。这种转变与当前的社会发展和教育进步密切相关。因此，在成功的产教融合组织中，学校、企业、政府、行业协会等都要分工合作、共同管理。在开展任何活动之前，都应明确各自的权利和义务，并对可能产生的后果承担最终的法律责任。这样的操作模式不仅可以提高企业和事业单位对此类工作的责任意识，发挥其主导地位，而且可以使学校和合作单位在活动中的管理更为合法、有序，有效避免产教融合管理工作的混乱，从而进一步推动产教融合的发展。

三、产教融合的理论来源

（一）马克思主义两种生产理论

尽管产教融合是当今时代的研究课题，但其理论根基可追溯至马克思主义的两种生产理论。比较马克思主义的两种生产理论与高校的教育教学作用可以发现，产教融合实质上是职业教育和社会人才培养的内在要求。

在《1844 年经济学哲学手稿》中，马克思明确指出，"动物的生产是片面的，而人的生产是全面的"①。在这里，动物的生产被认为是片面的，因为它仅包括动物自身的生产，而人的生产则在自我生产的基础上，还包括生产资料的生产。恩格斯在马克思的这一理论基础上，对人的自我生产进行了进一步的细分，包括人类种族的繁衍、人的智力的发展与再生产、人的社会关系的建立和再生产，以及对人类自我生产的控制。可以说，恩格斯的细分更具体地阐述了人的自我生产。根据马克思和恩格斯的理论，高校的人才培养可以被归类为人的自我生产中的智力发展与再生产部分。这是因为教育是一个不断丰富和提高人类智力的过程，它是一个循环、反复、无止境的过程。

马克思主义指出，人是社会的产物。②这一理论在职业教育中得到了体现。职业教育并不是服务于特定的个人或提升特定个体的智力的，而是面向全社会适龄青少年的大规模服务。在某种程度上，职业教育本质上是一种合作型的教育，包括学生间的合作学习和教师与学生、教师与教师之间的合作教学。产教融合是在这种合作教育的基础上，将行业企业教学融入职业教育。尽管产教融合和传统的职业教育看似属于两个独立的领域，但产教融合能有

---

① 马克思. 1844 经济学哲学手稿 [M]. 刘丕坤，译. 北京：研究出版社，2021：62-84.
② 马克思，恩格斯. 马克思恩格斯选集：第 1 卷 [M]. 中央编译局，译. 北京：人民出版社，1966：16-19.

效地将这两个独立的体系结合起来，实现在"产"中加入"教"，在"教"中加入"产"，让两者共同发挥作用，共同服务于人类智力的培育和再生产。这也充分表明，产教融合理论与马克思主义的两种生产理论在本质上是一致的。

（二）中国早期的职业教育思想

我国的教育思想有着悠久的历史，从春秋战国时期的孔子和孟子，到近代的黄炎培和陶行知，这些教育学者对教育思想的探索，有力地推动并发展了我国的教育思想。在孔孟教育时代，虽然产教融合的教育理念尚未被直接提出，但孔子的教育方法却已经隐含了产教融合的理念。

近代的教育更加关注教育思想与社会生产之间的紧密联系。在民国时期，关于职业教育的目标，伟大的教育家黄炎培先生在《中华职业教育社宣言书》中做出了阐述，认为职业教育的目标主要涉及两方面内容：一方面是增强人的智力以谋生，另一方面是助推社会生产。[①] 这表明教育既服务于个人，又服务于社会，反过来，个人和社会也应当回馈教育。从黄炎培的"大职业教育思想"主张可见，教育如果仅从知识理论角度出发，或者仅从农业、工商业等实际角度出发，都不能实质性地提升我国的教育水平。[②] 黄炎培主张的是将这两者有机地连接起来，这才是教育发展的未来趋势，这种教育理念与当今的产教融合教学理念高度一致。

通过综合分析，可以看出，产教融合的教育理念并不是近代才出现的，它在我国的教育思想中早有踪迹。今天的产教融合理念，实际上是对历史上这种教育思想的进一步发扬和发展。

（三）耗散结构理论

耗散结构理论源自物理学，主要研究开放系统如何从混乱状态转向有序状态。在这个理论中，虽然物体初始状态可能无法达到平衡，但通过不断与外部的物质和能量交换，物体会通过摄取和排出的方式达到一个稳定的状态，从而形成新的平衡。产教融合教学理念的形成，就是在这样的发展逻辑下逐

---

① 黄炎培. 职业教育论 [M]. 北京：商务印书馆，2019：165-170.
② 黄炎培. 职业教育论 [M]. 北京：商务印书馆，2019：71-74.

步扩展和发展的。梳理我国教育的发展历程，可以发现，我国起初的教育并不成体系，后来才建立起以"四书五经"为主的学堂教育，最终发展到今天涵盖语文、数学、英语、物理、化学、生物、政治、历史、地理等多学科的学校教育。然而，这并非结束，而是新的开始。因为当学生开始接受高等教育时，他们需要从众多学科中选择一个专攻，而这个选择并非孤立的，而是在与社会生产和发展的相互作用下逐步形成的。因此，从我国的教育发展结构来看，整个教育发展过程与耗散结构理论是一致的。

产教融合的教育理念与之相似。教育的终极目标在于为社会培养满足需要的有用之才，这些人才最后将投身于各行各业的发展中。职业教育如果长期以知识教学为主，主要从理论角度进行教育，将导致培养的人才可能无法在短时间内充分适应社会发展的需求，使职业教育陷入现实困境。在此背景下，产教融合的过程就成了改善职业教育的另一个"平衡"过程。通过实施产教融合，既可以促进学生将理论知识与社会实践相结合，提高学生应用理论知识的能力，同时通过社会实践，也能加深学生对理论知识的理解，这种结合是为社会培养优秀人才的有效路径。

从耗散结构的特征角度出发，可以得出相同的结论。耗散结构主要有三个显著特征，分别为变化性、开放性、协同性。变化性特征是指物态平衡会根据各种因素（如时间、地点、环境和温度等）随时变化，而不是静态不变的。在产教融合教育中，这一特性表现在它不仅是将知识教育与社会企业教学相结合，还需要根据教育内容、企业环境以及其他条件等因素进行不断的调整和变化。例如，根据高校和企业的地点、教学方式、时间、方法和目的，产教融合教育的实施方式也会随之调整。开放性特征是指物态平衡处于一个开放的系统内，这种平衡状态是通过与环境的相互作用而形成的。在产教融合教育中，这一特性表现在教育活动并不局限于学校内，而是开放至社会，学校与社会企业进行合作，共同参与教学活动。这样，教育可以更好地适应并反映社会需求，促进学生的知识和技能的实践应用。高校的产教融合教学同样如此。第一，高校的产教融合教学从本质上来看是一种教育对社会的开放，它将高等教育与社会教育联系到一起；第二，高校的产教融合教学是一种不同社会部门之间的开放，高校需要与社会企业进行合作以进行教学活动；

第三，社会对高校的产教融合教学所培养的人才开放，因为大学生会投身于社会企业中进行实践；第四，高校的产教融合教学对社会企业的知识开放，所传授的专业知识不能与社会企业的应用脱轨，而是应该有机结合。当然，这种开放不仅仅是高校对社会和社会企业的开放，同样也包括社会和社会企业对高校的开放。这种开放涵盖企业文化、企业发展、企业生产和企业人才等方面。第五，产教融合教育也具有协同性特征，主要体现为产教融合教学需要在高校和社会企业共同的作用下实现。在各种因素的共同作用下，这种教学模式实现了学校教育和社会教育的平衡。高校和社会企业通过协同作用，共同发挥教育的作用，实现教育目标。

第二节　产教融合的形成、发展与基本原则

一、产教融合的形成与发展

职业教育与各个产业、行业和企业有着内在的联系。被称为"产教结合"的产教融合，可以视为产学合作教育的进阶版本，它是历史演变的必然结果，与职业教育相互依赖、相互补充。这是一种重要的教育思想，它贯穿、支撑并引导职业教育的发展。在中国，产教融合职业教育思想的形成可以大致划分为七个阶段。

（一）产教融合思想形成的第一阶段

1.近代时期

1865年至1911年，是职业教育产教结合思想的萌芽阶段。在此期间，实业家，如张之洞、周学熙等人，率先提出了产教结合思想，倡导兴办教育和兴办实业相结合、兴业生产与教学活动相结合，主要包括"讲习与历练兼之"和"工学并举"的思想。

（1）讲习与历练兼之。作为"实业兴国"的倡导者，张之洞主张在人才

培养中不应只让学生掌握抽象的书本知识，而更重要的是培养学生的实践能力，以满足未来工作的需求。这就是"讲习与历练兼之"理念的来源。在实业学堂的教学活动中，张之洞意识到理论与实践之间相互依赖的关系和培养学生的动手能力和实干精神的重要性，主张实业学堂的课程应由两部分组成，分别为"普通科目""实习科目"，每个学堂都应提供实习场所和实习器具，例如，高等农业学堂应备有肥料制造场、农事实验场、实习室、农具室等；高等工业学堂需要有实习工场；而高等商船学堂则应备有练船坞、实习练船。张之洞还非常重视实业学堂的地点选择，强调因地制宜原则，这不仅为学生的实习活动提供了便利，还有利于推动学堂周边地区的社会经济发展。这种产教结合的思想，实际上是要求教育和教学与生产过程相互贯通，交相辉映，统一安排，紧密结合。

（2）工学并举。作为中国近代著名的实业家，周学熙也对产教结合有着独到的见解。在周学熙兴办实业教育的时候，他敏锐地发现了近代工业学堂培养人才所存在的弊端，即"理论多而实验较少""大抵因习其理而不习其器，则终无真切之心得"的问题。因此，周学熙大力倡导"工学并举"的理念，也就是要求学校的理论学习和实业生产有机融合。为了有效践行这一理念，周学熙创办了实习工厂和劝业铁工厂，并明确规定要将教、学、做紧密结合，力争打破传统的教育与生产的界限，使两者在互动中更好地发展。

为了进一步提高实习的质量，周学熙还主张师生每次实习都要与工匠一起进行设计，后制造出3马力的卧式发动机一副。他将此作为实习课考试的主要内容，以帮助学生做到举一反三，从而进一步将"习其理"和"习其器"结合起来。这种做法，实质上是产教结合思想的一种具体体现。

从近代兴办实业教育的过程可以看出，教育和实业应该相互促进、相互影响、共同进步。在当时的历史环境下，这种观念实际上是产教结合思想的特殊表现形式，也就是把教育的兴办和实业的发展相结合。这种结合不仅体现在宏观层面上实业与教育的联结，也是教学系统中实业生产与教学活动紧密结合的尝试。这个阶段可以被视为职业教育产教结合思想的萌芽阶段。由于这一时期的实业教育发展主要是为了挽救衰败的清王朝，因此产教结合的思想在某种程度上依然带有一定的封建色彩。然而，相比于传统教育思想，这已经是一个巨大的进步。在这个阶段，尽管封建色彩的影响仍然存在，但可以看到产教结合思想的萌芽，为今后职业教育的发展提供了新的视角和可能性。

2.民国时期

在民国初期，著名的教育家黄炎培、陶行知等人强烈提倡"手脑并用、做学合一""产教联办""生利主义"的"教学做合一"的产教结合思想，这一阶段可以视为产教结合思想初步形成的时期。民国时期的职业教育挣脱了古代封建体制的枷锁，并在西方注重技艺教育的影响下取得了显著的发展。黄炎培、陶行知等教育家是这一时期职业教育思想的重要代表，他们在教育活动中始终贯彻着产教结合的理念。

（1）手脑并用，做学合一。中国职业教育改革的先驱者黄炎培，主张职业教育应该坚持理论与实习并行，知识与技能并重，职业教育目的在于养成实际的、有效的生产能力。基于这一思想，黄炎培提出了"手脑并用、做学合一"的教育原则。[1] 1917年，黄炎培创立了中华职业教育社，该校的章程明确规定："本校特重实习，生徒半日授课、半日工作，务期各种技能达到熟练的程度。"[2] 此外，中华职业教育社主办的职业学校都大力推广"产教联办"的理念，设立工厂（场）、农场、商店、蚕场、林果场等为学生提供实习场所，使学生不仅能够学到理论知识，同时也能够掌握必要的实际操作技能。

（2）生利主义职业教育。陶行知作为我国民主革命时期的人民教育家，针对当时教育的现状和社会实际情况，如教学违背知识与实践的统一性原则等，积极主张"生利主义"的职业教育思想，主张职业教育应该针对个人的特长和兴趣，提供专业化的技能训练，以培养拥有特定劳动部门基础知识、实用知识和技能技巧的人才和经营管理人才，并能在实践中为人类和社会做出贡献。陶行知在南京郊区创办了晓庄师范学校，不仅在校内设立了有利于学生实践的教学场所，包括农艺馆、工场、畜牧场、合作社等，还与中华职业教育社共同合作创建了"晓庄茶园"和"木匠店"，贯彻落实"生利主义"

---

① 黄炎培.职业教育论[M].北京：商务印书馆，2019：165-185.
② 黄炎培.职业教育论[M].北京：商务印书馆，2019：165-217.

和"学做合一"的教育理念，为社会培养技术人才。实际上，这种做法是"以产兴教"的产教结合思想的具体体现。

综上可见，民国时期的产教结合思想，主要侧重于从微观层面上将教育教学过程和生产（包括经营、服务）过程紧密结合到一起，让二者互相渗透，协同发展。这一阶段可以说是产教结合思想真正形成的时期，为后续产教结合思想的进一步发展打下了良好的基础。然而，由于当时半殖民地半封建的社会状况，产教结合思想并没有找到滋润其自身发展的肥沃土壤，而是一度被历史洪流淹没。

3.中华人民共和国成立前期

"劳教结合"的概念是在革命根据地的建设和发展中形成的，也是在农村包围城市，武装夺取政权的革命道路上，在创建和壮大红军的革命斗争中塑造的产教结合思想。毛泽东主张，知识分子的思想转变必须做到与工农密切结合，提倡知识分子深入群众，实现"知识分子劳动化"和"劳动人民知识化"，大力倡导以工农为主体的教育。

徐特立是我国著名的教育家，在战争时期为我国革命根据地的教育事业做出了不可磨灭的贡献。在那个特殊的历史时期，徐特立主张教育需要与生产劳动紧密结合，倡导培养青少年成为能够"劳动与思考并进，手脑并用"的新一代人才。在实现教育与生产劳动相结合的问题上，徐特立提供了具体的实践策略，主张学生应参与课余劳动，倡导勤工俭学和半工半读的教育模式。这些措施不仅让学生为社会创造财富，同时也让他们学习和掌握生产技能。显然，徐特立所倡导的是教育教学过程中的产教结合形式。在革命根据地的艰苦环境下，"劳教结合"的实践具有重大的意义，很好地满足了战争年代的需要，进一步丰富了产教结合思想的内涵，并且展示了这种思想的强大生命力。这一时期产教结合思想在解放区的发展战略和规划的宏观层面上得到了体现，也在生产和学习相结合的微观教学层面上得到了体现。这一模式的实行在特定历史时期有效地消除了精神劳动与体力劳动之间的对立，满足了战时的需求。虽然在革命根据地时期，由于种种实际条件的制约，产教结合活动的开展面临着各种各样的困难，但产教结合的思想并没有因此而停滞不前，反而继续指导着职业教育的发展。

（二）产教融合思想形成的第二阶段

1.中华人民共和国成立之初

1949年至1965年，国家致力于发展半工半读的职业技术学校和各类业余学校，旨在培养出适应经济建设需要的文化素质和技术能力俱佳的劳动者和技术人员。在这一阶段，产教结合的思想得到了进一步的推动和发展。这种"半工半读"的教育模式对今天的"工学结合"、中国式的"双元制"职业教育的发展具有十分深远的影响。

在中华人民共和国成立之初，国家的经济建设迫切地需要大量的文化素质较高的劳动力，尤其是技术人员和技术工人。为了更好地解决这个问题，党中央在20世纪50年代后期实行了"两种教育制度"，强调发展半工半读的职业技术学校和业余学校。在当时的历史背景下，这种做法充分体现了产教结合思想，主要表现形式为"半工半读"。教学与生产劳动相结合，一边学习，一边工作，这种方式既满足了广大青年学生对学习的需求，又实现了为国家培养合格建设人才的目标，大范围普及了教育。这一时期的产教结合主要通过工农速成学校、职业技术学校、文化补习学校、夜校或者函授学校等途径实现，产教结合思想得到了进一步的发展。

2.改革开放初期

在改革开放初期，国家颁布了一系列政策推动职业教育与产业的紧密结合。1985年，国家发布《关于教育体制改革的决定》，之后在1991年又出台《关于大力发展职业技术教育的决定》，1996年出台《中华人民共和国职业教育法》。这些重要文件和法律都明确提出要实施"产教结合"的办学理念。这些政策大力鼓励职业学校积极发展校办产业和生产实习基地，推动职业教育紧密依托企业和行业，面向社会提供服务，从而更好地满足经济社会的需求。

1989年，国家教委下发《关于在一百个企业进行教育综合改革实验的通知》，要求各实验企业以构建现代企业教育制度为目标，推动企业职工教育体制的改革和实验。这一政策引导了更多的企业参与职业教育的发展。1991年，《关于大力发展职业技术教育的决定》再次强调了各类职业技术学校和培训中心应积极发展校办产业，办好生产实习基地，并倡导产教结合的理念。再到

1996 年,《中华人民共和国职业教育法》的颁布更是明确规定职业学校和职业培训机构在实施职业教育的过程中,必须实行产教结合,紧密联系企业,以满足本地区的经济建设需求,培养实用技能人才和熟练劳动者。1999 年,中共中央、国务院印发了《关于深化教育改革全面推进素质教育的决定》,再一次强调了教育与生产劳动相结合的重要性,表明这是培养全面发展的人才的重要手段;鼓励各级各类学校根据自身的实际情况,改进和强化对学生的生产劳动和实践教育;职业学校应实行产教结合,使学生在生产实践中掌握职业技能。

在改革开放初期,我国的产教结合思想集中体现在中观层面,即办学体制上的产教结合。教育部门、学校与产业部门、产业单位互补优势,合作办学,学校以行业和企业的需求为依据开办课程,行业和企业参与学校的整个办学过程。在企业和行业发展较好的地方,政策积极鼓励中等职业学校与企业结合,有效解决了城市职业学校在教学实习、就业和生产劳动方面的结合问题。这一时期,在国家政策的引领和推动下,以及良好外部环境的支持下,产教结合进入了快速发展阶段,职业教育也因此展现出了强大的活力和生机。

(三)产教融合思想形成的第三阶段

1.社会经济迅速发展期

20 世纪 90 年代中后期至 2010 年,我国的职业教育经历了迅猛发展的阶段,中等职业教育与高等职业教育齐头并进,高等职业教育在高等教育领域占据了重要地位。教育部印发的《关于以就业为导向 深化高等职业教育改革的若干意见》强调了高职教育应坚持以服务为宗旨,以就业为导向,走产学研结合的发展道路。2005 年,国务院颁布了《关于大力发展职业教育的决定》;2006 年,教育部颁布了《关于职业院校试行工学结合、半工半读的意见》,这两个重要文件都明确提出了需要大力推进"工学结合、校企合作"的培养模式,职业学院要加强与企业的联系与合作,为学生提供更多的生产实习和社会实践的机会,改革以学校和课堂为中心的传统人才培养模式,从而将产教结合的思想有效地应用到人才培养模式上。2006 年,教育部颁布了《关于全面提高高等职业教育教学质量的若干意见》,对"工学结合"和"校企合作"

培养模式的具体要求做出了进一步的细化，成为近年来高职教育教学改革的重要指导文件。

2002年对于产教结合思想的发展来说是一个关键的转折点。在这一时期，产教结合思想变得更加具体化和微观化，关注点转移至教学体制上的结合，其表现形式主要包括"工学结合""校企合作"等。2005年11月，国务院颁布了《关于大力发展职业教育的决定》，再一次强调了需要大力推行工学结合、校企合作的培养模式，这一决定为产教结合的实施提供了强有力的政策支持。2006年3月，教育部发布了《关于职业院校试行工学结合、半工半读的意见》，进一步推动了产教结合思想的实践。文件强调，为了实现职业教育人才培养模式的根本转变，职业院校需要更加紧密地联系行业企业，并进一步加强与企业的合作关系，强化教育与生产劳动、社会生产实践的结合，加速推动职业教育培养模式从以学校和课程为中心转变为工学结合、校企合作。基于这一指导思想的推动，全国各个地区的职业学校纷纷采取了"校企合作、工学结合"的办学模式，通过"订单式培养"，为社会培养了大量理论基础扎实、技术技能娴熟的劳动者，这对于推动社会经济的发展和技术的进步起到了重要作用。2002年至今，可以说是产教结合思想得以深入实施的重要时期。在这一时期，产教结合思想的表现形式也变得更加多元化，同时被赋予了新的内涵，不仅仅是一种教育思想，更外显为一种人才培养模式。

2.经济产业深度转型时期

2010年至今，是我国经济产业深度转型时期，我国高职教育在这一时期步入了内涵发展的阶段，从规模扩张转向质量提升。《国家中长期教育改革和发展规划纲要（2010—2020年）》强调学校要推行工学结合、校企合作以及顶岗实习的人才培养模式。《中等职业教育改革创新行动计划（2010—2012年）》也强调以教产合作、校企一体和工学结合为改革方向，并推出了教产合作与校企一体办学推进计划。2011年，财政部、教育部联合推行了一个致力于提升高等职业院校专业服务产业发展能力的项目，这个项目主要目标是引导职业教育专业构建，以适应区域重点产业的需求。随着我国经济发展模式和产业结构深度转型，社会对职业教育的需求和期望也在发生变化。在党的十八届三中全会中，及时提出了深入推进产教融合、校企合作的职业教育发展战略措施。这是对现代职业教育发展趋势的准确把握，也是对我国职业教育改革和发展的重要指导。在《关于加快发展现代职业教育的决定》中，产教融合被视为加速发展我国现代职业教育的指导思想和基本原则。这一决定进一步明确了我国职业教育的发展方向，即通过加强产教融合、校企合作，更好地满足产业发展和就业需求。

二、产教融合的基本原则

产教融合的发展已经从初期的萌芽阶段逐步演变成一个完善的制度，该制度涵盖了教育、经济、产业，以及社会发展的方方面面，只有当这些系统协同发展时，产教融合才能发挥其最大效用。科学的产教融合制度建立在政府、学校和社会三方的新型合作和共同成长关系上，这种协同合作形式构建了一个全新的产教融合模式，政府进行宏观管理，高校有自主办学权，社会则广泛参与。在这个模式下，社会、行业和企业可以以资本、知识、技术、管理等要素参与职业教育。在这个产教融合的新格局下，可以建立起完善的高等职业教育办学体系，这个体系由政府主导，社会广泛参与，办学主体多元化，办学形式多样化，充满了活力。这种体系具有政府、行业、企业和高等学校等多方主体协同融合，学校和企业在全过程中共同培养人才的特点。根据产教融合的特点，高等学校在构建产教融合模式时应遵循以下原则，如图 1-2 所示。

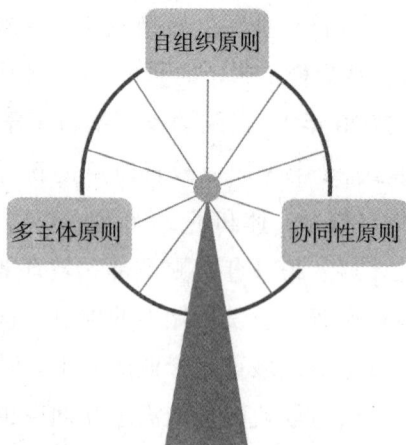

图 1-2 产教融合的基本原则

（一）多主体原则

产教融合是现代职业教育发展的必然趋势，它打破了教育的单一性，跨越了传统教育与生产、工作之间的鸿沟。坚持产教融合多主体原则是产教融合成功的关键，这是因为它涉及教育、企业和政府等多个主体的紧密合作，这种合作有助于提高教育的质量和效率，满足社会对高级技术人才的需求，促进经济社会的发展。

多主体原则突出了学校的重要性。学校是教育的主体，学校负责提供教育内容和教师资源，制定课程和教学方案，评价学生的学习成果。在产教融合过程中，学校需要与企业紧密合作，根据企业的需求调整教育内容和方法，使教育更加贴近实际。同时，学校也需要引导学生了解企业的工作环境，培养他们的职业素养和实践能力，使他们能够在毕业后更好地适应工作。

多主体原则强调了企业的作用。企业是产教融合的另一个主体，它们对技术人才的需求直接影响了教育的方向和内容。在产教融合过程中，企业需要与学校合作，共享资源和信息，提供实习和实训的机会，指导学生的学习和研究。企业也可以参与教育的评价和反馈，帮助学校改进教育质量。通过这种合作，企业不仅可以获得适应其需求的人才，还可以承担社会责任，提升自身的社会形象。

多主体原则着眼于政府的角色。政府是产教融合的重要推动者，它通过制定政策和法规，提供资金和支持，协调各方关系，推动产教融合的发展。在产教融合过程中，政府需要鼓励和支持学校和企业的合作，提供优惠政策和资金支持，创造有利于产教融合的环境。同时，政府也需要监督和评价产教融合的实施效果，促进其持续改进和发展。

产教融合的多主体原则还强调了社区和家庭的参与。社区是教育的重要舞台，它提供了丰富的实践机会和生活环境，帮助学生将所学知识应用于实际。在产教融合过程中，社区可以通过举办各种活动，建立各种平台，让学生参与社区服务，实践社会技能。家庭也是教育的重要支持者，家长的期望和支持对学生的学习和发展有很大影响。在产教融合过程中，家庭可以通过和学校、企业的沟通，了解学生的学习进度，鼓励和支持学生的职业发展。

产教融合的多主体原则强调学生的自主性。学生是教育的主角，他们的学习态度、兴趣和能力决定了教育的效果。在产教融合过程中，学生需要积极参与学习和实践，主动寻求知识和技能，勇于面对挑战和困难。他们还需要学会与他人合作，尊重他人的观点和价值，培养团队精神和责任感。只有这样，他们才能在产教融合的过程中获得真正的成长和进步。

总之，产教融合的多主体原则是一种全方位、多维度的原则，它要求教育、企业、政府、社区、家庭和学生等多个主体紧密合作，共同推动产教融合的发展。这种原则不仅有助于提高教育的质量和效率，满足社会的需求，也有助于激发学生的潜能，培养他们的创新精神和实践能力，使他们成为适应社会发展的高级技术人才。

（二）自组织原则

产教融合的自组织原则体现了教育系统的生态性和动态性，这一原则鼓励教育体系从封闭、静态的教育模式转变为开放、动态的教育模式，强调教育系统内部各个主体的相互作用和协同，以实现教育的持续改进和优化。这一原则的实施，需要全社会的共识和参与，需要教育体系内的各个主体共同努力，才能真正推动教育改革的进程，提升教育质量和效益。

自组织原则强调教育内容的自我更新和调整。因为教育的目标是培养出能够适应社会发展，满足劳动市场需求的人才，所以教育内容必须紧随社会经济的发展和变化，及时进行更新和调整。例如，在新技术出现和发展以后，教育体系及时引入相关的教育内容，可以更好地培养学生掌握和应用这些新技术的能力。同时，教育体系还需要根据社会经济发展的新趋势，如可持续发展、环境保护、社会公正等，调整教育目标和内容，培养学生拥有广阔的视野和深度思考能力。

自组织原则也强调教育形式和方法的自我创新和改进。由于传统的教育形式和方法可能无法适应新的教育需求和挑战，因此教育体系需要不断创新和改进，以提高教育效果和效率。随着信息技术的发展，远程教育、线上学习、虚拟现实等新的教育形式和方法越来越流行。教育体系需要采纳这些新的教育形式和方法，提供更多元、更个性化的学习体验。同时，教育体系还需要推动教师的专业发展，提升教师的教学能力和技巧，以应对新的教育形式和方法带来的挑战。

自组织原则还强调教育评价和反馈的自我完善和调整。教育评价是教育体系的重要组成部分，它既能影响学生的学习态度和行为，也反映了教育体系的运行情况和效果。因此，教育体系需要建立全面、公正、透明的评价机制，不断对其进行完善和调整，以满足教育目标的实现和学生的全面发展。例如，教育评价需要关注学生的知识掌握情况、技能熟练程度，以及态度和价值观的形成等多个方面，不仅要注重结果评价，还要注重过程评价。同时，教育评价还需要提供反馈，帮助学生了解自身的学习进度和问题，引导学生进行自我调整和改进。教育评价也需要给教师和教育体系提供反馈，帮助他们了解教育实践的效果，找出问题和不足，从而进行改善和提升。

（三）协同性原则

在探索阶段，产教融合主要依赖自我组织这一形式，但随着产教融合的发展，需要各利益相关群体进行协同，以实现更高效的运作。因此，协同性原则应运而生。协同教育理念强调政府、行业、企业和高校之间的全方位协同，强化各部分和子系统间的关联性，以增强高校产教融合的多元主体协同性，这是高校在产教融合工作中所需要借鉴并落实的。协同发展的关键在于五大主体——政府、高校、行业、企业和全社会——的深度合作。政府需完善相关法律政策，增强制度约束力，完善政策激励机制；高校需要提升其服务社会的能力，增加与行业和企业的合作吸引力，构建更多合作通道；行业和企业应以人才培养为主要任务，积极参与高校的产教融合，提供更多资源和合作空间；全社会则需要加强对高校产教融合的宣传，提高社会包括大学生对产教融合的理解和参与程度。

协同性原则还强调协同目标、内容、资源、时间，以及各主体的责任和成果分享，构建一个由政府宏观管理、行业企业主动参与、社会广泛支持、学校主导、学生执行的产教融合机制，通过多方协同、通力合作，致力于产教融合效果的增强。

第三节 产教融合的功能及作用

在当今的知识经济环境下，教育和产业之间的互动关系成为推动社会经济发展的重要力量。产教融合，实际上是产业和教育的深度整合，是对这种关系的深化和扩展。产教融合不仅能够推动教育实践的创新和教育成果的转化，而且能够有效地连接教育和就业，提升教育的社会适应性和经济贡献。本节主要介绍产教融合的功能及作用，如图 1-3 所示。

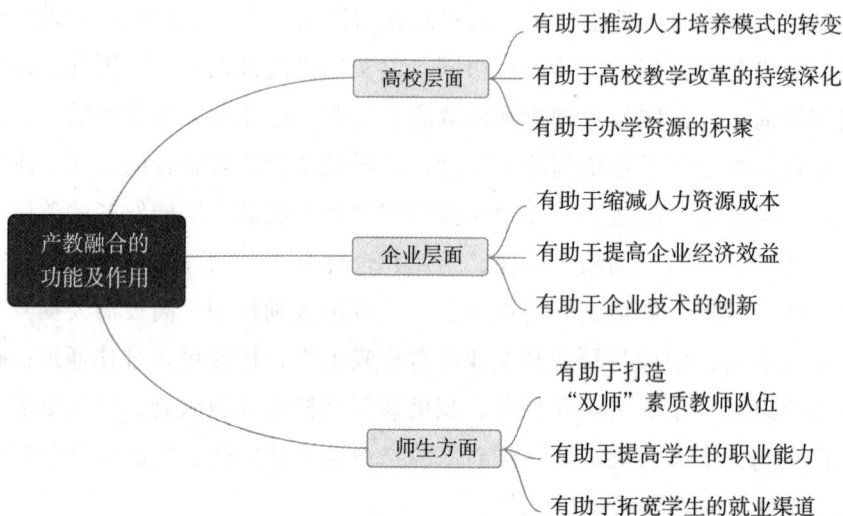

图 1-3　产教融合的功能及作用

一、高校层面

（一）有助于推动人才培养模式的转变

高等教育的目标不仅仅局限于传授知识，更重要的是塑造具备正确职业理想和良好职业道德、综合素质高、实践能力强的人才，不仅要更好地胜任将来的工作，还要为社会的进步与发展做出贡献。高校需要树立全新的质量观和人才观，加快从以学校和课程为中心的传统教育模式向工学结合的教育模式转变。在这个过程中，校企合作办学模式的建立与发展起着关键性的作用。要实现有效的产教融合，必须清楚高校与企业之间的共同利益何在，建立互利共赢的合作动力机制。高校需紧密依托行业企业，主动寻求支持，以提供高质量的服务和人才来换取企业的支持和共同发展的机会。

高校需要注重建立持续的校企合作发展机制，包括在管理制度和合作机制上进行深入探索，以建立稳定的组织联系制度。同时，鼓励创新校企合作方式也是非常重要的，例如，高校可以为企业提供实习学生，而企业则提供教育教学实训环境；高校可以依托企业进行教师培训，定期安排教师到企业实践，同时企业也可以派遣优秀员工到学校提供教学服务，甚至依托高校进行职工培训和后备职工培养等。

总之，以校企合作办学模式为基础的人才培养模式的转变，有助于高等教育更好地服务社会和经济，更有效地提升人才的综合素质，进而推动社会经济的发展。

（二）有助于高校教学改革的持续深化

随着社会的进步和对高素质人才的需求的增长，高校的教学模式改革已经刻不容缓。产教融合为这种改革提供了重要的推动力。

1.加快教学模式的改革

产教融合主张跳出传统的以学校和课堂为中心的教学模式，寻找与企业更紧密的合作方式，这种合作模式可以发挥各自的优势，将教学活动与生产实践、社会服务、技术推广和开发紧密结合，实现教学与生产、理论与实践的无缝对接。这就需要高校处理好理论学习和实际操作（"工"与"学"）的关系，积极主动推进学生在企业的实践，使教学模式转变为以学校为主体，企业和学校共同教育、管理和训练学生。此外，顶岗实习是实现工学结合的重要方式，在这个过程中，高校可以根据特定的专业培养目标，为学生安排一定时间在企业的工作岗位上实习。实习的时间分布可以灵活调整，既可以集中在一段时间内，也可以在保证总时长的前提下，分成若干段与学校教学活动交替进行。因此，高校与企业之间不同形式的合作，能够加快教学模式的改革步伐，充分调动学生学习的积极性。

2.推动教学内容改革

在当前的高等教育体系中，理论教学仍占有重要地位，对于实践教学环节的重视程度依然不够，尤其是在行业发展和社会人才需求变化的情况下，许多教学计划没有及时调整并更新内容。理论知识虽然是学习的基础，但对于一些要求高实践能力的专业来说，对学生实践能力的培养显得更为重要。因此，高校需要重新审视和调整现有的教学计划，贯彻以学生实践能力的提升和综合素质的培养为导向的教育理念，注重理论知识与实践能力的并重，以更好地满足社会和企业的人才需求。

一方面，高校要打破只注重专业学科知识的思维模式，更重视提高学生的实践能力和综合素质。教育的目标应该是培养出适应市场和社会需求的人才，而不仅仅是传授专业知识。我们需要培养学生具有适应企业工作岗位的实践能力、专业技能，以及敬业精神和严谨求实的工作作风，这样才能提高学生的综合素质。

另一方面，专业设置必须对准市场需求，及时调整和更新教育教学内容。在教学计划的设置上，做到理论知识和实践能力并重。为此，高校需要尽快调整职业学校的课程结构，合理安排文化基础课程和实训课程的比例。

（三）有助于办学资源的积聚

在产教融合的过程中，高校办学资源的积聚主要表现在两方面：一方面是政府资源。政府在教育行业中有独特的优势，其具备的调控能力和政策制定能力可以大大增强高校的资源获取能力，包括人力资源、财务资源、物质资源，以及校企合作的相关政策的制定。尽管这些资源在某种程度上可能显得较为抽象，但其影响范围极广。另一方面是企业资源。企业需要高校的服务，反过来，也为高校提供了更多的发展机会。例如，企业可以为学生提供实习和就业的机会，同时为教师提供实践和锻炼的平台。这些都是高校办学的重要资源。在产教融合的过程中，企业和高校可以相互促进，实现共同发展。

二、企业层面

（一）有助于缩减人力资源成本

随着企业的发展和扩大，对人才的需求也日益增长。然而，部分临近毕业的学生往往无法满足企业的岗位要求，使企业在他们正式上岗前必须进行额外的培训，并且，鉴于现代人才的流动性加大，企业经常会发现他们在培训投入后无法获得预期的回报，这些都显著提高了企业的人力资源成本。校企合作模式为这一问题的解决提供了一种有效的方案。通过将学习与工作、理论与实践、学校教育与企业人才需求进行有效的结合，可以帮助学生完善他们的知识结构，提高他们的实际操作能力。通过建立一种校企合作的管理机制，可以确保学生在毕业时能满足企业的岗位要求。这样一来，就能在一定程度上降低企业的人力资源成本，同时也为学生的职业发展铺平道路。因此，产教融合的模式通过提供高质量的教育和实践机会，会提高学生的就业竞争力，同时减轻企业的人力资源压力。这是一种有效的方式，让所有利益相关者都可以从中获益，进而促进高等教育与企业的互动发展。

（二）有助于提高企业经济效益

企业进步与发展的动力源泉来自经济效益，换句话说，利润驱动企业的生存与发展。然而，影响企业经济效益的因素有多种，包括产品质量、成本控制、资金运用、技术创新，以及人才管理等。在日常运作中，企业可能面临技术难题和人力资源短缺等问题。如果只依赖自身资源，问题的解决就可能面临较大的困难或者过长的周期，从而影响企业绩效。在此背景下，高校与企业的合作就显得尤为重要。

一方面，高校可以为企业提供大量的学生劳动力，由于高校与企业的合作关系，学生实习的薪酬可以相对降低，从而帮助企业降低人力成本。另一方面，接受过高校教育的学生通常掌握了一定的技术和理论知识，在实习的过程中，不仅可以提升自己的实践能力，也能发挥技术优势，帮助企业提升生产效率，进一步增加利润。除此之外，高校还能提供优秀的师资队伍，教师可以通过参与企业实习指导、技术问题解答等方式，帮助企业解决生产中的难题。这样一来，企业便能够在技术和人才两个关键领域获得支持，进而实现增效增收的目标。

（三）有助于企业技术的创新

从我国当前的实际情况来看，高校和科研机构作为知识的聚集地，每年都会产出大量的科研成果。但一般情况下，这些成果要想成功转化为实际的经济效益，往往需要一段较长的时间，原因就在于企业与高校、科研机构互动交流的机会有限，互相了解的程度低，这些都会大大增加科研成果转化和技术推广的难度。因此，企业与高校、科研机构之间的联系有待进一步增强。

在当今社会，竞争日益激烈，企业若要持续发展，提高经济效益，就必须加快技术创新的步伐，降低成本，提高效率。技术创新和产品改革已成为企业获得竞争优势的重要途径。然而，仅仅依赖企业自身的积累是远远不够的，无法满足社会快速发展的需求。因此，高校和企业之间的合作成为必然选择。这种合作可以更快速地将高校的科研成果转化为实践应用，甚至可以促进双方共同进行新技术的研发，开发新的产品。这样一来，不仅可以有效提升企业的创新能力和经济效益，同时也有利于高校的科研成果转化，提升科研的实践价值。这种产教融合模式，对于推动社会发展和进步具有重要意义。

三、师生方面

（一）有助于打造"双师"素质教师队伍

产教融合模式下的校企合作，可以优化和提升高校的教师队伍质量，这是提高教学质量和人才培养水平的关键因素。高校教师也有更多机会以全职或兼职的方式定期进入企业实践，这种跟岗实习的形式能有效提升教师的实践能力和岗位技能，填补理论与实践的鸿沟。同时，企业的专业技术人员和高级管理人员也可以经过适当的教学培训，来到高校担任兼职教师，从而帮助高校解决实践教学师资不足的问题。因此，产教融合可以帮助高校培养具有高素养和高技能的"双师"素质师资队伍，以此来优化师资队伍的结构，提升教师队伍的整体水平。这种模式的实行不仅可以增强教师的教学实践能力，更能满足当前社会对于应用型人才的需求，从而提高教育教学的质量和效果。

（二）有助于提高学生的职业能力

在产教融合模式尚未实施之前，由于多种原因，许多高校的专业实习和实训条件无法满足课程标准。如今，借助企业与学校的紧密合作的契机，学生可以选择与自己专业相符合的实践机会，从而更好地将理论与实际结合。在这个过程中，学生需要改变自己的身份认知，不再仅仅视自己为学生，而要将自己看作一个专业人士，以专业人士的标准来完成任务。这种身份的转变不仅可以强化学生的专业技能，还能使他们积累丰富的工作经验。有些学生甚至在毕业前就已经取得了相关的职业资格证书。通过校企合作的形式，学生可以在真实的工作环境中培养和提升职业技能，如动手能力、综合分析能力、独立工作能力，以及应变能力等。这些能力的提升将使学生更加适应未来的工作环境，同时也帮助他们更快更好地完成"学生—学徒—职业人"的身份转变。这种教育模式的实施不仅有利于学生的职业成长，也有利于企业发掘和培养潜在的人才，同时为高校的教育教学质量提供了强有力的保证。这种模式的实施，使学生得以在学习期间就接触到真实的工作环境，更好地理解和掌握所学知识的实际应用，有助于他们在毕业后更好地融入工作，提高其就业竞争力。

（三）有助于拓宽学生的就业渠道

企业与学校的紧密合作能够让学生及时了解并掌握就业信息，实现学生求职和企业招聘之间的有效对接，从而为学生增加更多的就业途径。当前，对于即将毕业的学生来说，求职过程中面临的一个主要难题是信息不对称，学生通常难以获取到必要的、及时的就业信息，这在一定程度上导致学生在寻找合适职位的过程中，花费大量的时间、金钱和机会成本。通过企业与学校的合作，学生们可以有更多的机会接触到企业和其他用人单位，可以在实际的生产和服务过程中，了解企业对人才的需求和期望，了解企业招聘新员工的具体意向，从而直接或间接地获得有用的就业信息。这对于学生们更好地了解就业市场，更有效地寻找合适的职位，具有非常重要的意义。同时，通过校企合作，学生们可以了解行业的发展趋势，掌握企业的用人需求，从而获得"订单式"培养的机会。这种方式不仅能帮助学生提前适应未来的工作环境，也能改善大学生未来的就业状况。

在当前的社会环境下，增加学生的就业途径，提高学生的就业率，显得尤为重要。学校和企业的合作，正是为了实现这个目标。他们的合作不仅有助于解决信息不对称的问题，也能让学生有更多的机会了解和接触到实际的工作环境，从而提高他们的就业竞争力。

对于学生而言，产教融合可以帮助学生更好地了解和适应未来的职场环境，提高他们的就业能力，同时有利于企业找到合适的人才。这种合作模式是双赢的，既能满足企业的用人需求，也能提高学生的就业率。因此，高校应当进一步推广和完善这种模式，拓展学生的就业渠道，让更多的学生从中受益。

第二章　高校人才培养阐释

第一节　高校人才培养的内涵与特征

一、人才的内涵

对于人才的内涵，仁者见仁，智者见智。我国汉代王充在《论衡》中提出："人才高下，不能钧同。"① 这里的人才侧重于才能。晋代葛洪在《抱朴子》中提出："人才无定珍，器用无常道。"② 这句话的意思是，人才没有固定不变的价值，器物没有固定不变的用处，强调人才同宝器一样，全在于是否被人赏识。唐代刘知几在《史通》中提道："故知人才有殊，相去若是，校其优劣，讵可同年？"③ 这里的"人才"指的是有才学的人。

人才的定义在近代以来各有不同，雷祯孝和蒲克在他们的论文《应当建立一门"人才学"》中，对人才的定义加以深化，明确指出，人才是那些通过自己的创造性劳动，对认知和改变自然、理解和改革社会有所贡献，并推动人类进步的人。④ 这个定义强调了人才具有三个重要特性：创新性、超常性和进步性。创新性指的是人才需要有新颖独特的思考方式和解决问题的能力；超常性则表示人才的能力应当超越常人；而进步性则强调了人才应该推动人

---

① 王充.论衡[M].北京：蓝天出版社，2000：13-17.
② 葛洪.抱朴子[M].上海：上海书店出版社，1986：174-181.
③ 刘知几.史通[M].沈阳：辽宁教育出版社，1997：49-56.
④ 雷祯孝，蒲克.应当建立一门"人才学"[J].人民教育，1979（7）：21-26.

类社会的进步。1981 年，王通讯对人才的定义提出了新的解读，他认为人才是那些在社会发展和人类进步中进行创新劳动，并在特定领域、行业或工作上有所贡献的人。[①] 这个解释将人才的存在范围扩大到了各个行业和领域，强调了人才的普遍性，指出人才不仅仅存在于特定的领域或行业，而是可以在任何行业或领域中产生的。1990 年，叶忠海在《普通人才学》中给出了一个更具体的人才定义，即在特定社会条件下，通过他们的创新劳动，对社会或社会的某个方面做出重大贡献的人。[②] 这个定义进一步强调了人才与社会环境的关系，提出人才的产生和社会条件是息息相关的，也凸显了人才的创新劳动和对社会的贡献对于定义人才的重要性。2010 年，中共中央、国务院印发《国家中长期人才发展规划纲要（2010—2020 年）》，对人才的概念做出了具体阐释："人才是指具有一定的专业知识或专门技能，进行创造性劳动并对社会做出贡献的人，是人力资源中能力和素质较高的劳动者。"

虽然难以对人才下一个精准的定义，但通过梳理可以发现，若能称之为"人才"，需要两个必备条件："德"与"才"。所以，本书认为人才是一个相对的概念，是指拥有一定特长（才：知识或技能）、具备相应品德（德：能够为社会创造价值、做出贡献）的人。

二、高校人才培养的内涵

高等教育是人才培养的重要渠道，其内涵丰富，涉及目标设定、教学方式、学生发展、社会需求、创新能力等多个方面。

人才培养的第一要素是目标设定。高校需要根据国家教育政策、社会发展趋势和行业需求设定明确、可行的培养目标，这些目标应反映出学校的使命和愿景，同时要体现社会需求和学生的职业发展需求。通过设定具体的目标，学校可以有针对性地进行教学活动，帮助学生获得必要的知识和技能，使其成为各行各业的专业人才。

人才培养的教学方式和方法也至关重要。传统的教学方式更注重知识的传递，而现代的教育理念则强调学生的主体性，提倡以学生为中心的教学模

---

① 王通讯. 谈谈自我成才的思想战略 [J]. 科学学与科学技术管理，1981（2）：12-13.
② 叶忠海. 普通人才学 [M]. 上海：复旦大学出版社，1990：41-48.

式。在这种模式下，学生不仅要学习专业知识，还要培养批判性思维、解决问题的能力、团队合作精神和领导力等综合能力。这样的教学方式能够更好地促进学生的全面发展，为他们的职业生涯做好准备。

人才培养还包括学生的个人发展。高校应提供丰富多样的课程和活动，帮助学生发现和发展自己的兴趣，提升自我认知，同时提高社交、沟通和自我管理等软技能。此外，学校还应关注学生的心理健康，提供必要的辅导和支持，帮助他们应对学习压力，树立积极健康的生活态度。

人才培养还需要注重社会需求。随着社会的发展，行业的需求也在不断变化。高校应与社会和行业保持密切联系，及时了解行业动态，调整课程和教学方式，以满足社会对人才的新需求。

三、高校人才培养的特征

高等学府作为一个知识的集聚地和学者的汇聚地，拥有多样化的学科专家和丰富的教育资源，包括完备的图书资料、仪器设备和便利的科学信息交流渠道。在人才培养、科学研究和服务社会的多重职能中，人才培养被视为核心使命。现代高校的根本任务在于培养具有创新精神和实践能力的高级专业人才，因此，高校人才培养工作具有专业性、创新性、时代性和前瞻性，如图 2-1 所示。

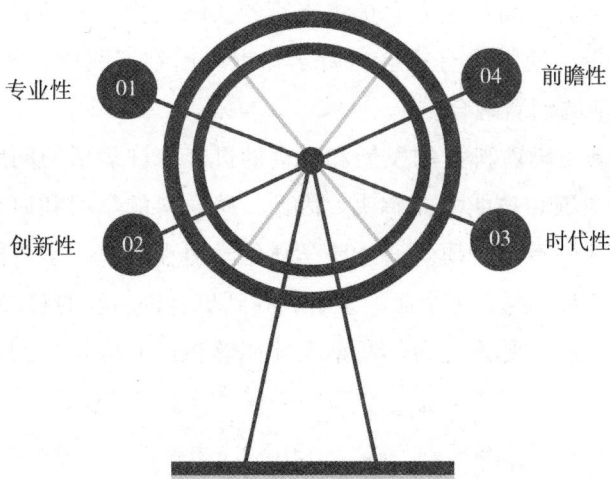

图 2-1 高校人才培养的特征

（一）高校人才培养的专业性

高校人才培养的专业性主要体现在教育内容上，强调所教授的知识具有"高级"和"专门化"的特征。《中国大百科全书》对高等教育做了如下解释："高等教育是在中等教育基础上的各种专业教育。程度上一般分为专修科、本科和研究生班。"[①] 英国学者德·朗特里（D. Rowntree）进一步明确，"高等教育"在具体意义上是指能授予毕业文凭、学位或其他高级资格的教育，并且通常要求入学学生具有比进入继续教育更高的入学标准。[②] 由此可见，高校人才培养工作具有明显的专业性。

（二）高校人才培养的创新性

在高等教育中，创新型人才培养是高校人才培养的核心特质之一，这种创新体现在以下几个方面。

思维创新。这是创新型人才培养的最基础和最核心的要素。在高等教育中，培养学生具有独立思考和批判性思考的能力，以及开放和包容的思维方式，对接受新知识、理解新事物、解决新问题具有重要作用。这种创新思维的培养，使学生能够独立面对问题，挑战传统观念，寻找新的解决方案，具有前瞻性的视野和广阔的知识视角。

实践创新。创新型人才不仅需要具有创新思维，还需要具备将创新思维转化为实践的能力。高校通常会提供丰富的实践机会，如实验课程、实习项目、创新竞赛等，使学生有机会将所学知识应用到实践中，解决实际问题，实现知识和技能的创新融合。

跨学科创新。随着科技的发展和社会的进步，许多新的问题和挑战往往需要多学科的知识和技能才能解决。因此，跨学科的学习和研究能力，已经成为创新型人才的重要特质。通过跨学科的学习和研究，学生能够拥有更广阔的知识视野，对问题有更全面的理解，找到更有创新性的解决方案。

社会创新。这主要体现为创新型人才能够积极回应社会的需求，为社会

---

① 中国大百科全书出版社编辑部. 中国大百科全书：教育 [M]. 北京：中国大百科全书出版社，1985：94-96.

② 朗特里. 西方教育辞典 [M]. 杨寿宁，杜维坤，译. 上海：上海译文出版社，1988.

的发展做出贡献。他们不仅有能力理解和解决现实问题，还能够预见未来的趋势，为社会的发展提供新的思路和方案。这种社会创新的能力，使他们成为推动社会进步的重要力量。

（三）高校人才培养的时代性

高校人才培养的时代性主要指高校能够适应并回应当前社会和历史发展的需求，时代性体现在高等教育和人才培养能够紧密地与当前社会的需求和发展趋势相结合。高校在人才培养上，需要紧跟社会发展步伐，充分理解和掌握当前社会对人才的需求，对其教育内容、课程设置、教学方式进行相应的调整和优化。例如，在科技迅速发展的今天，高校需要加强科技创新教育，培养学生的科技创新能力；在全球化日益深入的背景下，高校需要强化国际化教育，培养学生的国际视野和跨文化交际能力。

（四）高校人才培养的前瞻性

高校人才培养的前瞻性主要指的是高校能够预见未来的变化，为未来做好人才储备。高校在人才培养上，需要有前瞻性的思考，预见社会发展的未来趋势，对人才培养进行前瞻性的设计和规划。例如，随着人工智能、大数据、云计算等新技术的发展，高校需要有前瞻性地引入相关教育内容，为未来的科技发展做好人才储备；在面临全球气候变化、环境保护等全球性问题的今天，高校需要有前瞻性地开展相关的教育，培养未来能够解决这些全球性问题的人才。

在人才培养的过程中，高校也需要注重培养学生的前瞻性思维和视野，引导他们从长远和宏观的角度考虑问题，培养他们对未来社会发展的敏锐洞察力和创新思维。只有这样，学生才能在未来社会中担当重任，做出积极的贡献。

第二节　高校人才培养的目标、任务及意义

一、高校人才培养的目标

（一）高校人才培养目标的具体内涵

1.基于人才类型的分析

在高等教育环境下，人才的培养可以大致划分为四大类：学术型、工程型、技术型和技能型。这四类人才可以进一步概括为研究型和应用型两种类型。研究型人才，也称为学术型人才，主要负责理论研究和知识创新，专注于理论洞察和知识的生成。应用型人才则包含工程型、技术型和技能型三种人才，这类人才主要将理论知识应用于实际生产，实现理论与实践的结合。在这其中，工程型人才，也就是工程师，主要通过工程教育进行培养；技术型人才和技能型人才则统称为职业技术型人才，主要通过技术教育和职业教育进行培养。以我国的高等职业教育为例，根据《国际教育标准分类》（ISCED）的划分，我国的高等职业教育可以归为 5B 类别，包括专科职业教育和本科职业教育两个层次。这类教育主要关注实际应用，并与具体职业内容紧密相关。本科层次的职业教育，其本质属性是职业性，所培养的人才需要具备职业性特质。因此，高等职业教育中的人才培养既注重理论研究，又注重实际应用，旨在满足社会对各类人才的需求，形成理论与实践、研究与应用相结合的人才培养体系。

高等教育的主要目标在于培养学生的技术技能和职业道德修养，以期符合社会分工中的特定职业需求，这种教育方式为学生在毕业后步入职业岗位提供了丰富的基础职业知识和技能。在此基础上，高等教育的影响力进一步体现在以就业为导向，使学生能够在就业中实现职业追求，进行职业生涯规划，以此来实现人生价值。在高等教育阶段，学生需要得到的不仅是理论知

识，更是将这些理论知识应用于实践的能力。这是因为高等教育培养的人才所面向的职业岗位，通常要求从业者具备丰富的理论基础以及熟练的实践能力。学生需要把技术原理转化为物质实体，综合运用到实际生产工作中去。因此，这种职业岗位的特殊性决定了高等教育培养人才类型的独特性：学生既要具备扎实的理论基础，又要具备良好的技术应用能力。可以看出，高等教育的核心目标在于为学生提供与其未来职业生涯相符的技术技能和职业道德修养，从而为学生在毕业后的就业做好充分的准备。此外，高等教育还要教育学生如何在就业中实现自己的职业追求，如何规划自己的职业生涯，以此来实现人生价值。在这一过程中，高等教育旨在培养出既具备深厚的理论基础，又具备优秀的实践能力的人才，这无疑是高等教育的一项重要任务。

2.基于人才层次的分析

在全球范围内，现代职业教育体系的层次主要分为中等职业教育、专科教育以及本科教育等层次。这几个层次各自对应着不同的人才培养目标和定位。其中，中等职业教育阶段主要培养的是初级和中级技术技能型人才，他们也被称为技术员或操作工。在这个阶段，教育的重心放在让学生掌握实用技能上，追求的标准是"会做"，强调技能的"熟练"。专科职业教育则主要培养中高级技术技能型人才，即高级技术员或技师。在这个阶段，教育的目标在于培养学生掌握策略类技能，不仅要求他们"会做"，还要求他们"做得巧妙"，追求的是技能的"巧"。本科职业教育，培养的主要是高层次技术技能型人才，这类人才通常被称为技师或高级技师。他们所接受的教育不仅要求他们"做得巧"，还要求他们掌握技能操作的规律，能思考"怎样做得更好"。这样的教育目标意味着本科层次职业教育所培养的人才不仅需要满足中等职业教育和专科教育的基本标准，还要具备本科层次特有的职业素质和能力，即更全面、更综合的能力和素质。

（二）高校人才培养目标的素质要求

高校人才培养目标对学生素质提出更高要求，主要包括以下几方面，如图2-2所示。

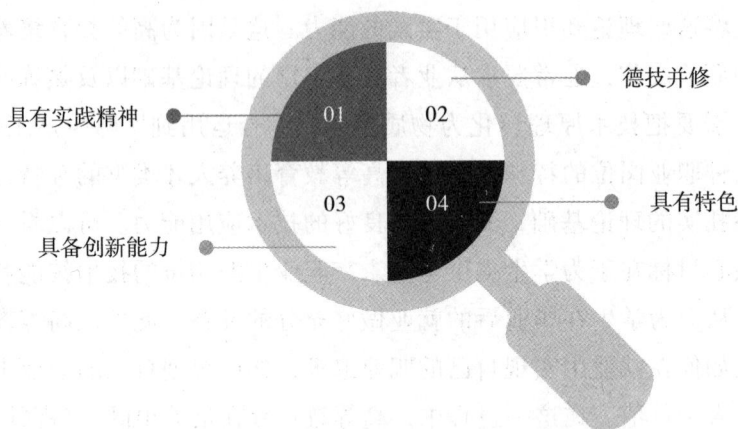

具有实践精神　01　02　德技并修

03　04　具有特色

具备创新能力

图 2-2　高校人才培养目标的素质要求

1.具有实践精神

实践性是高等教育的一种重要特质，它体现了高等教育与社会生产实践相结合的紧密性，表现为高等教育致力于解决行业和产业中的实际问题。在高等教育的人才培养过程中，实践性具有显著的地位和功能，可以确保学生能在学术与实践之间搭建桥梁并最终解决实际问题，成为能在职业领域内成功运用所学知识的专业人才。

强化高等教育的实践性特质可以从三方面入手：一是紧密衔接教学与生产。为了确保人才培养的实践性，必须让专业设定、课程安排与教学方法都能反映出产业发展的需求与工作岗位的要求。这意味着高等教育应当紧随生产过程的步伐，与其保持一致，适应生产过程的发展。二是提高对实践性教学的重视。作为一种面向具体职位或职位群的教育方式，高等教育的目标就是培养具有强烈实践精神的人才。中国印发的《国家职业教育改革实施方案》已明确规定职业教育中实践教学课时要占总课时的一半以上，这无疑进一步强化了实践性教学在高等教育中的地位。三是用人单位的满意度应在高等教育质量评价体系中占更大权重。高等教育的目标以就业为导向，根据市场的需要培养人才，因此，企事业单位作为社会生产建设的主体和高等教育培养的人才的最终使用者，对人才的满意度是衡量高等教育人才培养效果的重要标准。

由此可见，高校人才培养工作应不断优化高等教育的实践性教学环节，融入实践精神元素，以适应社会和产业发展的需求，培养出更多具有实践能力和创新精神的高级人才。

2. 德技并修

在现代社会，高等教育人才培养的目标定位于德技并修，旨在促进人的全面发展。这一目标不仅强调学生技术技能的提升，而且强调对道德品质和人文素养的培养。德技并修的理念反映了对教育目标全面性、协调性的深刻理解，认识到德行和技术能力同样重要，相辅相成，缺一不可。

"德"的含义在高等教育中不仅仅局限于一般意义上的道德品质，它更深层次的含义还涵盖了尊重劳动、追求卓越和持续拼搏的精神。这种精神需要在整个教育过程中被强化，也需要引导学生理解和认同。为此，高等教育需要将职业道德和职业素养教育融入教学实践全过程，使学生能够从中领悟到劳动的价值和意义，培养其专业认同感和职业道德感。这一方面可以通过举行相关活动，宣传行业模范和国家工匠的事迹；另一方面，也需要通过具体的课程设计和实践活动，培养和提高学生的道德修养。

技术能力的提升是高等教育的核心部分，但在此过程中，通识教育的作用不可忽视。通识教育为学生提供了一种广泛而深厚的知识基础，帮助学生建立系统的基础知识框架，为未来的深化学习和进一步发展打下坚实的基础。通识教育在培养学生的自主学习能力，提升其批判性思维和创新思维，培养其终身学习的理念等方面都发挥着重要作用。

3. 具备创新能力

《中华人民共和国高等教育法》规定，创新性为高等教育人才培养的基本要求，明确提出"高等教育的任务是培养具有社会责任感、创新精神和实践能力的高级专门人才"。在这个任务中，注重创新能力的特点体现得尤为突出，因为只有具备创新能力的人才，才能引领社会进步，推动科技和产业发展。

高等教育应致力于培养具备高级技术技能的人才，使他们在具备专业知识和技能的同时，具备独立思考和解决问题的能力。这种创新能力不仅包括在科技研发上的创新，也包括在工作方法和工作流程上的创新。通过培养学生的创新能力，让学生能够在解决实际问题的过程中，运用所学的专业知识和技能，提出新的思路，找出新的解决方案。从国家战略和产业结构升级的角度看，高等教育需要为我国向制造强国的转变、产业从全球价值链的中低端向中高端的转变，以及新技术推动下的产业革命，提供具有创新能力的高级人才。因此，高等教育应着眼于未来，以提升国家竞争力和创新力为目标，培养学生的创新精神和创新思维，使他们能够在未来的工作中不断创新。

通常情况下，人才所处层次与所具备的创新能力成正比。这就意味着，随着人才应用层次的提高，学生需要具备更高的创新能力。因此，高等教育在培养高层次的人才时，更需要注重学生的创新能力的培养。

4.具有特色

在高等教育中，特色既是高等教育服务地方区域经济社会发展的客观要求，也是高等教育本质的外在表现，主要体现在突出地方特色和专业特色两个方面。

一方面，突出地方特色。每个地区都有其独特的经济、文化和社会条件，这就决定了各地的高等教育需要针对其特色产业和支柱产业制定相应的人才培养目标。这种基于地方特色的人才培养策略，既有利于满足地方经济社会发展的实际需求，也有助于避免人才培养的同质化。然而，注重地方特色并不意味着完全受限于地方需求，忽视全球视野和国际竞争力的培养，而是在全球视野和国际竞争力培养的基础上，进一步突出地方特色，以实现人才培养的特色化和差异化。

另一方面，突出专业特色。在不同的地区，相同的专业可能会有不同的表现形式，这主要受区位特征、社情民情、资源禀赋等因素的影响。因此，高等教育在设计教学计划、选择教材、实施教学时，需要考虑到这些因素，以形成各自的专业特色。同时，为了满足地方特色产业的高层次人才需求，高等教育还需要设立一些特色专业，以便为地方产业提供更具针对性和实用性的人才。

二、高校人才培养的任务

朱熹在《大学章句》中说，"大学者，大人之学"，则"教之以穷理、正心、修己、治人之道"，也就是说大学在于通过思想道德和人文素质教育，促进人的发展。马克思在关于"人的全面发展学说"中指出，教育的目的是促进"人的自由全面的发展"。高等教育的使命不只是培养高级专门人才，更重要的是倡导和促进人的全面发展，包括身心健康、智力发展、情操陶冶和个性完善，使人的潜能得到最大限度的释放和发展。高校人才培养的任务如图2-3所示。

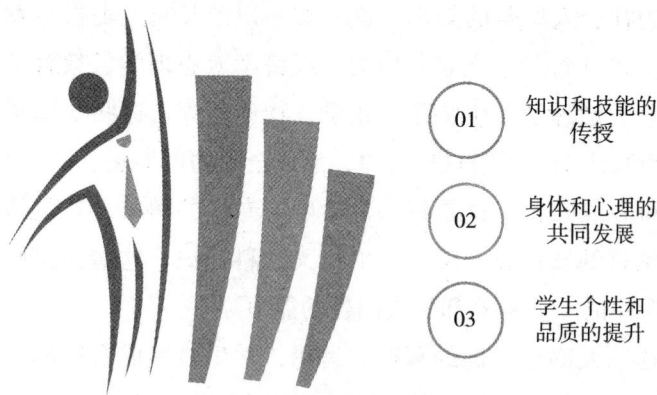

图 2-3　高校人才培养的任务

（一）知识和技能的传授

知识的学习是人的发展的重要基础和前提。知识是客观事物的属性，是人类的认识成果，是客观世界在人脑中的主观映象。从广义上讲，知识是人们在与客观世界的互动中，通过实践活动获取的理解和经验的总和，这些知识可以通过语言、文字、图像等形式长期保存下来。从狭义上讲，知识是个体通过与客观世界的互动所获得的各种信息。无论是广义的还是狭义的知识，都涉及人们如何通过思维活动，对信息、数据、形象、价值观念，以及社会的其他符号化内容进行加工处理和再组织。由此可见，高等教育的任务是以人为本，以学生为本，通过提供广泛和深入的知识学习，推动学生的全面发展，以最大限度地释放和发展他们的潜能。这就需要高校教师在教学过程中，不仅要注重知识的传授，更要注重学生的主体地位，尊重他们的个性差异，引导他们主动参与和独立思考，从而更好地实现人的全面发展。

知识结构是人才培养目标的重要组成部分，它涉及知识内容和形式在学习者认知结构中所形成的层次和比例关系。一个良好的知识结构对于高质量的人才培养至关重要，它主要包括以下三部分。

一是工具性知识。这种知识主要以社会语言形式传播，对所有人都开放。一部分基础的工具性知识，如语言和数学，是人们生存和交流所必需的。另一部分则是由学校特别传授的专业工具性知识，主要包括外语和计算机技术。

二是作为社会人所需的知识。这一类知识涉及与人类自身发展密切相关的各个领域，包括哲学、文学、历史、经济学、心理学、教育学、美学、伦理学、人才学、地理学、生物学、化学、物理学等。这些知识帮助人们理解人类社会，自我认知，了解自然规律，形成全面的世界观。

三是学科专业知识。这是每一位学生所专注的领域，它包括本专业的专业知识、跨学科的知识以及综合性的交叉学科知识。这些知识使学生在专业领域内具备深厚的专业素养和解决问题的能力。

通过对这三大部分知识的掌握和运用，学生能形成自己的知识结构，以更好地适应社会的需求，提升自我价值，实现全面发展。

技能是一个涵盖广泛的概念，代表了人们利用知识和经验解决问题的技巧和能力。不同的定义突出了不同的重点。在《辞海》中，技能被定义为运用知识和经验执行一定活动的能力，而通过反复练习达到精确、熟练的技能则被称为技巧。[1] 在《教育辞典》中，技能被定义为通过学习、重复和反省习得的体能、心能和社会能力。[2] 这一定义强调个体对技能提升的可能性无穷无尽。而在《教育大辞典》中，技能被解释为主体在已有知识经验的基础上，通过练习形成的处理某种任务的活动方式，这更突出了技能是通过实践活动习得的这一特点。[3]

《国家教育中长期发展规划纲要（2010—2020 年）》中提出，要"坚持能力为重。优化知识结构，丰富社会实践，强化能力培养。着力提高学生的学习能力、实践能力、创新能力，教育学生学会知识技能，学会动手动脑，学

---

① 《现代汉语辞海》编委会. 辞海：第 3 卷 [M]. 延吉：延边人民出版社，2002：808.
② 朱作仁. 教育辞典 [M]. 南昌：江西教育出版社，1987：628.
③ 顾明远. 教育大辞典：简编本 [M]. 上海：上海教育出版社，1999：165.

会生存生活，学会做人做事，促进学生主动适应社会，开创美好未来"。同时，"牢固确立人才培养在高校工作中的中心地位，着力培养信念执着、品德优良、知识丰富、本领过硬的高素质专门人才和拔尖创新人才。支持学生参与科学研究，强化实践教学环节"。

社会实践是学生获得知识、培养技能的重要渠道，长期以来都是教育研究者的关注点。人们在实践中不断创造新的力量、新的理念、新的交往方式，产生新的需求和新的语言，从而推动自身的发展。身体和智力的发展为人的发展提供了基础，但这些能力只有通过实践才能产生价值。因此，人们不仅需要重视社会实践活动，将之作为素质教育的一个重要部分，更要将其视为实现人的全面发展的重要途径。

因此，在高等教育的课程设计中，融入活动课程是必要的一步，这样的设计需要高校将实践活动纳入教学计划，旨在提供给学生更丰富、更贴近实际的学习体验。建立实验和实训基地，甚至是劳动基地，不仅能够让学生更好地理解理论知识，还能帮助学生熟悉并掌握专业技能。学校还应鼓励和组织学生走出校园，进行校外参观和实践活动。这将为学生提供了解社会环境，体验国情和民情的机会。在真实的社会环境中，学生能够更好地将所学知识与实际情况相结合，从而增强学习的实效性。同时，学校应积极引导学生参与科学研究、科技开发、科技成果转化等活动。通过这些活动，学生不仅能够提升自身的专业技能和创新能力，还能培养自身的团队协作精神和解决实际问题的能力。通过引导学生从课堂走向社会，以实践促学习，不仅能够补充和丰富课堂教学，而且能够促进学生的全面发展。

（二）注重身体和心理的共同发展

一个健康的身体是应对高强度工作的基础，也是完成任何工作的基本前提。这包括充沛的精力和敏捷的反应等健康体征。身体素质不仅指人们在日常生活和工作中所展现出来的体能和精力，还包括人们在面临高强度工作或压力状况时，承受并适应这种压力的能力。因此，除了保持身体健康，还需要有适应各种环境的身体素质。

同样，对心理素质的要求也不只是排除心理障碍或治疗心理疾病，更重要的是能够保持良好的心理状态，具有自我心理调控能力和优秀的心理活动能力。良好的心理状态意味着人们需要具有健全和积极的认知、情感和意志状态。而强大的自我心理调控能力则意味着，人们需要在面对各种外部影响，特别是负面影响时，能够有意识地调整自己，采取有效的调控手段，使自己的心理状态能够迅速恢复到正常。而优秀的心理活动能力，则要求人们能够持续提升并充分利用自身的心理机能，使人们的认知、情感和意志等心理活动达到更高的水平。总之，身体和心理素质都是学生面对工作和生活压力，实现自我发展的重要基础。高校需要关注并提升学生这两方面的素质，以帮助学生更好地适应生活和工作的需求，实现其自身的全面发展。

在青年学生的身心素质教育中，身体素质和心理素质相互依存，共同影响着个体的活动效果。它们在解决难题和克服挫折的过程中，起着重要的调节和控制作用。情感和意志在心理素质中扮演着重要的角色，其影响力是其他素质无法替代的。只有拥有良好的身体素质和坚定的意志力，才能在生活和工作中取得成就。

因此，高校应该致力于素质教育，全面提升青年学生的思想道德、科学文化、身体、心理，以及劳动技能素质。主要目标是培养他们的能力，发展他们的个性，并以此完善和提升他们的个人素质结构。为了实现这一目标，教育者需要研究青少年学生的身心发展特点，并使用符合教育规律和学生身心发展规律的方式进行教育和引导。教育的目的是通过这样的方式，全面提升青年学生的身心素质，为他们的成长和发展提供坚实的基础。

（三）协调学生个性和品质的提升

个性，通常被理解为一个人独有的特征和行为模式的集合，是人性在个体层面的独特表现。这些特征源于人们的生理属性、心理状态以及社会环境。具体来说，个性是在特定的社会历史条件下，基于个体独特的生理和心理素质，并通过实践活动与内化过程，形成并发展的一系列倾向性、本质很稳定的心理特征。个性的结构可以大致分为三个部分：个性倾向性，包括需要、动机、兴趣等；个性心理特征，主要包括性格、气质和能力系统；自我意识，包括自我认识、自我体验和自我调节。每个人都拥有自己的个性，而且应当鼓励充分和自由地发展个性。虽然个性包含一定的稳定性特征，但个性并非一成不变。随着社会的进步，个体实践的深化，以及环境的变化，个性也会持续演变和发展。个性反映了个体对于世界、社会和人生等的基本价值取向的行为特征。

在高等教育过程中，一成不变的、忽视个性差异的、模式化的培养方式等于将学生视为流水线上的产品，这种方式会削弱学生的积极性和自主性，从而极大地影响教育的效果。现代社会特别重视个性的提升和展现，这是社会对人才素质的一种特殊需求。在这种背景下，高校在进行教育和教学实践时，需要全面理解并认识到每位学生的个体差异，善于发掘学生的潜能和素质，并对他们进行个性化的教育。这样的教学策略可以激发学生的积极性、创新性和主观能动性，并增强他们的自我认识、自我评价、自我选择和自我提升的意识。同时，高校应完善教育机制，充分尊重学生的个性、兴趣和爱好，为他们在专业选择、课程设置、教师挑选和课外活动等方面提供更大的自由选择空间，进而为他们提供更多的机会来发展和展现个性。

阿尔文·托夫勒（Alvin Toffler），美国未来学家，对未来人的特性有深入的洞察，预见到随着社会持续发展，不仅社会结构会发生深刻变革，人类自身也会发生重大转变。这个未来的社会性格，将与农业和工业文明形成鲜明对比。

托夫勒认为，未来的人将具备以下六个主要特征：第一，未来的人将有强烈的责任感和早熟的能力，愿意主动承担新的任务；第二，未来的人将能够迅速适应变化，展现出强大的灵活性，敏锐地处理各种问题；第三，未来的人将敢于质疑权威，持有独立的见解；第四，未来的人将擅长合作，能够敏感地与周围的人协调一致；第五，未来的人将有鲜明的个性，而且他们将以自己的与众不同而自豪；第六，未来的人将是全面发展的多才多艺者，在体力与脑力、具体与抽象、客观与主观之间，他们将达到平衡与和谐。[①]

简而言之，托夫勒认为未来的人将成为自主、灵活、独立、协作、多才多艺的全面发展者，他们会在处理问题和适应环境的能力，以及个性和全面

---

① 托夫勒. 未来的冲击[M]. 孟广均, 译. 北京: 新华出版社, 1996: 28-33.

发展的特点上，有显著的提升，这些特质将是未来的人在未来社会中脱颖而出的关键。

在 21 世纪的高等教育中，可以观察到一个明显的发展趋势，即更加重视对人的全面素质，特别是创新能力和个性发展的培养。全面提高学生的综合素质应该包括道德、学识、才能和体质这四个基本方面。首先，道德是全面素质的指导方向。它涉及人的价值观和行为准则，是个人品行和行为的核心。其次，学识是全面素质的根基，因为它为人们提供了对世界的理解和掌握，是人们开展任何活动的基础。再次，才能被认为是全面素质的核心，它体现了人们的技能和能力，使人们能够在各种环境中生存和成功。最后，体质是全面素质的基础，健康的体魄为人们提供了从事各种活动的能力。高校应该在人才培养中促进学生道德、学识、才能、体质四方面的协调发展，不可偏废任何一方。高校人才培养的任务应该是将大学生培养成全面发展的人，使他们在人文精神、科学素养、创新能力和身心健康上达到统一和平衡。

三、高校人才培养工作开展的意义

高校是社会人才的重要培养基地，其人才培养工作不仅关系到个人的未来发展，而且直接影响到社会经济的进步和国家的未来发展。高校人才培养工作开展的意义如图 2-4 所示。

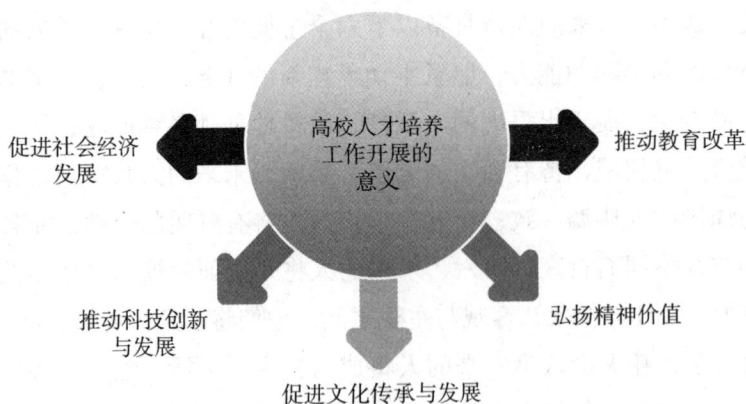

图 2-4　高校人才培养工作开展的意义

（一）促进社会经济发展

在 21 世纪这个知识经济时代，高等教育在社会经济发展中扮演了更加重要的角色。高等学校的人才培养工作是推动社会经济发展的重要驱动力，是促进科技创新、提高社会生产力、改善人民生活水平的关键。

高等教育是知识创新和技术创新的重要源泉。在各个领域，高等教育培养出的专业人才运用他们的知识和技能，解决生产中的实际问题，推动技术的进步和创新。他们掌握了最新的科学知识和技术，有着丰富的实践经验，能够引领企业、社区和政府应对日益复杂的社会、经济等挑战。

高校培养的人才是社会经济结构调整和产业升级的关键。在当前经济全球化、科技快速发展的背景下，社会对人才的需求也在不断变化。传统的劳动密集型产业正在向知识密集型、技术密集型产业转变。因此，高等教育需要培养一批具有高技能、高素质的人才，满足社会经济结构调整和产业升级的需求。

高校培养的人才是推动经济发展、实现经济增长的关键因素。从微观角度看，企业的发展需要专业人才的支持，只有拥有一批技术熟练、管理高效的人才，才能让企业在激烈的市场竞争中保持优势，推动企业的发展。从宏观角度看，人才是国家和社会发展的最重要资源，他们的创新活动和知识技能对经济增长起到了决定性的推动作用。

高等教育对于提升国家的竞争力也有着重要的作用。在全球竞争激烈的今天，人才资源已经成为国家竞争力的重要组成部分。高等教育的发展能够吸引更多的优秀人才，为社会提供更高质量的服务，提升国家的软实力。

（二）推动科技创新与发展

科技创新是社会进步和国家发展的重要动力，是推动经济社会持续健康发展的核心驱动力。而高等教育则是科技创新的重要基地，高校培养的人才是科技创新的关键推动力，对于推动科技的进步和发展起着至关重要的作用。

高校是知识创新和技术创新的摇篮。高校内部有丰富的知识资源、先进的科研设备和高水平的研究人员，为科技创新提供了良好的环境和基础。同时，高校教育旨在培养学生的创新思维和实践能力，使其能够在未来的工作中发展创新，为科技进步做出贡献。

高校是科技成果转化的重要平台。大量的科研成果是在高校实验室中产生的，然后通过各种途径转化为实际的生产力，推动社会经济的发展。高校还通过与企业的合作，使科研成果快速应用于生产实践，推动科技创新成果的转化和应用。

高校的研究人员和毕业生是科技创新的主要参与者和推动者。优秀毕业生以扎实的专业知识、严谨的科研态度和创新的思维方式，不断推动科技的进步和发展。在当前知识经济时代，人才已经成为最重要的资源，而高校正是培养高质量科技人才的重要场所。

此外，高校也是社会科技创新观念和文化的传播者和引导者。高校可以通过教育教学，传播科学精神，培育创新文化，引导社会公众理解、支持和参与科技创新。同时，高校还可以通过科技活动，提高公众的科学素养，形成尊重科学、崇尚创新的社会氛围。

（三）促进文化传承与发展

高校不仅是科技创新的摇篮，也是文化传承和发展的重要场所，可以通过教育和学术研究等方式，传承和发展优秀文化，推动社会文化进步。高校在文化传承和发展中发挥着重要作用，是推动社会文化进步的重要力量。随着社会的不断发展，高校的文化传承和发展工作的重要性也会越来越明显。因此，国家有必要加大对高校的支持，让它们在文化传承和发展中发挥更大的作用。

高校是文化传承的重要载体。高校承载了丰富的文化资源，如古籍、艺术作品、历史文献等，这些资源都是文化传承的重要物质基础。同时，高校还有丰富的人文学科，如文学、历史、哲学、艺术等，这些学科通过教育教学，传承人类的优秀文化成果，使之得以延续和发展。

高校是文化创新的重要场所。文化是生动的、发展的，不断有新的文化现象和文化形态产生。高校通过教育和科研活动，推动文化创新，丰富文化内涵，提升文化品质。同时，高校通过国际交流和合作，引入外来的优秀文化，丰富本土文化，促进文化交流和融合。

高校是培养文化人才的重要基地。文化人才是文化传承和发展的关键。高校通过教育，培养出一批具有深厚文化素养和专业技能的人才，他们在未来的工作中，可以推动文化的传承和发展，推动社会文化进步。

高校还是社会文化观念和文化价值观的引导者。高校可以通过教育和公共服务，引导社会公众形成正确的文化观念和价值观，促进社会文化的健康发展。同时，高校还可以通过文化活动，如学术研讨会、文化论坛、艺术展览等，提高社会公众的文化素养，形成良好的文化氛围。

（四）弘扬精神价值

高校在人才培养中的任务绝不只是传授专业知识和技能，同样重要的是，通过教育，培养学生良好的道德素养、社会责任感、积极的价值观和人生观。这些精神价值的培养是为了培养出全面发展的人才，他们的精神面貌和价值取向会对社会产生深远影响。

道德素养是一个人的基本素质，也是一个人作为社会成员所必须具备的基本品质。高校通过教育，培养学生的道德素养，让他们明白诚实、正直、尊重他人等道德原则的重要性，使他们具备良好的道德品质和行为规范。同时，高校还通过提供丰富的社会实践活动，让学生在实践中学习和实践道德，培养他们的道德实践能力。

社会责任感是一个人对社会的责任和义务的认识和感受，是他们积极参与社会活动、为社会做出贡献的重要动力。高校通过教育，培养学生的社会责任感，使他们明白自己对社会的责任和义务，激发他们的社会责任感。同时，高校还可以通过开展志愿服务、社会实践等活动，让学生在实践中体验和实践社会责任，培养他们的社会责任实践能力。

价值观和人生观是一个人看待世界和生活的根本观念，是人的行为和生活的指导原则。高校通过教育，培养学生的价值观和人生观，使他们建立积极的价值观和人生观，促进他们全面发展。同时，高校还通过开展思想教育、品德教育等活动，引导学生反思和修正自己的价值观和人生观，使他们的价值观和人生观更符合社会发展的要求。

高校培养的人才不仅对自身发展有影响，他们的价值观和人生观还能对社会产生积极影响。高校培养的人才通过工作和生活，将自己的价值观和人生观传播到社会，从而影响和引导社会风尚，最终促进社会道德的提升和精神文化的丰富。

（五）推动教育改革

在当今时代，社会的快速发展对教育提出了新的要求，人才培养模式也需要与时俱进，以更好地适应社会的需求。高等学校在人才培养过程中的实践和探索，是推动教育改革的重要力量，也是适应社会发展、满足人的全面发展需求的重要手段。

高校在人才培养中的实践可以引发教育改革的思考。随着社会经济的发展，人才的需求也在不断变化，教育需要及时调整和改变，以满足新的需求。高校在实践中可以观察到这些变化，可以看到现有教育模式的不足和问题，这为教育改革提供了重要的线索和依据。

高校在人才培养中的探索可以为教育改革提供方向。每个高校都有其独特的教育理念和教育方式，他们在实践中不断尝试和改进，通过创新教育模式和方法，寻找更有效的人才培养方式。这些探索和实践是教育改革的重要来源，他们的成功和经验可以为教育改革提供方向和样板。

高校在人才培养中的成功可以推动教育改革的进程。一方面，他们的成功可以激发社会对教育改革的期待和需求，推动教育改革成为社会共识；另一方面，他们的成功可以提供教育改革的经验和示范，促进教育改革的实施和推广。

高校在人才培养中的实践和探索，是满足人的全面发展需求的重要手段。不仅要培养学生的专业知识和技能，还要培养他们的创新能力、社会责任感和全球视野，使他们在知识、能力、素质和态度等各个方面都得到全面的发展。这种全面发展的人才培养模式，是符合人的全面发展需求的，也是教育改革的重要目标。

第三节　高校人才培养的基本原则

在这个知识与技术日新月异的时代，高校作为社会人才的培养中心，其培养工作显得尤为重要。但如何有效地进行人才培养呢？这就需要依据一定的原则，如图 2-5 所示，这些原则如同教育的灵魂，指导着高校更好地培养出适应社会发展需求的优秀人才。

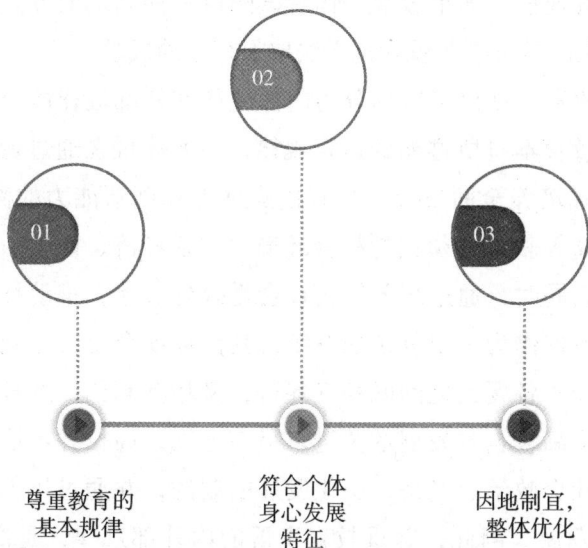

图 2-5　高校人才培养的基本原则

一、尊重教育的基本规律

教育规律，与其他规律一样，是一种客观存在，不受人的主观意志影响。它揭示了教育内部因素之间、教育与其他社会现象之间的必然性联系，以及教育的发展变化的趋势。例如，教育事业的发展规模和速度在根本上受社会生产力发展的限制，一个国家的生产力发展水平与其教育发展程度呈正相关，这就是一种教育规律。此外，虽然教育是人类社会的共有事业，但在不同历史阶段或不同社会中，其性质各不相同，这主要受经济政治制度的影响，这也是一个教育规律。再者，如果在教育过程中将儿童的年龄特征作为教育和教学的依据，教育就可以促进儿童的身心发展，这同样是一种教育规律。唯物主义强调这些规律是教育本身的固有属性，不以人的意志为转移，并承认教育活动和教育规律的客观实在性。

另一方面，教育规律也可以理解为教育学生的固有方法。但是，这并不意味着所有教育工作者应当以同一种方法教育所有学生。就像孔子的名言"因材施教"一样，每一个学生都是独特的，教育工作者们需要根据他们的特性和能力来教育他们。如果教育工作者试图以一种固定的方式来教育所有的学生，那么中国的教育事业就永远无法取得真正的成功。

高等教育的发展规律可以划分为内部规律和外部规律两个层面。内部规律指的是高等教育本身所遵循的运行规律，主要体现在通过德育、智育、体育和美育等方式培养全面发展、具有创新精神和创新能力的高级专业人才。外部规律则指高等教育必须接受社会环境，包括经济、政治、文化等多方面的影响和约束，同时，通过培养符合社会需求的人才，推动社会的发展和进步。一方面，高校作为一个复杂的系统，其内部各个要素之间存在着紧密的相互联系和互动。各要素之间既相互促进，又相互制约，处理好这些要素之间的关系是促进高校自身发展的关键。另一方面，高校并不能独立于社会存在。它必须受社会政治、经济、文化发展的制约，并通过培养高级专门人才来推动社会的发展。因此，尊重教育发展的内外部规律，是高等教育健康、和谐发展的必要条件。在这个高速发展的现代社会中，高校必须认识和尊重教育发展的内外部规律，以期促进自身和社会的持续发展。这需要高校在保持自身教育特色和优势的同时，积极适应社会发展的需求，培养符合社会需求的人才，从而实现教育的社会使命，推动社会的进步和发展。

二、符合个体身心发展特征

教育的核心是学生，其目的是推动学生的全面发展。学生不仅是教育的接受者，更是主要参与者。在高等教育的教学过程中，理解和研究学生的本质、特性和发展规律是教育工作的起点和终点。学生在身心发展过程中的阶段性、顺序性、稳定性、可变性、不均衡性、差异性和整体性等特点应该得到充分的尊重。尊重这些基本规律，才能真正推动学生的全面发展。

学生是具有主体性的人。学生不仅仅是教育的被动接受者，他们是拥有独立性、创新性和自我意识的个体，他们会主动地认识和接受新知识。在学习过程中，他们根据自身的需求、兴趣和能力，有目的、有系统地选择知识，并能对知识进行自我加工和理解。他们对于要学习什么以及如何学习都有着较为明确的认识。

个体之间存在着显著的差异性。由于每个个体成长过程中的主观和客观条件不同，因此个体的发展进程和结果也不尽相同。这种差异主要体现在能力、智力、性格和气质等方面。处于不同发展阶段的人，其身心发展的特性和规律会有所不同；而处于同一发展阶段的不同个体，其身心发展特性也会各有差异。

大学阶段是个体发展的一个特殊而关键的阶段，高校教育工作者需要认识和理解个体在这一阶段身心发展的特点和规律，这对于确定科学合理的人才培养标准，实现既定的人才培养目标至关重要。在传统的教育模式下，高校往往过于关注统一的知识传递和学习，并以僵化的统一的标准来衡量培养出的学生，这不仅限制了个体的发展，而且会导致培养出的学生不能满足现代社会和时代发展的需求，甚至可能会阻碍社会的全面发展。

三、因地制宜，整体优化

实施高等教育人才培养计划，首先要考虑的是高等学府自身的教学条件，包括硬件和软件两个方面。硬件条件主要包括教学基础设施、实验设备和图书资料的储备等必要配套设施。而软件条件则包含了教师队伍、科学研究、学科建设，以及学术交流和管理水平等因素。这些都是高等学府在制定人才培养目标时的重要基础，必须在这些方面找出优势和不足，然后做出全面的考虑和调整。《普通高等学校基本办学条件指标（试行）》提到了高校基本办学条件包括学生与教师的比例、拥有研究生学位的教师在全职教师中的比例、每个学生所拥有的教学和行政用房面积、每个学生所拥有的教学科研设备的价值，以及每个学生所拥有的图书数量等。

除此之外，高等学校的办学层次和类型定位也很重要。一所高等学府的人才培养目标密切关联其在高等教育体系中的定位和角色。越是层次高、地位重要的学校，对人才培养目标的要求往往越高。不同类型的高校会根据自己的特性和专业培养不同类型的人才，例如，师范学院主要培养高质量的教师，医学院校则以培养合格的医疗工作者为目标，工科院校旨在培养适应国家工业发展需求的专门人才。同时，学校所属的机构也会影响其人才培养目标，不同类型的高校有不同的教育目标和人才培养方式。例如，研究型大学通常更重视培养学生的科研能力和创新精神，因此，这类学校的人才培养目标可能更偏向于学术型人才；职业技术学院则可能更侧重于培养具有实际操作技能和职业素养的技术型人才。这些高校的课程设置和教学方法都与其人才培养目标密切相关。

另外，高校的地理位置对其人才培养目标有直接影响。地方性高校，也就是那些服务于特定地区的高校，其主要任务是满足所在地区的社会经济发展需求，培养相关的人才。例如，某些沿海城市的高校可能会重点培养海洋科学、渔业科学等与海洋相关的专业人才；而一些位于制造业发达地区的高校则可能重点培养机械制造、自动化技术等专业的人才。这些高校通常会根据当地的经济发展特点和行业需求来调整其教育资源和课程设置。有些高校可能面向全国乃至全世界，旨在培养可以在国际舞台上立足的人才，这样的高校通常设有多元化的课程，以适应各种复杂、多变的社会需求。而有些高校则可能更多地服务于区域经济和社会的发展，他们重视地方特色，注重培养与本地紧密相关的专业人才。

第三章　产教融合人才培养生态系统的理论渊源

第一节　产教融合人才培养的政策依据

随着经济体制改革的推进，高等教育的管理制度、运营模式及制度保障也需要改革。1993年，《中国教育改革和发展纲要》明确提出要"使高等学校真正成为面向社会自主办学的法人实体"，这标志着高等教育政策的演变，即从以国家为中心转向以市场为中心。1998年，《中华人民共和国高等教育法》的颁布进一步确定了以市场为基础的政策方向，标志着高等教育的管理权限开始从中央转向地方，高校的自主办学权力逐渐扩大。这些变化意味着高等教育体系的内部环境正在发生深刻的变化，学校与政府、行业和企业之间的关系也发生了深刻的变化。随着市场治理模式的确立，政府在教育领域的职能开始缩小，对高等教育的投入也开始逐步减少。这反映了在新的经济和社会环境下，政府正在调整其在教育领域的角色，以适应新的市场化改革需求。

根据2005年《国务院关于大力发展职业教育的决定》，国务院采取了行动，以树立高等职业教育改革和发展的范例，使之与社会经济发展紧密结合，提升高等职业教育的产教融合水平与办学效益，从而推动其健康发展。为此，国务院实施了国家示范性高等职业院校建设计划。该计划的核心举措是，在整合资源、深化改革、创新机制的基础上，按照地方为主、中央引导的原则，选择办学定位准确、条件优良、社会声誉良好、产学紧密结合、改革成果显著、制度环境优良且有辐射能力的 100 所高等职业院校作为重点支持对象。同时，该计划还致力于完善相关政策，推动工学结合的重点学科发展，以在全国范围内引领高等职业院校达成教学改革的共识。该计划的实施带来了显著成效。一部分高等职业院校在创新人才培养模式，构建专兼结合课程体系，服务社会、服务地方、服务企业，以及丰富办学特色等方面取得了明显的成效。这些改革和成就加快了高职教育的改革步伐，提升了高等职业院校的办学实力、产教融合水平、管理能力和办学效益。此外，一批重点专业人才培养项目应运而生，成功对接了各地的重点产业。这些项目有效地带动了各地高等职业院校，尤其是省级示范院校和行业示范院校的发展。这些院校专业特色突出，成为优秀的高等职业院校群体。它们聚焦于国家和区域的发展战略，致力于服务实体经济建设，并为战略性新兴产业和先进制造业的发展，以及传统产业的转型升级，提供了重要的技术技能人才支持。它们发挥了不可替代的作用，为高等职业教育开辟了一条不同于普通大学的路径，使高等职业院校展现出空前的活力和生机。

2015 年，教育部公布了《高等职业教育创新发展行动计划（2015—2018年）》，从而启动了优质高等职业院校的建设。这个计划代表了我国高等职业教育领域在回顾"十二五"期间的发展经验后，为"十三五"期间制定改革任务的重要策略确立目标，即目标在于引导和推动高等职业院校制定并实施好各自的"十三五"规划。《中华人民共和国国民经济和社会发展第十三个五年规划纲要》将"推进职业教育产教融合"视为推动教育现代化的关键任务，强调推动产教融合、校企合作的人才培养模式，要求高校努力推进专业设置、课程内容、教学方式与实践知识传授之间的有效对接。这表明了我国对职业教育的引导和机制安排的愿景，只有那些与技术进步、生产方式变革以及社会公共服务相适应，实现产教深度融合的现代职业教育，才能为社会提供符合产业发展需求的高素质人力资源，为国家和社会源源不断地创造人才红利。优质院校建设要求院校办学定位准确，专业特色鲜明，社会服务能力强，综合办学水平领先，与地方经济社会发展需要契合度高，行业优势突出。而且它也规定了主要建设任务，包括深化教育教学改革，提升技术创新服务能力，培养杰出的技术技能人才，增强专业教师和毕业生在行业企业的影响力，提升学校对产业发展的贡献度，争创国际先进水平等。这些要求体现了优质院校建设对产教融合与高水平学科发展的新期待。

在 2019 年，中国国家发展和改革委员会、教育部以及其他四个部门联合发布了《国家产教融合建设试点实施方案》。该方案提出，通过大约五年的努力，全国范围内计划建设约 50 个产教融合型城市，以这些试点城市及其所在省份为中心，创立一批具有区域特色的产教融合型行业，并在全国范围内建立和培育超过 1 万家的产教融合型企业，构建产教融合型企业制度和综合激励政策体系。《国家产教融合建设试点实施方案》强调在全国范围内同步进行产教融合型城市、行业、企业的试点建设，并通过这些试点，在产教融合制度和模式创新上，为全国提供可供复制和借鉴的成功经验。国家发展和改革委员会的相关负责人表示，统筹推进产教融合型城市、行业、企业等三类试点，是为了发挥城市的承载能力、行业的聚合效应以及企业的主体作用，从而构建一个以城市为节点、行业为支点、企业为重点的改革新路径和新机制。

人才培养工作作为高校教育的核心，在国家政策大力支持产教融合的背景下，也应该结合实际情况和特点，积极尝试和采用产教融合模式，为社会发展输送更多高质量的人才。

第二节　产教融合人才培养的理论之基

一、教育与生产劳动相结合理论

马克思提出："毫无疑问，工人阶级在不可避免地夺取政权之后，将使理论的和实践的工艺教育在工人学校中占据应有的位置。"[①] 马克思主义教育观认为，教育与生产劳动相结合是一种重要的教育方法，强调教育不应只是空

---

① 马克思，恩格斯．马克思恩格斯全集：第 23 卷 [M]．中央编译局，译．北京：人民出版社，2016：535．

洞的理论学习，而应将理论知识和实际工作结合起来，使学生能在实践中学习和掌握知识。通过这种方式，学生可以更好地理解和掌握理论知识，也能提高实际工作能力和创新能力。产教融合人才培养是这种教育方法的现代化和具体化，也是教育与生产劳动相结合的深化。在产教融合人才培养中，教育与生产不再是两个独立的过程，而是一个统一的、互相融合的过程。在这个过程中，学生不仅要在学校学习理论知识，还要在企业或实验室中进行实践活动，以此提高实践能力和创新能力。

教育与生产劳动相结合理论的主要原则是"以人为本"，强调培养学生的全面能力。教育不仅要培养学生的知识和技能，也要培养他们的道德品质和社会责任感。这样，学生才能全面发展，成为社会需要的高素质人才。产教融合人才培养是这一理念的重要体现，它强调将学生放在实际工作环境中，使他们在解决实际问题的过程中提高自己的能力。

教育与生产劳动相结合的理论强调的是实践性教育。马克思主义认为，知识来源于实践，也服务于实践。[①] 因此，教育应该紧密与生产实践相结合，使学生在实践中掌握和运用知识。产教融合人才培养正是在这一理念的指导下，将理论教学和实践教学紧密结合，使学生在实践中掌握和运用知识。

教育与生产劳动相结合理论还强调教育的社会性。教育不仅是个人的事情，也是社会的事情。因此，教育应该服务于社会，培养社会需要的人才。产教融合人才培养正是在这个理论的指导下，紧密与社会和企业需求相结合，通过与企业的合作，培养出符合社会需求的人才。

产教融合人才培养方案的深化，是教育与生产劳动相结合理论在当前社会和经济环境下的应用和发展。在全球化和信息化的背景下，社会对人才的需求越来越多样化和高级化，这就需要教育与时俱进，实现创新和发展。在产教融合人才培养中，教育机构与企业紧密合作，共同设计和实施人才培养方案。这样，学生不仅可以在学校中学习理论知识，还可以在企业中进行实践活动，从而提高自己的实践能力和创新能力。同时，企业也可以通过与教

---

① 马克思，恩格斯. 马克思恩格斯全集：第3卷[M]. 中央编译局，译. 北京：人民出版社，2016：3-8.

育机构的合作，培养出符合自己需求的高素质人才。这样的合作对双方都是有益的，也是实现教育与生产劳动相结合的有效方式。

　　教育与生产劳动的结合是现代工业生产中的重要问题，不仅是工业化时代的产物，而且是社会发展的必然趋势，不受任何人为因素的影响。这种结合并非我国独有，而是全球所有处于工业化阶段的国家和社会共同面临的现实。但这并不意味着教育与生产劳动相结合的方式就只有一种。相反，根据不同的情况，这种结合可以采取多种形式。教育与生产劳动相结合是现代工业生产的必然要求。工业生产需要大量具有专业技术和操作技能的劳动者，而教育则是传授这些知识和技能的最重要的途径。教育与生产劳动的结合，可以使学生在学习的同时掌握实际操作技能，提高工作效率。随着科技的发展和生产方式的改变，工作所需要的技能和知识也在不断变化。因此，教育需要与生产劳动相结合，以便及时更新教育内容，满足工作的需求。教育与生产劳动相结合的目的不仅仅是进行思想政治教育，更重要的是传授文化科学知识。在现代社会，知识和技能的获取不再局限于课堂，更多的是通过实践活动。因此，教育与生产劳动相结合，既可以提高学生的技能水平，也可以扩大他们的知识面，增强他们的竞争力。教育与生产劳动相结合的方式并不单一，可以根据不同的情况，采取不同的形式。例如，可以通过实习、实践活动、职业技术教育等方式，将教育与生产劳动结合起来。通过这些方式，学生可以在实际工作中学习和应用知识，从而更好地理解和掌握知识。

二、实用主义思想

　　实用主义源自19世纪末美国的哲学思潮，其形成深受英国经验主义哲学家的影响，特别是弗朗西斯·培根（Francis Bacon）、约翰·洛克（John Locke）的思想对其影响较大。同时，实用主义的产生也与当时美国社会和文化发展的具体情况紧密相连。随着工业革命的兴起，现实生活的价值得到了强化，人们开始认识到只有现实生活是可以被改变和改善的，这一变化导致了人们对维护现状的宗教和哲学的兴趣的减少，相对地，对个人自由的追求却越来越强烈。因此，人们开始将更多的关注点放在实际的、日常的生活上，而这种以现实生活为重心的观念正是实用主义哲学所要传达的。

（一）经验是关键

"实用主义"一词源自希腊文，原意包括两部分内容，其一，"行为"；其二，"实际"或"行动"。在实用主义的发展历程中，美国哲学家查尔斯·皮尔士（Charles Peirce）、威廉·詹姆士（William James）是两位尤为重要的人物，皮尔士被公认为实用主义的创始人，詹姆士则被视为实用主义的奠基者。实用主义以实际生活为中心，强调行动和实践的重要性，提倡个人自由，它是一种关注现实，注重实用，追求改变的哲学思想。在实用主义的视角下，只有能够产生实际效用和价值的观念、行为和政策才有意义，这在一定程度上也激发了人们对改变和改善现实生活的追求。这种以现实为中心，强调行动和实践的哲学思想，深深地影响了现代社会的发展。

1878 年，在《怎样使我们的观念清晰》一文中，美国哲学家查尔斯·皮尔士阐述了实用主义理论。他认为，只有与实际经验相连接的观念才有意义，如果一个观念不能在实际行动中应用，或者不能在实际行动中产生结果，那么这个观念就没有价值；换句话说，如果我们了解一个观念的效果是什么，或者它无法产生什么效果，那么这个观念的含义就清晰了。[1] 皮尔士的实用主义理论从观念出发，强调实际行动的重要性，将信念看作观念和行动之间的重要桥梁，因为信念对行动具有引导作用，但信念也需要验证，而验证信念最有效的方法就是通过实验，因为实验处理的是现实的事物，不以人的意志为转移。

皮尔士试图创立一种可以适用于所有学科的科学逻辑，后人称之为"实用主义翻译原则"。根据这一原则，要清晰地表达一个观念，就必须将其中的抽象和模糊概念"翻译"成具体的表达，描述人们的具体活动和可观察结果之间的联系。皮尔士视实用主义为真正的实证主义，反对形而上学，并将其从高高在上的理论之云端拉到实际经验的基础之上。总的来说，皮尔士的实用主义试图将日常语言与严密的逻辑结合起来，这种新颖的理论的最显著特点就是确认理论知识与理性目标之间的不可分割性，这也是人们偏爱"实用主义"的一个重要原因。

---

① 皮尔士，胡普斯. 皮尔士论符号 [M]. 徐鹏，译. 上海：译文出版社，2016：203-230.

实用主义的快速发展和最终形成，离不开威廉·詹姆士的重要贡献。詹姆士并没有满足于继承皮尔士的思想，而是基于其理论基础，进一步深化和拓展，从而形成了一套更加完整的实用主义哲学体系。在詹姆士的作品《信仰的意志》中，他首次系统性地阐述了实用主义的基本理念，为实用主义的理论建设提供了重要的思想支撑。① 詹姆士的影响力在哲学界如同一颗辉煌的恒星，以其独特的光芒，引领并推动了实用主义哲学的发展。在发展过程中，他并没有固守皮尔士的原初概念，反而逐渐从中脱离出来，开创了自己的研究路径，不仅使实用主义思想得以进一步丰富和深化，而且使其在广泛的领域中被应用和发扬。詹姆士在 1898 年的加利福尼亚大学演讲中，正式将这个词引入哲学语境，使实用主义哲学的命名得以确定。自此以后，实用主义哲学在美国乃至全球范围内广泛流行，引发了一场深远影响的哲学运动。

实用主义理论强调知识不是孤立存在的，而是个体与其环境的共同作用的产物，是人类与宇宙之间的"交互对话"的结果。在这个视角下，人们通过生活的经验提出关于宇宙的假设和猜测，这标志着人类知识探索的起始点。然而，这些初步的假设和猜测尚不能成为真正的知识。在这些假设和猜测的引领下，人们会进行各种与环境的互动，对行动产生的后果进行反思，以验证原先的假设和猜测是否正确。如果假设或猜测被验证为正确，它们就会成为真知。反之，如果验证结果显示原先的假设或猜测是错误的，那么人们便会提出新的假设或猜测，展开新的行动，并从新的结果中寻找知识。

（二）教劳结合

实用主义哲学在美国对教育领域产生了深远的影响，为合作教育的发展提供了理论基础，主要体现在教育与生产劳动相结合的问题上，即实用主义和功利主义的"结合观"。

第一，教育是社会生产的重要组成部分。随着现代科技的迅猛发展，社会对人才的需求正在发生深刻的变化。教育的任务不再仅仅是为统治阶级的政治统治服务的，而应为社会生产培养具有适应社会发展需求的劳动者。因

---

① 詹姆士. 威廉·詹姆士哲学论文集 [M]. 邱娟, 吴杨义, 译. 北京: 北京理工大学出版社, 2021: 112-117.

此，教育与社会生产、社会生活的紧密联系，实际上是教育适应社会发展的必然选择。

第二，随着现代社会的发展，教育的性质和目的正日益呈现出实用主义的特点，人们开始更多地关注劳动世界，更加强调教育应传授对社会生产、社会生活和个人发展有益的知识。在这种实用主义的影响下，学校不再只注重"纯粹"知识与实用知识的区别，而是将重心更多地放在日常生活的经验和需要解决的实际问题上。因此，教育与生活的连接、教育与生产的紧密结合，成了必然趋势。这种教育观点的转变，实际上是对传统教育观念的一种深刻挑战。在传统的教育模式中，学习通常被看作一种抽象的活动，与实际生活和生产劳动相对隔离。然而，实用主义教育观念却明确提出教育应与生活和生产劳动紧密相连的观点，提倡让学生在实际的生活和工作中学习和实践，以便更好地适应社会的需求。

第三，为了更好地为将来的社会生活做准备，学生需要掌握一定的职业技能和生活能力。在不断发展变化的社会环境下，选择职业变得越来越具有挑战性。因此，现代教育机构面临的主要问题之一就是如何使学生掌握必要的技能，学会生存，以便能胜任未来的工作。所以，学校的责任之一就是帮助学生找到适合他们的职业路径，找到工作，甚至学习并掌握必要的就业技能。

第四，教育与生产劳动相结合的目标是为了通过教育方式让学生为就业和自我教育做好准备，顺利地融入社会，成功地进行生产行业的过渡，并通过生产劳动获得经济效益。这种美国实用主义的"教劳结合观"在合作教育中得到了充分体现。它强调直接服务于社会，直接对经济发展产生影响，直接影响受教育者，并随着社会和经济的发展而不断加强教育与生产劳动的内在联系。

合作教育的目标是通过结合学习与工作，使学生掌握未来就业所需要的知识和职业技能，以便能够顺利进入职业市场。它倡导学校与社会生产部门的紧密合作，以便使学校的教学能更好地适应社会的需求，加强学校与工商业机构、服务部门的合作，从而有效地培养现代经济竞争所需的技能人才。虽然这种实用主义的"结合观"关注生产劳动的教育价值，但它更强调了教育与劳动结合的必然性和实效性，将其视为有利于个人更好地融入社会和就业的有效方式，也是推动社会和经济发展的重要动力。

三、建构主义理论

近些年，产教融合模式在高等教育领域取得了显著的成果，其成功的根本原因在于具有深厚的学习理论基础。在现代教育的理论体系中，学习理论是处于核心地位的。纵观学习理论的发展史，它经历了行为主义、认知主义、客观主义的发展潮流，并在近十多年来发展出了现代的学习理论——建构主义。

（一）建构主义概论

在探讨建构主义学习理论的代表性人物时，不得不提到让·皮亚杰（Jean Piaget）、奥托·克恩伯格（Otto F. Kernberg）、罗伯特·斯滕伯格（Robert Sternberg）、丹尼尔·卡茨（Daniel Katz）和列夫·维果茨基（Lev Vygotsky）。

皮亚杰是认知发展领域最有影响力的心理学家之一，他所创立的关于儿童认知发展的理论被人们称为"日内瓦学派"。皮亚杰的建构主义观点主要是，儿童在与环境的相互作用中逐步建立起对外部世界的认知，并通过这个过程推动自身认知结构发展。[①] 根据这一观点可知，这种相互作用涉及两个核心过程："同化"和"顺应"。同化是指个体将来自外部刺激的信息融入其现有的认知结构的过程，而顺应则是指由于外部刺激的影响，个体的认知结构发生变化的过程。同化使得认知结构得以扩充，而顺应则改变了认知结构的性质。个体通过同化和顺应两种方式来达到与环境的平衡。当儿童能够利用现有的认知结构来同化新信息时，他们处于一种认知平衡状态。当现有的认知结构无法同化新信息时，认知平衡被打破，于是，修正或创建新的认知结构（顺应）的过程就是寻找新的平衡的过程。儿童的认知结构通过同化和顺应的过程逐步建立，而在"平衡—不平衡—新的平衡"的循环中，儿童的

---

① 皮亚杰. 儿童智力的起源 [M]. 高如峰，陈丽霞，译. 北京：教育科学出版社，1990：42-48.

认知结构得到了持续的丰富、提升和发展。

在皮亚杰的"认知结构论"的基础上，克恩伯格对认知结构的特性以及发展条件进行了深入研究。此外，斯滕伯格和卡茨等人强调了个体在认知结构建构过程中主动性的关键作用，并深层次探讨了如何在认知过程中发挥个体的主动性。这些研究进一步拓展了建构主义理论的维度，并为其在教学过程中的实际应用铺平了道路。同时，维果茨基提出了"最近发展区"的概念，区分了个体发展的两种水平：现实发展水平，即个体独立活动的水平，以及潜在发展水平，即在成人或比他成熟的个体帮助下所能达到的活动水平。这两个水平之间的区域就是他所说的"最近发展区"。[①] 基于维果茨基的理论，维列鲁学派深入研究了"活动"和"社会交往"在人的高级心理功能发展中的关键作用。这些研究进一步丰富和完善了建构主义理论，并为其在教学过程中的实际应用提供了理论支撑。

建构主义理论的精髓可以被精炼为这样一个理念：要将学生置于教育的中心，强调学生在学习过程中对知识的主动探索、主动发现以及对所学知识含义的主动建构。这与传统教育方式有着显著的不同，后者更多的是将知识从教师的思维中"传递"到学生的笔记中。将学生置于中心，强调的是"学习"；而以教师为中心，强调的是"教授"。这两种截然不同的观念导致了两种对立的理论。由于建构主义需要的学习环境得到了现代先进的信息技术的强大支持，因此建构主义理论与广大教师的教学实践有了普遍结合的可能，建构主义理论逐渐成为多所学校进行教学改革的引领性思想。

建构主义理论源自对儿童认知发展的理论研究，由于个体的认知发展与学习过程紧密相连，因此，建构主义理论能够有效地揭示人类学习过程中的认知规律，例如，学习是如何发生的，意义是如何被建构的，概念是如何形成的，以及理想的学习环境应包含哪些关键要素等。总的来说，以建构主义理论为指导，可以形成一套新的、有效的认知学习理论，并在此基础上构建理想的建构主义学习环境。

---

① 维果斯基. 思维与语言 [M]. 李维，译. 杭州：浙江教育出版社，1997：9-28.

（二）建构主义学习理论的基本内容

1.关于学习的含义

知识的获取并非仅仅来自教师的讲解，而是在特定的社会文化环境下，学习者通过与他人（包括教师和同学）的协作，利用必要的学习资源，以建构知识的方式来实现。由于学习是在特定的社会文化背景中学生通过与他人的协作完成意义建构的过程，因此情境、协作、对话、意义建构被视为学习环境中的四个核心元素。

情境指的是那些能够帮助学生建构知识意义的学习环境。这为教学设计提出了新的挑战。换句话说，在建构主义学习环境中，教学设计的任务不仅仅在于分析教学目标，更需要考虑如何创设有利于学生建构意义的情境，并将情境创设作为教学设计的重要环节。协作是贯穿学习过程始终的元素。从收集和分析学习资料，提出和验证假设，评价学习成果，直到最终构建意义，协作在每个步骤中都起到了关键作用。会话是协作过程中的关键组成部分。学习团队的成员需要通过讨论来决定如何完成指定的学习任务。同时，协作学习本质上也是一个会话过程，在这个过程中，每个学习者的思想成果（或称智慧）被整个学习群体共享。因此，会话成为实现意义建构目标的重要途径之一。意义建构是学习过程的终极目标。需要建构的意义包括对事物的性质、规律，以及事物之间的内在联系的理解。在教学过程中，帮助学生建构意义意味着要帮助他们深刻理解当前学习内容所揭示的事物性质、规律，以及该事物与其他事物之间的内在联系。这种理解在大脑中的长期存储形式就是我们之前提到的"模式"或"认知结构"。换言之，知识的获取不是取决于学生记住或背诵教师讲授的内容，而是取决于学生根据自身经验去建构相关知识的意义的能力。

2.关于学习的方法

建构主义强调以学习者为中心，在教师的指导下进行学习，这意味着在强调学习者的主体性的同时，教师的指导角色也不能被忽视。在这个理论中，教师是帮助和促进意义建构的人，而不仅仅是知识的传授者。学生是信息处理的主体和意义的主动建构者，而不是被动地接受外部刺激或被灌输知识的对象。学生需要在学习过程中发挥以下几个主体作用，以使自己成为意义的主动建构者。

首先，学生需要通过探索和发现来构建知识的意义。

其次，在构建意义的过程中，学生需要主动收集和分析相关的信息和资料，并对所学的问题提出各种假设并努力进行验证。

最后，学生需要尽可能地将当前学习的内容与自己已经知道的事物相联系，并对这种联系进行深思。"联系"和"思考"是构建意义的关键。如果能将联系和思考的过程与协作学习中的协商过程（会话的过程）相结合，那么学生构建意义的效率和质量都将提高。协商有"自我协商"和"相互协商"两种。自我协商是指与自己辩论什么是正确的，而相互协商则指学习小组内部成员之间的讨论和辩论。

为了成为学生建构意义的助推者，教师在教学过程中需要从以下几个方面发挥其指导作用。

首先，教师需要激发学生的学习热情，并帮助他们确立学习动力。

其次，教师需要通过创设符合课程内容的情境，揭示新旧知识之间的联系，帮助学生构建当前所学知识的意义。

最后，为了让意义建构更为有效，教师应在可能的情况下组织合作学习，并引导学生的学习过程，使之更有利于意义建构。教师的引导方法可以包括：提出合适的问题以引发学生的思考和讨论；在讨论中设法引导学生深入思考，以加深他们对所学内容的理解；启发并诱导学生自我发现规律、自我纠正错误或片面的理解。

第三节　产教融合人才培养生态系统的一般规律

一、产教融合人才培养生态系统要素与环境相互作用

产教融合人才培养生态系统是一个复杂的、开放的、动态的系统，其中

的各个要素与环境相互作用、相互影响，共同决定了生态系统的稳定性和健康状态。产教融合人才培养生态系统主要包括产业、教育、科技、社会、环境等因素，它们之间的相互作用规律可从以下几个方面进行分析。

产业与教育的相互作用。产业是经济发展的主要推动力，是培养和吸纳人才的主要场所。教育则是为产业发展提供人才和知识的主要途径。产业的发展需要教育提供合适的人才和知识，而教育的目标和内容则需要根据产业的发展需求进行调整。产教融合就是要实现产业与教育的有机结合，让教育真正服务于产业，让产业真正成为教育的实践基地。

科技与产业和教育的相互作用。科技是产业和教育发展的重要支撑。科技的进步可以推动产业的升级转型，提高产业的技术水平和竞争力。科技的进步也可以丰富教育的内容和方法，提高教育的效果和效率。因此，要充分利用科技力量，推动产教融合的深度和广度。

社会与产教融合人才培养生态系统的相互作用。社会是产教融合人才培养生态系统的宏观环境，社会的发展趋势和需求是产教融合方向和目标的重要参考。社会对人才的需求，社会对教育的期待，社会对产业的要求，都会影响产教融合的实施路径和效果。

环境与产教融合人才培养生态系统的相互作用。环境既包括自然环境，也包括人文环境、政策环境等。环境条件对产教融合的可能性和效果有重要影响。例如，丰富的自然资源和优良的生态环境可以为产业发展提供原料和空间，良好的人文环境和政策环境可以为教育提供社会条件和保障。

二、产教融合人才培养生态系统各主体要素综合作用

产教融合是职业教育现代化发展的重要路径，它涉及多元主体、多方要素的参与联接和社会化协作。职业教育产教融合生态化发展模式是以人才培养为核心，将各种资源、要素、能量有机地融合在一起，产生集聚效应，取长补短，协调内外部环境，最终形成共生互补、协同递推的生态化的职业教育产教融合系统。在产教融合的生态系统中，各个主体要素都在相互影响中起作用，任何一个因素的变化都会在一定程度上引起其他因素的变化。其中，政府、行业组织、企业、职业院校、学生和社会力量等多个产教融合利益相

关者和政治、经济、文化、科技环境等环境要素都扮演着重要的角色。

政府作为政策制定者和引导者，通过制定教育政策和发展战略，为产教融合创造有利的政策环境。行业组织则可以在产教融合中发挥桥梁和纽带的作用，推动企业和职业院校的合作。企业在产教融合中起到重要的推动作用，它们可以提供实习基地，设立奖学金，参与课程开发和教学活动，从而使职业教育更加贴近实际，满足社会需求。职业院校则是产教融合的主体，它们需要充分利用企业资源，提升教学质量，培养适应社会需求的高素质技能型人才。然而，这些主体要素之间并非等价的，其中有一些是起主要作用的主导因素。例如，政府在产教融合中起到了重要的引导和推动作用，企业的参与可以使职业教育更加贴近社会实际，职业院校则是产教融合的主要实施者。这些主导因素在产教融合中发挥着决定性的作用。

产教融合各主体要素之间是相互依存、相互影响的，其中，政府的政策导向会影响企业和职业院校的行为，企业的需求和参与会对职业教育的课程设置和教学方式产生影响，职业院校的教学质量和能力又会反过来影响企业的参与度和满意度。这种相互依存、相互影响的关系，使产教融合的实施必须考虑到所有主体要素的需求和期望，以实现多方共赢。

另外，产教融合的生态化发展模式要求各个主体要素能够有机地融合在一起，形成一个共生互补、协同递推的生态系统。这个系统内部的各个主体要素之间需要建立和谐的相互关系，一方面保持自身的发展和进步，另一方面也要对其他要素提供支持和帮助。这样，整个系统才能实现良性循环，保持长期的发展动力。

三、产教融合人才培养生态系统各要素间相互依存与相互作用

产教融合人才培养生态系统是一个复杂的多元主体、多方要素相互作用的系统，包括政府、行业、企业、学校等宏观主体和管理者、企业工作人员、教师、学生等微观主体。这些要素间不仅存在着多种利益关系，而且在系统中全方位整合，一体化合作。这种生态系统内部各相关利益主体之间、系统内各要素之间不断进行着人员、技术、信息、资源等的交换，而这种交换周而复始不断进行，对生态系统产生深刻的影响。

政府作为生态系统中的主要参与者，其主导的政策调控和支持对整个产教融合人才培养生态系统的运行有至关重要的作用。政府通过制定和执行相应的政策，提供政策支持，扶持企业与职业教育机构之间的合作，确保职业教育与市场需求之间的匹配。因此，政府的角色可以理解为生态系统中的"调节者"。

行业作为连接企业与职业教育的桥梁，其在产教融合人才培养生态系统中起到的作用不可忽视。行业可以提供关于职业教育需求的精确信息，帮助职业教育机构调整教育内容和方式，以满足企业和行业的实际需求。企业是产教融合人才培养生态系统中的重要参与者，它们直接参与到职业教育的过程之中，为学生提供实习基地，参与课程开发，甚至提供职业教育的资金支持。企业的角色可以理解为生态系统中的"实践者"。

学校和教师是产教融合人才培养生态系统的核心，他们是传递知识和技能的主体。他们需要接受行业和企业的反馈，调整教育内容和方式，满足社会和市场的需求。管理者、企业工作人员、教师和学生作为微观主体，他们在产教融合人才培养生态系统中的作用主要体现在实践中。他们通过接受教育和培训，提高自身的职业素质和技能，为产教融合人才培养生态系统的发展贡献力量。

这些要素在产教融合人才培养生态系统中相互依存、相互影响。任何一个要素的变化，都可能引起整个生态系统的变化。例如，政府政策的变化可能会影响到企业和学校的合作关系，从而影响到产教融合人才培养生态系统的运行。而企业和行业的需求变化，可能会使职业教育机构调整教育内容和方式，以适应市场需求。这样的互动和反馈机制，使产教融合人才培养生态系统具有了动态的、自我调整和优化的特性。同时，这些要素之间的相互作用，也体现在他们共同推动产教融合人才培养生态系统向着更高层次、更高质量的方向发展。例如，政府通过优化政策环境，使企业更积极地参与到职业教育中。而企业通过与职业教育机构的紧密合作，也能提升自身的竞争力，推动行业的发展。学校和教师则通过不断提升教育质量和教育效果，满足社会和市场的需求，推动产教融合人才培养生态系统的持续发展。

此外，这些要素之间的相互作用，也体现在其共同抵御和应对各种挑战方面。例如，面对市场变化、技术进步等新的挑战，政府、企业、行业、学校等各主体需要通过协调和合作，共同应对，确保产教融合人才培养生态系统的稳定和发展。在这个过程中，管理者、企业工作人员、教师和学生作为微观主体，他们的作用也十分重要。他们在系统中充当着"细胞"的角色，他们的行动和变化，直接影响着整个生态系统的活力和健康。

四、产教融合人才培养生态系统协调稳定

产教融合人才培养生态系统的协调稳定规律，借用自然生态系统中的物质和能量循环概念，可以理解为人力资源、财力资源、实物资源、信息和技术等"物质"的动态平衡。这个动态平衡是通过一系列输入、转换和输出的过程实现的，且这个过程具有循环性。它不仅关系到产教融合人才培养生态系统的稳定性，还影响到系统的发展性和可持续性。

外部的人力资源、财力资源、实物资源、信息和技术等的输入是产教融合人才培养生态系统运行的基础，这些输入的质量和数量直接影响到系统的运行效果。例如，人力资源的质量关系到教育机构的教育质量和企业的发展效率；财力资源的投入影响到教育设施的建设和运营、教师的待遇和激励、学生的学习环境和机会等；实物资源和信息的供应支持教育的实践活动和知识更新；技术的输入则关系到教育方法的改革和创新、企业生产的效率和质量、行业发展的方向和速度等。这些输入在产教融合人才培养生态系统中通过各种转换过程被转化为有价值的输出，这个转换过程涉及教育机构和企业等主体的合作创新、专业设置的调整、教师教材教法的改革等，是产教融合人才培养生态系统的核心活动。在这个过程中，学生的素质和能力被提升，技术产品被研发，科研成果被转化，高质量的人才和科研成果被产出。而这些输出又回馈到产教融合人才培养生态系统的外部环境中，对环境产生影响，引起环境的变化，进而影响到系统的输入，这就构成了一个循环。这个循环的运行效果，既依赖于输入的质量和数量，也依赖于转换过程的有效性和效率，还依赖于输出的影响力和反馈效果。当这三个环节都运行良好时，产教融合人才培养生态系统就能实现健康的、可持续的发展。

在这个过程中，各主体要素都有自己的角色和职责。政府通过政策引导

和监管，保障整个系统的公平性和正义性；行业组织通过行业规范和技术标准，引导和规范行业的发展方向和行为方式；企业通过市场机制，优化资源配置并提高效率；高等院校通过教育培养，提供高质量的人才和知识；学生通过学习和实践，提高自己的素质和能力；社会力量通过公共参与和社会监督，促进整个系统运行透明和权责清晰。这个循环的运行，不仅需要各主体要素的积极参与和有效合作，也需要各主体要素的良性竞争和适度冲突。正是通过这种"合作—竞争"的动态平衡，产教融合人才培养生态系统才能实现多元化、多样化、灵活性和创新性，才能更好地适应和引领社会经济发展的需求和趋势。同时，这个循环的运行还需要一个健康的外部环境。这包括政治的稳定和法治的健全，经济的发展和科技的进步，文化的多元和社会的和谐。这些都是产教融合人才培养生态系统的生存条件和发展基础。

从这个角度看，产教融合人才培养生态系统的协调稳定规律，实际上是一个复杂的、动态的、开放的和互动的过程。在这个过程中，各主体要素通过各自的功能和作用，共同维护和推动系统的运行。只有这样，产教融合人才培养生态系统才能达到内外协调、动静结合、短长兼顾、效益最大化的最佳状态，才能真正实现人才培养的目标，满足社会经济发展的需求，实现可持续发展的目标。这就是产教融合人才培养生态系统协调稳定规律的深刻内涵和真实含义。

第四节　高校人才培养产教融合的必要性

随着社会经济的飞速发展和产业结构的不断升级，企业对人才的需求越来越专业化、多样化。这对于高校的人才培养提出了新的挑战。为了更好地满足社会的人才需求，加强高校与企业之间的紧密联系，产教融合已经成为一个不可避免的趋势。高校人才培养产教融合的必要性主要包括以下几方面，如图 3-1 所示。

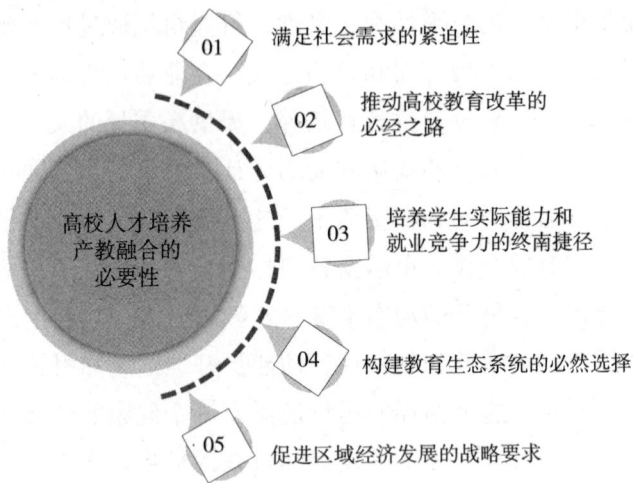

01　满足社会需求的紧迫性

02　推动高校教育改革的必经之路

高校人才培养产教融合的必要性

03　培养学生实际能力和就业竞争力的终南捷径

04　构建教育生态系统的必然选择

05　促进区域经济发展的战略要求

图 3-1　高校人才培养产教融合的必要性

一、满足社会需求的紧迫性

在当前的社会经济发展过程中，产业结构的快速升级和变化使社会对人才的需求呈现出巨大的转变，尤其在科技、新能源、大数据等新兴领域，对于人才的要求不再仅仅局限于专业知识的掌握，更多的是对于创新思维、实践能力的追求。这种变化使传统的教育模式在人才培养上面临巨大的挑战。

新兴产业对于人才的质量要求越来越高。在传统的教育模式中，知识教育往往是主导，即学生主要通过学习和记忆来获得知识。然而，在新兴产业中，尤其是科技、新能源、大数据等领域，对于知识的理解和应用、创新思维和实践能力的培养往往更为重要。这就要求教育模式能够进行相应的调整，从单纯的知识教育转向素质教育，使学生在掌握知识的同时，也能够具备应对社会变化的能力。

随着科技的发展和社会的进步，人们对于教育质量的期待也在提高。以往，人们对于教育的期待可能主要集中在知识的传授上，而现在，人们希望教育能够全面提升学习者的能力，包括思维能力、创新能力、人际交往能力等。传统的教育模式在这方面往往无法满足人们的需求。因此，教育模式需要进行改革，以更好地适应社会的需求。

然而，要达到这样的目标，单纯依靠教育机构或者教师的努力是不够的。学校可以通过与企业的合作，帮助学生了解社会需求，提高人才培养工作的针对性，以更好地满足社会对人才的需求。因此，面对现代社会对于人才需求的快速变化和多元化特点，高校人才培养产教融合的必要性变得越发突出。

二、推动高校教育改革的必经之路

在今天这个充满变革和机遇的社会里，推动高校教育改革的必要性显得尤为迫切。产教融合作为一种新的教育模式，正是回应这个时代需求的有效路径。

在这个社会经济快速发展的时代，产业结构的深度调整对人才需求产生了深刻的影响，尤其是在新兴科技产业领域，人们开始意识到，仅仅拥有大量知识的人才并不一定能够适应这个瞬息万变的社会，而具备强大创新能力和实践能力的人才，才能在这个竞争激烈的社会中脱颖而出。因此，高校的人才培养模式面临着新的挑战和要求，传统的以知识传授为主的教育模式已经不能满足社会对于人才的新需求。换言之，高校的教育改革变得必要而紧迫。教育的目的不再仅仅是传授知识，而是需要培养出具备创新思维和独立解决问题能力的人才，因为在新兴科技产业领域，人才不仅需要有深厚的专业知识，更需要有快速学习和适应新技术、新环境的能力，需要有开拓创新、勇于挑战、勇于实践的精神。在这一背景下，高校的教育改革应着重培养学生的创新能力和实践能力，例如，引导和鼓励学生积极参与科研项目，提供更多实习实践的机会，开设更多与社会实际紧密联系的课程等。这样才能培养出真正符合社会需求的人才。

在全球化进程日益加快的今天，教育领域面临着前所未有的竞争压力，这对高校提出了新的挑战。高等教育领域的竞争尤其激烈，无论是在学术研究还是在人才培养方面，各高校都在寻求更高的标准和更好的效果。为了在这场全球范围内的竞争中脱颖而出，提升自身的教育质量和竞争力，高校必须进行教育改革。这就需要高校采用更加灵活、开放、创新的教育模式，以适应日新月异的社会环境和竞争格局。首先，高校需要引进最新的教育理念和教育技术，以运用更加高效的方式进行教学，提升教学质量和效果；其次，高校需要与社会、产业、企业等建立更加紧密的合作关系，通过产教融合，让教育更加贴近社会实践，更加符合社会需求；最后，高校需要充分发挥自身独特的优势，塑造其独特的教育品牌，通过提升自身的教育特色和竞争力，赢得全球范围的认可和尊重。这样，高校才能在全球化的大潮中立足，为社会提供更多、更好的教育服务。

三、培养学生实际能力和就业竞争力的终南捷径

在当今社会，单一的知识技能往往无法满足复杂多变的工作需求，学生需要具备更为全面的实际能力，包括解决问题的能力、团队协作的能力、创新能力和适应变化的能力等。这些实际能力往往是在实践中培养出来的。产教融合就是以解决这个问题为目标的一种教育模式，它能让学生在学习中接触真实的工作环境，实践真实的工作任务，从而提升学生的实际能力。

一方面，产教融合模式能够提供给学生真实的学习环境。在传统的教育模式中，学生主要在教室和实验室中学习，他们所接触到的大多数任务和问题都是由教师设计的，与实际工作环境和任务存在一定的差距。这种学习环境虽然能够让学生学习到一定的知识和技能，但对于提升学生的实际工作能力，尤其是适应能力和问题解决能力，往往效果不佳。产教融合模式的特点就是将教育与产业紧密结合，让学生在真实的工作环境中学习和实践。在这个环境中，学生可以接触到真实的工作场景，了解实际的工作流程，体验真实的工作压力，解决实际的工作问题。这种学习环境能让学生更深入地理解工作的本质，更好地熟悉工作的内容和要求，更有效地提升工作的能力和效率。此外，真实的学习环境还能提升学生的适应能力和问题解决能力。在真实的工作环境中，工作的内容、要求和压力都可能随时变化，这就需要学生具有快速适应新环境，解决新问题的能力。产教融合模式通过让学生在真实的工作环境中学习和实践，能有效地训练学生的这些能力。

另一方面，产教融合模式能够给学生提供与企业接触的机会。产教融合模式下，学生有更多机会直接接触和了解企业。他们有机会进入企业进行实习，了解企业的具体工作环境，接触实际的业务流程，理解企业的文化和价值观。这不仅能帮助他们深入理解自己专业的应用，也有利于他们在毕业后

更快地适应工作环境，增强就业竞争力。与此同时，学生也有机会与企业人员直接交流，了解他们的工作经验和职业发展路径，这对于学生规划自己的职业生涯，做出合理的职业选择具有重要意义。通过这些交流，学生可以获得更多关于职业的实际信息，更清晰地了解自己的兴趣和优势，以及适合自己的职业方向。更重要的是，通过在企业实习或参与企业项目，学生可以建立起与企业的联系，这对他们的就业有非常大的帮助。一方面，他们可以通过这些联系了解到更多的就业机会；另一方面，他们的实习经验和项目经验也能增加他们在求职过程中的竞争力。

四、构建教育生态系统的必然选择

生物学上的"生态系统"是指生物群落与周边环境动态开放的有机整体，相比之下，教育生态系统的复杂性要更高，不仅仅是简单、线性或封闭的系统，而是一个跨时空、多层次、多元化的结构，是指一定时空范围内，教育与其他自然生态系统、社会生态系统等通过物质、信息循环和能量交换所构成的教育生态单位。在21世纪，教育已经不再是单一主体的活动，而是一个多元主体参与、相互依存的复杂系统。教育不仅涉及教师和学生，也涉及家长、企业、社区等多个利益相关者。而且，教育的目标也不再仅仅是传授知识，而是要培养出具有创新能力、批判性思维能力、实践能力等全面能力的人才。因此，构建教育生态系统成为高校人才培养的必然选择。

教育生态系统将高校、企业、政府等不同的主体以及教育资源、教育环境、教育政策等不同的要素融为一体，构建起一个协同工作、互利共赢的复杂系统。在这个系统中，各个主体和要素都在相互影响、相互制约中起作用，任何一个因素的变化都会在一定程度上引起其他因素的变化，整个系统都在不断地自我调整和优化。

产教融合正是构建教育生态系统的有效途径。通过产教融合，高校可以利用企业的资源，提升教育的实践性和针对性；企业可以利用高校的人才和技术，提升自身的竞争力。这种合作既能使各方达到共赢，又能推动整个教育系统的发展。

教育生态系统是适应21世纪教育发展需求的必然选择，它注重整体性和协同性，强调利益相关者的参与和责任，强调教育的开放性和动态性。产教融合作为构建教育生态系统的有效途径，已经被越来越多的高校采用，并取得了显著的效果。

五、促进区域经济发展的战略要求

区域经济发展对于人才的需求日益增长，特别是在科技、新能源、大数据等高新技术领域，这些新兴产业对人才的知识能力、创新能力和实践能力提出了更高的要求。对于区域经济发展而言，拥有一批既懂科技又懂业务，既有理论知识又有实践经验的复合型人才，是实现科技进步和经济社会发展的重要支撑。为了满足这一需求，高校人才培养的产教融合显得尤为重要。

产教融合在促进高校与地方经济的融合上，发挥着越来越重要的作用。通过与企业深度合作，高校可以将其在科研上的优势与企业的产业需求相结合，将最前沿的科技成果转化为具有实际应用价值的生产力。这种转化能力不仅推动科技进步，也助力产业升级，为区域经济发展注入了新的活力。首先，高校作为科技创新的重要力量，拥有丰富的科研资源和技术优势。然而，在科研成果的转化过程中存在着诸多难题，如科研结果的实用性不强、商业化路线不明确等。而产教融合模式恰好能够帮助高校解决这些问题。通过与企业合作，高校可以得知企业真实的需求，调整科研方向，提高科研成果的实用性和转化率。其次，企业在市场竞争中，需要不断进行技术创新以保持竞争优势。然而，企业往往因为各种原因无法进行大规模的技术研发。高校作为科研机构，能够为企业提供技术支持，帮助企业完成技术升级，增强其市场竞争力。同时，通过产教融合，企业可以参与到人才培养过程中，提出具体的人才需求，让高校的人才培养更加贴近市场需求，提高毕业生的就业竞争力。此外，学生在实践中学习，提升自己的实际工作能力，也对企业和行业有了更深入的了解，能够更快地融入工作，提升自身的竞争力。

产教融合模式在高校教育中的运用，不仅仅是为了提高教育质量，培养高素质的人才，更是为了引导学生积极关注社会，参与社会实践，培养他们的社会责任感和使命感。首先，高校与企业的合作使学生有机会接触实际的工作环境，在学习的同时，深入了解社会的运行机制，以及社会中存在的各种问题。通过实际的工作经历，学生可以明确自身的职业发展方向，对未来的职业生涯有更为清晰的规划。其次，产教融合模式鼓励学生积极参与社会实践，解决实际问题。例如，一些高校会与企业合作开展项目，让学生参与到项目的实施过程中，这不仅能够提高学生的实践能力，也可以让他们看到自己的工作将如何帮助解决社会问题，从而增强他们的社会责任感。同时，产教融合模式也为学生提供了理解和服务社会的平台。例如，一些高校会与社区、非政府组织等单位合作，开展公益活动，让学生有机会深入社区，理解社会的需要，为社会提供服务。这样的经历不仅能够增强学生的社会责任感，也可以让他们意识到，自己的知识和技能可以为社会带来积极的影响。在这个过程中，学生不仅学习了专业知识，提高了实践能力，还增强了社会责任感和使命感。因此，产教融合模式的实施，可以使学生成为推动区域经济社会发展的重要力量。

第五节　产教融合人才培养的影响因素

一、产教融合人才培养主体的参与动机因素

（一）学生的参与动机

1.实习就业需求

在高等教育阶段，学生们的学习目标不仅限于获得知识和技能，更重要的是为自己的未来职业生涯做准备。实习就业需求成为驱动学生参与产教融合人才培养的一大动机。在这个过程中，学生们有机会在真实的工作环境中实践所学知识和技能，增强自己的实践能力和就业竞争力。

实习提供了一种直接的、有效的学习方式，使学生可以从真实的工作环境中获得一手经验和知识。这对于学生来说是非常宝贵的，因为他们在实习期间学习到的东西往往远远超过课堂教学。这种经验学习对于提高学生的专

业技能和素质、独立思考和解决问题的能力，都非常重要。

实习为学生提供了一个了解自身兴趣和能力，以及测试、调整自身职业规划的机会。通过实习，学生可以直接接触和参与实际的工作，了解自己的职业兴趣和能力，了解不同行业和职业的实际工作环境和要求，从而做出更合理和明智的职业选择。

实习是一个建立社会关系网络，获取就业信息和机会的平台。通过实习，学生可以结识行业内的专业人士，建立自己的人脉网络，这对于他们日后的就业和职业发展有着积极的影响。同时，良好的实习表现和经验也会提高学生在求职市场的竞争力，增加他们获得优质就业机会的可能性。

因此，学生的实习就业需求是推动他们积极参与产教融合人才培养的重要动机。在这个过程中，学生不仅可以通过实习提升自己的知识和技能，也可以通过实习了解职场环境，做出职业规划，建立人脉网络，提升就业竞争力，从而为自己的未来职业生涯做好准备。

2.实现自我发展需要

在现代社会，青年学生越来越强烈地意识到个人成长和发展的重要性，他们期望通过教育来实现自身的价值，提高自我实现的可能性。因此，满足自我发展需要成为学生参与产教融合人才培养的重要动机之一。产教融合人才培养模式可以帮助学生拓宽视野，提升技能，挖掘个人潜力，为未来的职业生涯做好准备。

产教融合人才培养模式能够提供一个实践和实验的平台，使学生有机会将理论知识应用于实践中，以此来提升他们的专业技能和解决问题的能力。在实际的工作环境中，学生可以深入理解和掌握专业知识，同时，也可以培养自身的创新能力、团队协作能力、沟通能力等综合素质，这些都对学生的个人发展和职业生涯有着重要影响。

产教融合人才培养模式为学生提供了一种与社会接轨的方式，帮助他们提前适应社会和职场，提高他们的社会化程度。在与企业和行业的交流合作中，学生可以深入了解社会的运行规律，了解行业的发展趋势和需求，从而更好地为未来的社会生活和职业生涯做准备。

产教融合人才培养模式也有助于学生实现自我价值。在参与社会生产和服务的过程中，学生们可以看到自己所学的知识和技能是如何被应用于实践中的，如何为社会的发展做出贡献，这不仅可以使学生获得成就感和满足感，也可以提高他们的自我效能感，增强他们的自信心和积极性。

3.同辈影响

在当今的教育环境中，同辈影响在学生的学习过程和行为选择中都扮演着重要的角色。学生的认知、态度、行为和价值观都会受到同龄人的影响。这种影响可能源于朋友、室友、班级同学，也可能源于更广大的学生社区。对于产教融合人才培养模式的参与，同辈影响同样具有不可忽视的作用。

同辈的态度和行为可以对学生的认知和行为产生显著的影响。如果学生的同龄人对产教融合人才培养持有积极的态度并积极参与，那么学生很可能会受到影响，对产教融合人才培养产生兴趣，甚至采取行动参与其中。反之，如果同辈对这种模式持有消极的态度或者不愿意参与，学生可能也会对此持有保留态度。

同辈的成功经验和积极反馈也会激发学生的参与动机。当学生看到同辈通过参与产教融合人才培养获得了实际技能，提升了就业竞争力，甚至取得了显著的职业成功，他们往往会受到启发和鼓舞，进而产生参与的意愿。

同辈的压力和期望也可能成为学生参与产教融合人才培养的动机。在竞争激烈的社会环境中，学生往往会受到同龄人的压力，追求和他们相同的教育和职业路径。如果同辈广泛接受并积极参与产教融合人才培养，那么学生可能会出于对比压力和期望，选择加入这个群体。

4.随机试错行为的选择

在选择参与产教融合人才培养模式的过程中，学生的参与动机可能来源于随机试错行为的选择。对于一些未知的或者新的事物，学生可能会选择尝试参与，以此来寻找可能的机会和挑战，探索自我能力和兴趣。这种随机试错的行为选择，不仅可以帮助学生了解自身对新颖事物的适应程度，而且有可能引领他们发现未曾意识到的潜在热情和兴趣。

随机试错行为的选择有助于学生挑战未知，开阔视野。在快速变化的社会环境中，新的事物和机会总是在不断涌现。通过随机试错的方式参与产教融合人才培养，学生可以主动去接触新的教育模式和行业现状，从而更深入地了解社会，增强自我适应能力。

随机试错行为的选择有助于学生发现自身的兴趣和潜力。在尝试过程中，学生可能发现自己对某个领域或者某种技能有独特的热爱和才能，进一步激发他们对这个领域的研究和实践的热情。这种发现自我兴趣和潜力的过程，是自我发展和个性化教育的重要一环。

随机试错行为的选择有助于学生积累经验，提升技能。在产教融合人才培养模式中，学生有机会参与实际的工作环境，这个过程中的成功和失败都是宝贵的经验，能够帮助学生提升技能，增强自信，为将来的就业做好准备。

（二）企业的参与动机

1.对人力资源的需求

企业作为产教融合人才培养的重要参与主体，其最直接且明显的参与动机源自对人力资源的需求。在知识经济时代，人力资源无疑是企业最宝贵的财富。优秀的人才不仅可以帮助企业增强核心竞争力，提升运营效率，更能在一定程度上决定企业的未来发展方向和空间。因此，企业对于人力资源的需求，尤其是高技能、高素质的人才需求，成为企业积极参与产教融合人才培养的主要动机。

企业参与产教融合人才培养，可以获取更符合企业需求的人才。企业可以通过参与课程设计、实践教学等方式，确保教育培养的内容和方式更贴近实际工作需要，让学生在校期间就能学习和掌握企业实际需要的技能和知识。这样一来，企业可以在一定程度上规避人才培养与市场需求脱节的问题，更加精准地满足自身的人才需求。

企业参与产教融合人才培养，能够在源头上把握和挖掘优秀人才。通过与高校的深度合作，企业可以直接接触到大量优秀的学生，提前对人才进行筛选和储备。在这个过程中，企业不仅能够发现并吸引更多的优秀人才，也能提前为人才搭建发展平台，从而打破传统的人才引进模式，更加主动和高效地进行人才的策略规划。

企业参与产教融合人才培养，可以推动企业文化和价值观的传播。通过在学校中设立实习基地、开设企业文化课程等方式，企业可以在学生群体中提前传播自身的企业文化和价值观，从而吸引和培养与企业文化相匹配的人才，为企业长期发展奠定坚实的人才基础。

2. 应急性的用工需求

应急性的用工需求是企业参与产教融合人才培养的又一重要动机。企业在日常运营和项目推进过程中，往往会遇到一些特定时期或特定项目的用工需求，这些需求常常带有临时性和紧急性的特征，通过常规的招聘渠道往往难以满足。此时，与教育机构的深度合作成为解决这一问题的有效手段。

学生是一种重要的临时劳动力资源。他们在课余时间、寒暑假期都可以参与短期的实习或工作。企业通过与教育机构的合作，可以方便快捷地利用这一劳动力资源，解决应急性的用工需求。这种模式不仅可以帮助企业解决实际问题，也有利于学生将理论知识转化为实践能力，实现双方的共赢。

产教融合人才培养模式可以使企业在面临应急性用工需求时，更快地得到合格的人才。传统的人才招聘和培训过程需要较长的时间，而在产教融合的模式下，企业可以直接参与到人才的培养过程中，使人才更快地适应企业的工作环境和要求，从而快速响应企业的应急用工需求。

企业参与产教融合人才培养，还有助于企业节省人力资源的招聘和培训成本。一方面，通过与教育机构的合作，企业可以降低寻找和筛选人才的成本；另一方面，由于企业直接参与到人才的培养过程中，因此新员工的熟悉期和培训期将大大缩短，从而节省企业的培训成本。

3. 企业储备人才的需要

企业储备人才的需求也是其参与产教融合人才培养的一大驱动力。在日趋激烈的市场竞争环境下，企业的发展取决于其人才的素质与能力，特别是那些拥有专业知识和技能的高素质人才。然而，这些人才的招聘和培养过程是耗时且昂贵的，对于许多企业来说，寻找和培养这些人才在资源和时间上的投入都是巨大的。在这样的背景下，企业开始寻求新的方式来满足其对人才的需求，而产教融合人才培养就是一种有效的策略。

通过与教育机构的合作，企业可以直接影响和参与到人才的培养过程中，从而确保人才的培养更贴近企业的实际需求。企业可以提供实习、实训、工作岗位等机会，让学生在学习过程中就接触到实际的工作环境，从而使其早日适应企业的工作要求。这种方式可以使人才的培养更为高效和精准，大大地减少企业的招聘和培训成本。

产教融合人才培养模式也有助于企业更早地发现并锁定优秀人才。传统的招聘过程往往需要投入大量的时间和精力，而且在面试和试用期之后，企业才能真正了解到求职者的能力和素质。然而，在产教融合模式下，企业可以在学生的学习过程中就发现并培养优秀人才，从而提前锁定这些人才，降低人才的流失风险。

企业通过参与产教融合人才培养，还可以提升其品牌影响力和吸引力。通过与教育机构的合作，企业的名字和品牌会被更多学生所知晓，企业的文化和价值观也会得到更广泛的传播，这对于吸引更多的优秀人才具有非常积极的影响。

4.利用学校的科研资源促进企业的产品研发

企业积极参与产教融合人才培养，另一重要的动机是利用学校的科研资源促进企业的产品研发。在全球竞争日益激烈的今天，企业需要不断创新，以持续改进产品和服务，从而维持和提升其市场竞争力。高校拥有丰富的科研资源和创新能力，是企业创新发展的重要支持。

高校拥有专业、专精的科研团队和设备，对企业的产品研发是巨大的助力。高校的研究人员往往是该领域的专家，他们不仅具有深厚的专业知识，还有丰富的研究经验，能够在理论上指导和帮助企业的研发工作。同时，高校的实验设备往往也是最先进的，能够支持企业进行高水平的研发活动。

高校也是知识和技术的创新源泉。高校的科研活动不仅能产出新的理论知识，也会产生新的实践技术，这些都能为企业的产品研发提供新的思路和工具。例如，高校的研究成果可能会助力企业的新产品开发；企业可以通过与高校合作，将高校的研究成果转化为实际的产品和服务。

企业通过与高校合作，也可以更好地培养和吸引人才。在产教融合的环境中，学生可以直接参与到企业的研发工作中，从而提升自身的实践能力和创新思维。而对于企业来说，这不仅能培养出更符合企业需求的人才，还有利于挖掘和吸引优秀的研发人才。

（三）学校的参与动机

1.利用企业相关资源进行人才培养

产教融合作为一种新的教育模式，正逐渐在全球范围内得到广泛推广和应用。学校与企业的紧密合作是产教融合的核心要素之一，其中，学校主动利用企业相关资源进行人才培养对于提升学校教育质量和培养符合社会需求的优质人才具有至关重要的作用。这也是学校积极参与产教融合的主要动机之一。

企业具有丰富的实践资源和先进的技术设备。与学校的理论教育相辅相成，实践教学能够帮助学生更好地理解和掌握理论知识，提升他们的实践技能和创新能力。此外，企业的先进设备和技术也可以使学生及时了解和接触行业前沿技术，有利于提升他们的技术素养和就业竞争力。因此，学校有利用企业的实践资源和先进设备进行人才培养的动机。

企业具有丰富的经验和优秀的人才。通过产教融合，学校可以引进企业的经验和人才，丰富教学内容和方法，提升教学质量。企业的实战经验可以帮助学校调整和优化教学内容，使之更加符合实际需求；企业的优秀人才可以作为客座讲师或教学顾问，帮助学生理解和掌握专业知识，提升他们的职业素养。因此，学校有动机利用企业的经验和人才进行人才培养。

与企业的合作可以增强学校的社会影响力和声誉。在当前的社会环境下，学校的社会声誉和影响力对其发展至关重要。学校与企业的合作，特别是与知名企业的合作，可以提升学校的社会声誉，吸引更多的优秀学生和教师，提升学校的整体教育质量。同时，学校与企业的合作也可以让学校更好地了解社会和行业需求，有利于学校调整教育目标和教学内容，提升教育的社会适应性。

2.履行社会服务的职责

在教育系统中，学校不仅是知识的传递者和创新的源泉，还是社会服务的重要载体。产教融合模式下的学校，有机会更好地履行其社会服务职责，这也构成了学校积极参与产教融合的重要动机。

通过产教融合，学校可以更好地满足社会对人才的需求。企业是社会经济发展的重要力量，其人才需求反映了社会对人才的实际需求。学校与企业的紧密合作，使学校能够及时、准确地把握社会对人才的需求，调整教育目标和课程设置，培养出符合社会需求的人才。这样，学校就能更好地履行其为社会提供优质人才的职责，更好地服务社会经济发展。

学校通过产教融合可以更好地推动科技进步和社会创新。学校是科研活动的重要场所，拥有丰富的科研资源和优秀的科研人才。学校与企业的合作，可以将学校的科研成果转化为企业的生产力，推动社会经济的发展。同时，企业的实践问题也可以作为学校科研活动的重要课题，推动学校科研活动的深入进行，提升学校的科研水平。这样，学校就能更好地履行其推动科技进步和社会创新的职责。

学校通过产教融合可以更好地提升社会公众的素质和能力。学校是社会公众教育的重要场所，负责传授知识，提升公众素质。学校与企业的合作，可以使学校的教育活动更加贴近社会实际，更好地满足社会公众的学习需求。同时，学校还可以通过与企业的合作，开展各种形式的社区服务活动，提升社区居民的素质和能力。这样，学校就能更好地履行其提升社会公众素质和能力的职责。

二、产教融合人才培养主体的个性特征因素

（一）学生的个性特征

学生是产教融合人才培养的重要参与者，他们的个性特征对培养的过程和效果产生显著影响。下面主要从学生的参与态度、学习动机、心理素质和自我认知等方面对学生的个性特征进行论述。

学生的参与态度是影响产教融合人才培养效果的重要因素。正向的参与态度能使学生积极地投入实践活动中，主动寻求和抓住机会，增强学习效果。反之，如果学生对产教融合的参与态度比较消极，他们可能会缺乏积极性，影响学习效果。因此，引导学生形成正向的参与态度，是实现产教融合人才培养目标的重要步骤。

学生的学习动机对于产教融合人才培养同样具有决定性影响。内在动机，如兴趣爱好、提升自我、追求成就感等，能使学生更持久、更深入地投入学

习中，从而获得更好的学习效果。外在动机，如求职就业、获取证书等，也能使学生投入学习，但可能较易受外部环境的影响。

学生的心理素质也是影响产教融合人才培养的重要因素。产教融合人才培养要求学生能够在实践中应对各种挑战和压力，具有良好的心理素质是实现这一要求的关键。例如，面对困难和挫折，心理素质强的学生能够保持冷静，积极应对，而心理素质弱的学生则可能会产生焦虑、厌烦等负面情绪，影响学习效果。

学生的自我认知也会影响到产教融合人才培养的效果。自我认知包括对自己的兴趣、能力、价值观的认知。清晰的自我认知能使学生在选择学习内容和方式时更加明确和自信，有利于提高学习效果。反之，模糊的自我认知可能会导致学生在学习过程中产生迷茫和困扰。

（二）企业的个性特征

企业作为产教融合人才培养的关键主体，其参与程度、参与质量直接决定了产教融合人才培养的成效。企业的硬实力和软实力是其参与产教融合人才培养工作的重要支撑。

一方面，企业的硬实力是其参与产教融合人才培养工作的基础。硬实力主要包括企业的经济实力、技术实力、人力资源等。经济实力能保证企业有足够的资源投入产教融合人才培养中，例如，提供实训设备、场地，承担培训成本等。技术实力则决定了企业能为学生提供怎样的学习机会和环境，能使学生接触到什么样的先进技术和工艺，掌握哪些实用技能。人力资源则包括企业的管理人员、技术人员、教练员等，他们是产教融合人才培养的直接执行者，其素质和能力影响到培养的质量和效果。

另一方面，企业的软实力是其参与产教融合人才培养工作的关键。软实力主要包括企业的文化、价值观、管理理念、社会声誉等。企业文化和价值观决定了企业对产教融合人才培养的态度和方式，例如，是否看重人才培养，是否尊重知识和技能，是否关心学生的成长等。管理理念决定了企业如何组织和管理产教融合人才培养活动，例如，是否实施以人为本的管理，是否实行开放和透明的管理，是否鼓励创新和实践等。社会声誉则影响到企业吸引和留住学生的能力，一个具有良好声誉的企业更容易吸引优秀学生，使其愿意参与到产教融合人才培养中。

（三）学校的个性特征

学校的个体特征是企业选择合作意愿的重要因素。企业在考察合作学校时，会对学校的性质、声望和专业设置等特征进行深入考虑。

学校的性质会对企业的合作意愿产生显著影响。例如，行业类高职院校通常在特定行业内具有较强的影响力和较高的声誉，因其专业设置和教学内容更贴近行业需求，更能满足企业的人才需求。因此，这类学校更容易吸引到行业内的企业进行合作。

学校的声望也是企业选择合作的重要考量因素。学校的声望不仅反映了其教学质量和科研水平，也代表了其毕业生的素质和能力。高声望的学校通常能培养出更优秀的毕业生，这对于企业来说具有极大的吸引力。

学校的专业结构和服务面向也会对企业的合作意愿产生影响。专业结构围绕行业产业链设置的学校，其人才培养更具针对性，更能满足企业的具体需求。同时，学校的服务面向具有特定性，即专门为本行业进行人才培养和社会服务，这也是企业在选择合作学校时的重要考虑因素。

三、产教融合人才培养的外部环境因素

（一）经济环境为产教融合人才培养提供机遇

产教融合是当前教育领域的一个重要发展趋势，而外部经济环境的发展与变化对于推动产教融合人才培养模式的形成和发展具有重要影响。当下的经济环境为产教融合人才培养提供了广阔的舞台。

经济全球化的趋势为产教融合提供了广阔的空间。随着全球经济一体化程度的加深，企业的经营活动越来越跨国化，对人才的需求也越来越全球化。这就需要教育机构跟上全球化的步伐，培养具有国际视野和跨文化交际能力的全球化人才。而产教融合模式能够将企业的全球化视野和实战经验引入教育教学中，有助于培养出适应全球化需求的人才。

经济数字化的发展为产教融合提供了新的机遇。随着信息技术的飞速发

展，数字经济已经成为经济发展的重要引擎，对人才的需求也呈现出新的特点。这就要求教育机构紧跟数字化的步伐，培养具有数字技能和数据素养的数字化人才。产教融合模式可以将企业的数字化经验和实战案例引入教育教学中，有助于培养出适应数字化需求的人才。

经济结构的调整为产教融合提供了新的需求。随着经济结构的调整，新的产业和职业不断涌现，对人才的需求也在不断变化。这就要求教育机构灵活应对，培养出符合新的产业和职业需求的人才。产教融合模式能够引入企业的前沿技术和产业动态，有助于培养出适应产业发展和职业变化的人才。

（二）政策环境影响产教融合人才培养效果

政策环境对产教融合人才培养的影响是多方面的。具体来说，政策建设、财政收入和税收政策都会对产教融合人才培养产生深远的影响。

政策建设是影响产教融合人才培养的重要因素。政策是政府意愿和行动方向的体现，对社会经济行为具有导向和约束作用。在人才培养方面，政府的教育政策、人才政策、产业政策等都直接关系到产教融合人才培养的目标、方式和效果。例如，政府是否提供产教融合人才培养的政策支持和优惠条件，是否制定鼓励产教融合的政策措施，是否设置鼓励企业参与人才培养的政策激励等，都会影响到产教融合人才培养的效果。

财政收入也会对产教融合人才培养产生重要影响。财政收入的多少直接决定了政府在教育投入上的能力，影响到产教融合人才培养的资金保障。财政收入丰厚的地方，政府有能力投入更多的资源支持产教融合人才培养，例如，投资建设实训基地，支持企业校企合作，资助学生实习实训等。相反，财政收入较低的地方，政府在支持产教融合人才培养上的能力就可能相对较弱。

税收政策也是影响产教融合人才培养的重要因素。税收政策可以让政府通过调整税负，鼓励或抑制某些经济行为。在产教融合人才培养上，政府可以通过税收优惠，鼓励企业参与人才培养，例如，为参与校企合作的企业提供税收减免优惠政策，为企业投入人才培养的费用提供税收扣除政策等。这些税收政策都有助于创造一个有利于产教融合人才培养的税收环境。

（三）社会环境影响人才的发展

1.社会舆论

社会舆论是形成公众对产教融合人才培养看法的重要途径，也是影响产教融合人才培养实施的关键因素。公众的理解和认同程度直接影响产教融合人才培养的推行和接受度。当公众认同产教融合模式提高人才素质，满足社会和行业需求的重要性，对于政府政策的支持度、学生和家长的选择倾向、企业的参与程度都将提升，从而形成良性的推动效应。相反，如果社会舆论对产教融合人才培养持有误解或质疑，可能会形成阻碍，需要通过科学的宣传教育和示范引导来矫正。

2.家庭环境

家庭是学生首要的社会化场所，家庭的教育观念、家长的参与态度、家庭的经济条件等，都可能影响到学生对产教融合人才培养的态度和选择。如果家庭教育观念开明，家长能够理解和支持产教融合模式，那么学生就更有可能接受产教融合的教育方式。相反，如果家庭坚持传统的教育观念，对产教融合模式抱有疑虑，那么学生可能就会对产教融合模式产生抵触。此外，家庭的经济条件也可能影响到学生是否能够接受高质量的产教融合教育，例如，是否能够承担实习实训的费用，是否能够负担与企业合作的额外开销等。

第四章 产教融合人才培养生态系统的利益剖析

第一节 基于政府层面的利益

一、政府密切关注社会经济发展状况

政府作为人民的代表，旨在维护人民的利益。这种观点可以从社会契约理论的角度加以理解。根据这种理论，政府是人们为了保护自身利益和自由，通过相互约定而产生的。人类最初的社会被视为一个完全自由、平等的生态系统，由自然法则进行治理。在这个生态系统中，每个人都可以按照自己的意愿行事，管理自己的财产和人身，而不需要获得他人的许可或服从他人的指令。然而，这种生态系统是不稳定的，因为资源的分配主要依赖战争和强力，并缺乏一个共同的道德标准和公正的裁判者。为了克服这种生态系统的缺点，以更好地保护个人的人身和财产安全，人们同意放弃部分自身的权利，将这些权利交给他们选定的代表来行使。公民权利的代理者——国家，便产生了。因此，公民通过选举产生政府，政府代表的是有益于所有让渡权利的选民的想法和意愿。政府的存在和行为都是以服务人民、保护人民利益为目的的。

政府的职能主要分为两种类型：一是社会管理职能，二是政治（阶级）统治职能。其中，社会管理职能主要指的是政府解决社会无法自我解决的问

题的职能。例如，在对宏观经济的管理方面，政府可以进行宏观调控，具体包括制定经济政策、管理货币供应、规范市场行为等。政治（阶级）统治职能则指政府利用国家机器对被统治阶级进行统治，以维护统治阶级的利益的职能，这主要体现在维护社会秩序、执行法律、保障国家安全等方面。值得注意的是，政府的职能并不是固定不变的，而是受政府自身、市场和第三部门三大社会治理主体影响，这三大主体的权力边界和力量对比，共同塑造着政府在不同时间、空间中的职能。以全球范围内政府与市场的关系理论演变为例：15 世纪到 17 世纪末的重商主义经济学，强调政府在经济管理中的角色，倡导积极开辟世界市场，以实现对外贸易顺差；到了 18 世纪到 20 世纪初的古典主义经济学阶段，政府的角色被定位为"守夜人"，被要求尽量减少对经济活动的干预；再到 20 世纪 30 年代，为了解决经济危机等市场失灵问题，凯恩斯主义则主张政府积极干预经济，刺激投资和消费，实行赤字财政。这些变化反映了政府职能的不断调整和发展。

政府的角色和职能随着经济理论的发展和实践的深入不断变化。20 世纪 70 年代，由于经济"滞胀"，新自由主义开始倡导减少政府对经济活动的影响，市场化改革逐渐成为主流。尽管关于政府和市场关系的经济理论与实际经济发展并不完全一致，但这些理论在大体上反映了历史上不同阶段全球经济活动的总体趋势。在当前阶段，中国政府的职能更多集中于经济社会的宏观管理上。改革开放以后，中国政府职能的重心已转向经济社会管理，包括放宽对经济活动的管制和建立社会服务体系。自 2005 年起，随着高校扩招的影响越来越明显，大学生就业问题成为社会关注的焦点。最近几年，高等教育的人才供应与劳动力市场的需求出现了严重的脱节，引发了社会和政府的高度关注。从 2012 年开始，中国的 GDP 年增长率呈现出下降趋势，经济进入了新常态阶段。为了确保国民经济的持续稳定发展，国家需要转变经济发展方式，调整经济发展路径，加速产业优化升级，坚持创新驱动发展策略，并推动教育领域的全面改革。因此，从 2013 年开始，中国政府开始推动地方普通本科高校向应用型高校的转变，以解决大学生就业问题为主要目的，从而更好地推动经济发展。这体现了政府在新常态下履行其经济社会发展职能的决心和策略。

从某种意义上来讲，经济体制的改革是全面深化改革的关键所在，其核心就在于妥善处理政府与市场的关系，以使市场在资源配置中发挥决定性作用，同时更好地发挥政府的作用。这就需要从广度和深度上推动市场化改革，大幅减少政府对资源进行直接配置的比例，促进资源配置按照市场规则来实现最大效益和最优效率。政府的主要职责和作用包括保持宏观经济稳定，加强和优化公共服务，保障公平竞争，强化市场监管，维护市场秩序，推动可持续发展，促进共同富裕，以及弥补市场失灵。关注民生问题，如大学生就业问题，以及推动社会经济发展，都是政府推动高校深化产教融合的重要动因。因此，政府推动地方高校进行产教融合，旨在一定程度上解决大学生就业难题和经济转型问题。这也是政府在新的经济社会发展阶段，努力发挥其职能，服务于民生和社会经济发展的一个重要体现。

二、政府的教育投资分析

政府对教育的投资是由政府决策并提供资金的投资行为。尽管教育被广泛视为处于"私人产品"与"公共产品"之间的"准公共产品"，既具有一定的"私人性"又具有一定的"公共性"，但在全球范围内，各国政府对教育的投资无疑是一个决定其教育能否正常、稳定发展的关键因素。无论是社会主义还是资本主义，发达国家还是发展中国家，实行计划经济还是市场经济，这一点都是无法避免的。在我国，各级政府对教育的投资在整个教育发展过程中起到了决定性的保障作用。因此，深入并全面地分析政府对教育的投资行为，理解政府在教育投资过程中所展现出的内在行为特征和规律，不仅对推动产教融合的人才培养模式发展，提升整个教育投资以及社会资源利用效率、配置效率具有重大的理论意义，也具有深远的现实意义。

在投资行为中，无论是个人还是企业，都有其独特而又相似的行为驱动因素。然而，作为社会公共利益的代表，政府的行为动机与个人和企业有所区别。具体来说，个人和企业的投资主要出于追求经济利益，以满足其个人或集体的需求，而政府的投资则主要是为了满足全社会公民或大多数人的需求，或者说是为了特定的公共利益。政府投资因满足社会公共需求而有其客观必然性。在社会主义市场经济体制下，政府对高等教育（包括对产教融合模式）的投资动机主要表现在以下几个方面。

第一，政府作为社会公共利益的代表，需要满足社会对教育的"公共需要"。社会公共需求，或称为"普遍的社会需求"，与个人或团体的特定需求不同，是由国家通过集中剩余产品来满足的，主要由公共产品来实现，而且社会成员对其的享用不需要支付费用或只需支付少量费用。满足社会公共需求可以维持一定的政治经济生活秩序，保证社会再生产的正常运行，这是人类社会存在和发展的基本要求。而这种需求的满足程度，也反映了社会经济的发达程度。随着社会进步和经济发展，满足社会公共需求的内容必然会增多。

教育作为一种特殊的社会现象，其核心目标是对受教育者进行有目的的引导，以将他们塑造成满足社会需求的人。这种精神生产活动旨在促进个体和社会整体的发展。教育是人类社会的普遍和永恒要素，它始终伴随着人类社会的存在和发展。人类的教育需求是由社会生产和社会生活的演进而引发的，教育活动本身具备满足这些需求的特殊功能。在现代社会经济环境中，教育作为传递知识、技能并培养社会专业人才的主要工具，不仅具有明确的生产和经济功能，同时也具备广泛的社会、政治和文化功能。在经济领域，教育可以推动人力资本的形成，提升劳动者素质，从而助推经济的快速发展。在社会领域，教育被广泛认为是参与社会发展和提升个人收入的重要方式。在政治领域，教育是引导公民积极参与政治活动，使国家逐步进入民主、法治轨道的重要手段。在文化领域，教育及其发展关系到一个国家或民族文化和精神财富的传承，以及民族文化和道德素质的培养和提高。

因此，政府在社会、政治和文化价值方面对教育的追求，以及满足社会或国家对教育在政治、文化等方面的价值和功能的公共需求，成为政府对教育进行投资的主要行为动机。政府的教育投资不仅是为了满足社会对教育的公共需求，也是对教育的社会、政治和文化价值的一种追求和确认。

第二，发挥政府作为公共利益代表的作用，保证教育与经济社会发展的协调与平衡。在我国的教育体系中，不论其如何变革，确保教育与社会经济发展的协调与平衡始终是至关重要的。而实现教育与社会经济发展协调与平衡的调控主体，只能是代表公共利益的政府。在市场不断发展、社会对教育需求日益多元化的当前环境下，政府作为公共利益的代表，扮演着在教育与经济之间进行调控的重要角色。然而，在新的经济体制下，政府不再通过指令性计划或直接管理关系来对教育进行宏观调控，而是通过制定和执行宏观政策来影响教育的发展。因此，政府在教育方面的宏观调控职能主要体现在确定教育发展的战略重点，调整教育发展的规模、速度和布局。

通过以上分析，不难看出，政府教育投资的主要驱动力在于满足社会成员对教育的公共需求，以及保证教育与经济社会发展的协调与平衡。这一行为动机实际上也是政府在发展教育过程中应承担的责任和义务。这些责任和义务使政府在整个教育投资和教育发展过程中发挥着重要且不可替代的作用。产教融合的人才培养工作作为高等教育的一部分，同样具有重要的教育功能。因此，政府在产教融合上的投资可以根据以上分析进行解释，即政府投资产教融合是为了满足社会对教育的公共需求，并保证产教融合教育与经济社会发展的协调与平衡。

三、政府利益获得与产教融合动力的关系

从总体趋势看，政府对于高校深化产教融合工作的推动，从中央政府到省级政府，再到市级政府，其动力逐级递减。究其原因，主要是随着政府层级的下移，各级政府从推动高校深化产教融合中获取的利益剩余也在逐级减少。而且，由于分工和职责有所不同，其他行政部门推动高校深化产教融合的动力较教育行政部门更弱一些。然而，中央政府及其教育部门在推动高校深化产教融合的过程中，却显示出非常强大的动力。

一方面，中央政府及其教育行政部门是高校深化产教融合的策源地。自2010年以来，中央政府开始积极倡导高校深化产教融合，以缩小职业教育与产业发展之间的距离，同时帮助地方普通本科高校解决发展的困境。2013年，教育部开始大力推动部分地方普通本科高校向应用型高校、向职业教育转变。2014年发布的《国务院关于加快发展现代职业教育的决定》将产教融合确立为发展现代职业教育的总体要求和基本原则。2015年发布的《关于引导部分地方普通本科院校向应用型转变的指导意见》（以下简称《指导意见》）将产教融合、校企合作当成是转型发展的突破口，并引导部分地方普通本科高校

将办学思路转移至产教融合、校企合作上。在中央政府及其教育行政部门的推动下，深化产教融合逐渐成为地方普通本科高校向应用型转变的核心目标、关键路径和重要内容，也被视为优化升级国家产业结构，推动经济社会发展的重要助推器。在新常态下，这也符合国家产业结构优化升级和经济社会发展的总体要求。

中央政府及其教育行政部门为推动产教融合，不仅在策略层面进行倡导，更通过一系列具体措施推进实践。这些措施包括发布强调并推动高校深化产教融合的相关文件，以及创立一些联盟、研究中心、论坛和项目等具体推进策略。在政策层面，中央政府及其教育行政部门发布了许多文件以支持高校深化产教融合，同时还创建了一些联盟、研究中心、论坛和项目以实现这个目标。2013年6月，教育部支持并推动了应用技术大学联盟和地方高校转型发展研究中心的建立。2014年春，教育部倡议举办了"产教融合发展战略国际论坛"，此论坛由中国应用技术大学联盟与相关地方政府和社会组织共同举办，每年举行两次，其影响力在我国高等教育、职业教育领域十分大。2016年初，教育部学校规划建设发展中心启动了"高等学校产教融合创新实验项目"，项目中包括了五个试验基地，分别为营口理工学院、兰州文理学院、河北民族师范学院、滇西科技大学和钦州学院，其目标是以产教融合为核心和突破口，建设有区域影响力、特色鲜明的高水平应用型高校。2019年10月21日，在教育部和工业和信息化部的指导下，由中国高校创新创业联盟主办，哈尔滨工业大学承办，黑龙江省、哈尔滨市人民政府协办的2019年中国高校创新创业联盟年会在哈尔滨华旗饭店圆满落幕。同时，以"产教融合、创见未来"为主题的第一届全国产教融合创新创业大赛的启动仪式也隆重举行。

中央政府及其教育行政部门对于推动产教融合的积极态度和充足动力，究其原因，主要是认识到助推产教融合可以带来较大的收益。从经济动因角度来看，当一个新的政策或制度安排的预期收益超出预期成本时，这个政策或制度安排就更有可能被实施。中央政府及其教育管理部门大力推动高校深化产教融合，正是因为深刻认识到产教融合所带来的预期净收益大于其预期成本。

根据政府推进高校深化产教融合的相关制度文件，不难看出，产教融合所带来的预期净收益，主要包括缓解高等教育的制度化问题、扭转高等学校发展的同质化倾向、解决大学毕业生就业问题、促进产业结构优化升级、服务地方经济社会发展和国家发展战略等方面。这些预期收益的实现不仅能充分彰显政府官员的政绩，进而赢得来自人民群众的支持和赞誉，而且在实现这些收益的过程中，政府还有机会扩大自己的权力，更好地履行其自身的经济社会管理职能。相比之下，中央政府推动高校深化产教融合所需的成本相对较低，这些成本主要包括组织专家进行论证的费用、出台政策的费用、宣传和推动政策的费用，以及监督和评价政策执行效果的费用。因此，可以说，推动高校深化产教融合对于政府而言，其收益远大于成本，几乎没有任何负面效果，这也是中央政府在推动产教融合方面拥有如此强大的动力，并且能够不断出台相关政策的重要原因。

在中央政府发布相关指导性文件后，各省级政府陆续出台了相应的政策文件，确定了省内的转型试点高校，并将产教融合和校企合作定位为转型的核心目标。此外，中央还要求省级政府承担起将地方普通本科高校向应用型转变的统筹责任，这无疑为省级政府推动高校深化产教融合增加了动力。

许多高校位于非省级政府所在地的市区，这些高校在转型发展和深化产教融合时，首先考虑的是服务所在市区的产业和经济社会发展，其次才是服务所在省区或周边省区。因此，理论上市级政府助推产教融合的直接效果可能优于省级政府。然而，大部分市级政府推动高校深化产教融合的动力并不充足，原因在于《指导意见》明确提出"落实省级政府统筹责任"，而没有对市级政府提供责任约束。另一方面，由于高校主要由省级政府或省级教育行政部门管理，市级政府并没有管理高校的权力，因此在整体生态中市政府缺乏推动高校深化产教融合的动力。

综合来看，从利益角度进行分析，从中央到地方政府，由于其投入的成本呈现出逐渐增加的趋势，因此在深化产教融合的动力上会呈现出逐渐减弱的趋势，这也从某个角度解释了高校产教融合中地方政府职能"缺位"的现象。不同级别的政府对高校深化产教融合的推动力度及其动力来源的差异，揭示了中国政府层级间在产教融合政策推进中的协同性和差异性。

第二节　基于企业层面的利益

一、企业的目的是追求收益最大化

理解企业的利益需求的关键在于了解企业的本质。企业作为一种独特的经济利益团体或经济制度，其特殊性在于它的起源和边界，这两个方面与其他经济利益团体或经济制度有所不同。自企业产生以来，人们不断探索其性质，形成了一系列充满时代特色的观点。古典经济学界强调企业是产业细化和协作的产物。随着社会经济从自给自足的整体生态经济发展到专业化的分工协作经济，企业逐渐产生。亚当·斯密（Adam Smith）指出，劳动分工是经济增长的关键因素，企业就是分工与专业化的产物。另外，企业的边界受市场范围的影响，这也被称为"斯密定理"。在自给自足的整体生态经济状态下，社会生产主要是个体小生产或家庭生产，生产的目标是满足家庭的需求。由于这种生产方式规模小，与社会的联系极少，因此并没有形成企业组织。然而，进入资本主义时代后，产业得到进一步细化，协作也更加密切。资本主义生产的分工协作是在资本家雇佣了大量工人之后才真正开始的，这些工人在同一时间、同一空间或者同一劳动场所，按照资本家的指挥进行工作，以生产特定的商品。这种形式的组织构成了人们今天所理解的企业，也就是协作劳动组织。

新古典经济学的观点将企业视为一个寻求最大化利润的专业化生产组织，企业将生产要素如土地、资本、劳动力等通过生产过程转化为具体的产出，以实现利润的最大化。这种观点将企业看作一个生产函数或"黑箱"，通过投入和输出的过程达成目标。企业契约理论强调了企业的"交易属性"，视企业为市场治理结构的替代。罗纳德·科斯（Ronald Coase）在他的著作《企业的性质》中探问了一条引人深思的问题：如果市场的"看不见的手"能有效地分配稀缺资源，那为何还需要企业？他的答案是，利用市场结构进行资源分配存在交易成本。当利用权威分配资源的成本低于市场治理结构通过价格分配资源的成本时，就会产生企业。换句话说，企业是市场的替代品，其存在的目的在于降低市场交易的费用。企业能力理论强调了企业的"生产属性"，将企业的本质视为能够产出"核心知识和能力"。这个理论包含了资源基础理论、企业动力理论、企业知识基础理论、核心竞争力理论等一系列相互关联的理论，主要从企业内部的"知识和能力"出发，探讨企业的异质性。它特别关注企业内部的隐含知识、技术、技能、生产过程、能力等内生性因素，以理解企业自身的创新力和竞争行为的多样性。如果说企业契约理论关注的是企业与外部组织在产品和服务方面的"交换"或交易，那么企业能力理论则更关注产品和服务在企业内部的"转换"或生产过程。

利益相关者理论强调企业需要满足所有相关参与者的利益，而不仅仅是股东的利益。这些利益相关者包括但不限于企业内部的员工、经理和股东，还有企业外部的客户、供应商、政府和社区。这个理论提出，企业的存在和成功需要平衡并满足所有利益相关者的期望和需求。企业的核心能力和知识生产的最有效方式，是让所有的利益相关者参与企业的决策和管理，这样能最大限度地利用所有方面的智慧和资源。相比只由股东单方面进行的治理，所有利益相关者共同参与企业治理能更有效地促进企业的长期发展，减少员工偷懒行为和企业监督成本，降低企业的交易和代理成本。因此，企业同时具备内部生产资源的属性和外部交易资源的属性，既是一个具有交易属性的"关系契约网络"，又是一个具有生产属性的"能力集合体"。

综上可见，企业是一个集生产与交易于一体的组织，其发展目标应是最大化所有利益相关者的利益，它需要平衡不同利益相关者之间的需求，追求最大的利益相关者的利益最大化。虽然企业是一个以经济利益为核心的团体，但对于一些利益相关者来说，其在企业中追求的不仅仅是经济利益。因此，企业的核心目标是通过生产和交易最大化满足所有利益相关者的经济利益。

二、企业参与高校产教融合的动机分析

在了解企业追求利益最大化的目的的基础上，就可以进一步探究企业为何愿意参与高校的产教融合，同时我们可以初步观察到，企业对高等教育的

参与动机与政府的动机存在明显的差异。

企业作为从事生产、流通和服务等经济活动的经济单位，其主要目标是满足社会需求并获取盈利。它们进行自主经营，负责盈亏，并且实行独立核算。因此，企业成为社会经济活动的主体。总的来说，企业的生产目标是符合社会总体的生产目标的，但其行为模式与政府和个人工作者存在差异。企业并不像政府那样直接以满足全社会日益增长的物质和文化生活需要为目标，也不像劳动者那样，追求个人全面发展的条件。在市场经济环境下，企业参与高等教育的产教融合主要出于增值的目的，这是为了追求最大的预期经济利益，也即利润。这是所有企业共同追求的基本目标，并被公认为基本的经济前提和理论假设。

企业参与高校产教融合的动机，无疑是其内在的利益驱动。这意味着，他们的投资决策应符合利益最大化的基本原则。在市场经济中，企业投资高校产教融合，至少应满足以下两个基本条件：首先，企业在教育上的投资支出所能获得的预期收益，经过市场贴现率计算后，应不低于其投资成本；其次，企业在教育投资的预期收益率应等于或不低于企业在其他投资领域的收益率。这两个条件构成了企业对产教融合投资的基本标准。换言之，只有那些能带来较高收益的教育投资，才会被企业所接受和实施。然而，在现代市场经济条件下，随着社会经济的发展和文明水平的提高，并且由于现代企业财产法人制度的建立，企业在追求经济利益的同时，非经济利益或者说社会利益也逐渐成为许多企业，特别是大型企业追求的重要目标。这同样适用于教育投资，企业既可能出于追求经济收益而投资于教育，也可能出于追求非物质的精神满足或心理满足而投资于教育。

在市场经济环境下，企业对投资的追求并不仅仅局限于直接的货币收益，还包括非货币化的心理满足和精神享受。这种多元化的追求也同样体现在企业对教育的投资上，他们可能出于追求经济利润或精神享受的目的，选择对教育进行投资。简单来说，在当前的市场经济背景下，企业在教育投资上的关注点主要分布在以下三个层面。首先，企业会投资那些可以直接为其带来经济回报的教育项目。这些投资通常会提高员工的技能和知识，从而提高生产效率，直接增加企业的盈利。其次，企业也会为了非经济利益进行投资，例如，为提升社会声誉和塑造良好企业形象而投资于教育。这种投资的回报可能不直接体现在利润表上，但却能间接推动企业的经济增长，例如，吸引更多的合作伙伴或消费者。最后，企业会将教育机构的研究合同和培训合同的费用纳入其投资范畴。这种投资方式在发达国家已经成为职业教育经费的主要来源，而在中国，相应的制度和机制也在逐步形成。总的来说，无论企业是出于追求直接的经济利益，还是追求间接的经济利益，例如，提升社会声誉，其参与高校产教融合的动机都可以看作出于对利益的追求。

三、产教融合中企业的成本分析

在产教融合中，企业成本主要包括三方面内容，如图 4-1 所示。

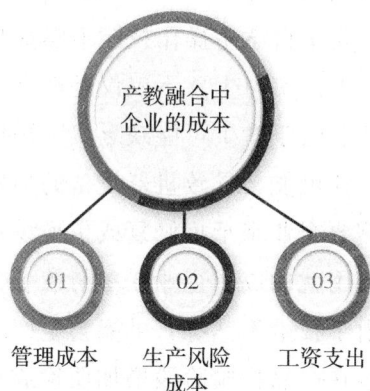

图 4-1　产教融合中企业的成本

（一）管理成本

管理成本是企业为组织和管理生产活动所产生的一种开销，这包括材料、人工和其他劳动资源的消耗。在产教融合的背景下，企业的管理成本主要体现在人力资源上。企业参与产教融合不仅是为了自身的利益，也是为了为社会培养更多的专业人才。在这个过程中，企业需要提供工作岗位，供实习生进行实习和实训，这不仅有助于提升实习生的实际操作能力，也能让他们从实践中学习理论知识。然而，大多数学生由于缺乏社会工作和生活经验，他们的适应能力和自律性通常较差。因此，企业需要对学生的工作和生活进行统一的管理和安排，这就需要从企业内部分配一部分人力去担任专门的实训教师，与学校教师一起进行学生的指导，并对学生的实践操作进行监督。此外，企业还需要为实习生提供一些基本的生活保障，这也是企业在产教融合过程中需要承担的成本。总的来说，企业在参与产教融合过程中需承担一定的管理成本，主要包括提供实训岗位、培训和管理实习生、提供生活保障等方面的开销。虽然这增加了企业的短期成本，但从长期看，这有助于企业的人才培养和社会责任的履行，从而为企业带来更大的长期收益。

（二）生产风险成本

生产风险成本是指企业在生产过程中因为存在的风险和可能发生的风险事故所需支付的费用，以及因此可能导致的预期经济利益的减少。在产教融合的背景下，这些风险主要来自学生操作技能不熟练和自我保护能力差等方面。例如，在技术性岗位上，实习生并不仅仅是观察者，他们会被安排在真实的工作岗位上进行操作。由于学生可能缺乏实际操作技能，他们可能会出现操作失误或操作不当，这可能会导致机器设备的损坏或原材料的浪费。这些意外的损坏或浪费都需要企业来承担修复或更换设备的成本，增加的原材料成本，这部分额外的费用就构成了企业在参与校企合作中需要支付的生产风险成本。此外，学生由于技术不熟练，可能会生产出质量不高的产品，这不仅浪费了原材料，也会在产品检验阶段增加质检成本。如果次品需要返回生产线进行重新加工，这就需要重新配置人力、物力和财力资源，进一步增加成本。同时，产品质量的不稳定也可能会损害企业的声誉，导致预期的经济利益减少。另一方面，如果学生在实习过程中发生事故，企业也可能需要支付医疗费用，这也是产教融合中的生产风险成本的一部分。因此，虽然企业通过产教融合可以获取人才并增强社会声誉，但在实施过程中，他们也需要考虑和管理这些可能的生产风险成本，以使整个合作过程更加高效和可持续。

（三）工资支出

在与学校合作进行顶岗实习时，企业需要对实习生的岗位和工资做出综合考虑。实际上，企业通常不倾向于在技术要求较高的岗位上安排实习生，而更愿意将他们安排在较简单且重复的流水线工作上。这主要是因为，正常情况下，工人的报酬通常与其技能要求成正比。然而，在实习生的情况下，这种关系往往会颠倒。对于技术含量较高的岗位，由于实习生的实际操作能力和经验通常较差，如果将他们安排在这些岗位上，企业可能需要承担较高的生产风险成本。而这些风险成本，可能会超过企业为正常员工支付的工资。因此，在支付实习生工资时，企业通常会给技术含量高的岗位的实习生支付较低的工资，而给执行简单重复任务的实习生支付较高的工资。虽然相比正式员工，实习生的工资通常较低，有些甚至不足一千元，但无论支付多少，这些工资都需要计入企业的成本中。

四、产教融合中企业的收益分析

在产教融合中，企业的收益主要表现在以下三方面，如图 4-2 所示。

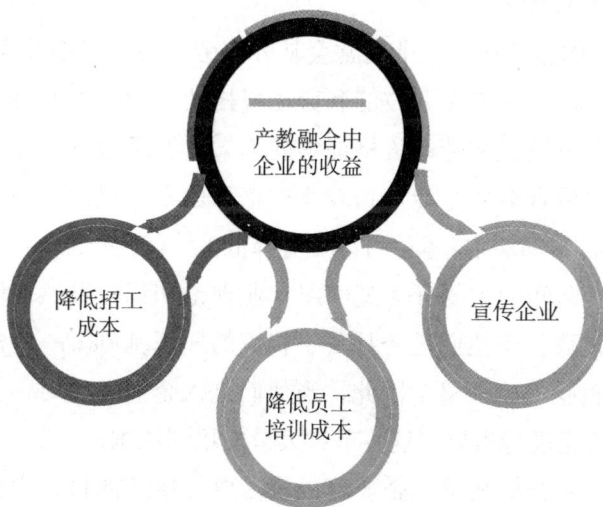

图 4-2　产教融合中企业的收益

（一）降低招工成本

企业参与产教融合是一种有效的策略，可以帮助企业降低招聘成本，并获取到合适的专业人才。

第一，产教融合能够减少企业对新员工的培训时间，进而降低招聘成本。

在这种模式下，学生在大学期间就参与实际的工作，从而在理论知识的基础上，积累实践经验，提升技能。通过对这些学生进行有针对性的能力培养，他们可以快速地转变为符合企业需求的人才。这不仅避免了由信息不对称导致的招聘误差，而且省去了大量的招聘和培训时间，从而节省了成本。

第二，企业可以通过校企合作，从实习生中筛选并培养出优秀的人才，从而优化人才队伍。实习期间，学生的表现将被企业严格监督和评价，结合学校教师的了解，企业可以更全面地评估每位实习生的能力和潜力，因此，可以有更多的时间和机会选择合适的人才。此外，实习生在岗位上的经验可以让他们更好地理解企业的需求、规章制度和文化，这种熟悉度有利于他们更好地适应工作环境。同时，实习生对企业的忠诚度也可能会增加，从而提高员工稳定性。

（二）降低员工培训成本

在招聘员工的过程中，企业通常会从外部劳动力市场中寻找需要的人才。一种情况是直接招聘具有专业技能和劳动资格证书的工人，另一种情况则是招聘那些缺乏专业技能和劳动资格证书的工人，然后通过企业培训让他们适应相应的岗位。后者会使企业承担较高的培训成本。然而，如果引入产教融合的模式，这部分的培训成本就可以显著降低。

学生在大学期间的主要任务是学习专业理论知识，虽然他们在实践操作上可能还有所欠缺，但他们已经具备了相应的知识基础。一些学生甚至已经获得了专业的职业资格证书。因此，当他们进入企业实习时，企业只需对他们的实际操作技能进行指导，这将节省大量的培训成本。

另外，产教融合模式下，企业可以将需要再培训的员工送到高校进行学习，以跟上科技的快速发展。这种方式可以进一步降低企业的培训成本。并且，再培训不仅能让企业获得技能更强的员工，而且能提高员工对企业的忠诚度和信任度。此外，他们在学校与其他人建立的社会关系可能会为企业带来超越其当前工作价值的额外价值。

（三）宣传企业

企业的公众形象是促进其发展，增加其竞争力的关键要素。公共关系的宣传和传播活动可以有效地提升企业和其他社会组织的声誉。一个常见的例子是，许多高校在招生简章中会提及与哪些企业有深度合作，以及有多少毕业生在大型企业工作。这种做法实际上是对这些企业的间接宣传。当学生和他们的家长看到这些信息时，他们可能会将毕业后能够进入这些企业工作视为一种成功的标志。这不仅提高了企业在社会中的地位，而且让与企业产品不直接相关的人群了解到了这些企业。此外，这种合作也塑造了企业作为"学习型企业"的良好形象，这可能会间接吸引更多的优秀人才，从而提高企业在行业内的竞争力。因此，通过与教育机构的合作，企业可以利用教育机构的影响力和声誉，间接提升自己的公众形象和声誉，从而获得更大的发展优势。

第三节　基于高校管理层面的利益

一、学校管理人员的利益需求分析

高校管理人员的利益需求可以归结为三个主要方面：物质需求、精神需求，以及社会需求。其中，物质需求关乎教职工的工资福利以及高校的物质文化建设。这包括对稳定收入的需求和对学校设施和环境改善的需求。这些需求直接影响他们的生活质量和工作环境。精神需求包括对于自我价值的实现，例如，职位晋升、上级的认可、校园文化氛围的提升。这些需求更多关乎他们的职业成就感和满足感。社会需求是关于服务社会方面，获得社会和政府的认可。这些需求强调了他们作为教育工作者对社会贡献的期待和对外部认可的需求。

管理人员属于特定的部门或机构，他们除了关心学生，也需要接受上级的指导和认可。因此，他们同样是"经济人"，关注自我实现、工资福利、职位晋升、本职工作，以及所在部门的利益。他们希望通过增加自己和部门的利益，提高个人的生活满意度，实现自我价值。综合分析来看，高校管理人员对社会需求的关注度相对较高，因为作为一个面向社会的公共组织，实现社会需求能够提升学校的声誉，从而获得更长远的利益。

高校管理层存在行政级别之分，而就产教融合来说，行政级别对产教融合动力影响颇为显著。科级和处级的学校管理人员的产教融合动力差异显著；科员和处级的学校管理人员的产教融合动力差异显著；科级和处级以上的学校管理人员的产教融合动力差异显著；处级和处级以上的学校管理人员的产教融合动力差异不显著；科员和科级的学校管理人员的产教融合动力差异不显著；科员和处级以上的学校管理人员的产教融合动力差异不显著。

科级和处级及处级以上的学校管理人员的产教融合动力差异显著，可能是由于科级和处级及处级以上的学校管理人员在职位、权力等方面差异较大。例如，地方普通本科高校的校内行政级别结构就相当复杂。党委书记和校长通常是正厅级，副书记、副校长和纪委书记是副厅级。他们负责的职能部门（部、处、室、办）、教学机构（学院、直属系），以及教辅机构（中心、馆、所、站、院）通常是正处级。这些部门又分别设有科室，科室设有科长、副科长和职员。每个级别的职务、职责和权力都有所不同。

第二，处级和处级以上、科员和科级的学校管理人员的产教融合动力差异不显著，原因可能在于，处级及以上的管理人员都属于学校的高层管理层，而科员和科级管理人员都属于底层管理层。因此，同一管理层次内部的动力差异并不显著。

第三，科员和处级以上的学校管理人员的产教融合动力差异不显著，而处级以上的学校管理人员的问卷最少，双方在数据分布上的差异不大。

通过对管理人员的利益需求与产教融合动力的回归分析可以发现，二者之间呈正相关关系。也就是说，管理人员的利益获得越大，对产教融合的动力就越强。

二、产教融合中高校的成本分析

从教学管理角度来看，学校与企业的合作可以被理解为一种"交易"，这是一种共享教育资源以培养专业人才的交易行为。这样的交易也存在一定的交易成本，这些成本大致包括信息费用、谈判费用、实施合同费用，以及监督管理费用等一系列制度费用，如图4-3所示。

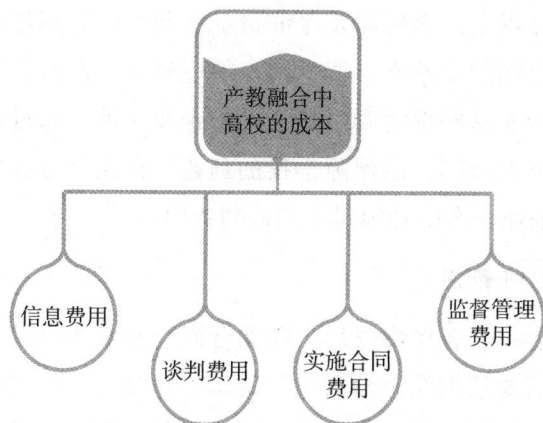

图4-3 产教融合中高校的成本

（一）信息费用

在高等教育机构与企业建立合作之前，高校需要根据自身的专业特性，对潜在的合作企业进行详细的研究和分析。这个过程需要高校获取并处理大量的企业信息。一般来说，高校会派出专门的团队去这些企业进行现场考察，深入了解企业的性质、生产能力、技术水平和对人才的需求等。然而，由于学校和企业的性质不同，一个是教育组织，而另一个是经济组织，二者之间的交集较少，因此学校要完全了解企业的各方面情况是相当困难的。

为了寻找合作的企业，高校只能主动出击，深入市场、走进企业进行调研，或者参加就业服务部门组织的校企合作洽谈会。在这个过程中，会产生大量的交通费、食宿费、会务费等费用。有的高校还会定期举办校企人才供需对接会，邀请企业的代表到学校现场考察，为此高校需要支付一系列费用，如资料费、会议餐费、交通费等。

（二）谈判费用

确定了合作企业后，双方就需要就合作细节进行商谈，尽可能让企业承担更多的学生实习责任，然后起草、讨论、签订合作合同。虽然校企合作的目的是培养人才，但实际上，学校和企业的发展目标和利益诉求并不完全一致。为了追求各自的利益，任何形式的合作都必须在双方接受的具有法律效力的合同中确定。

在合同谈判过程中，学校需要保证自身的利益，尤其是涉及学生实习的方面时，要确保合同的完整性，避免未来的不确定因素对学校造成不利影响或者重大损失。所有这些都需要学校主动与企业交涉，通过谈判确定各自的利益，最终形成书面合同，以保障学校的利益。在这个过程中产生的所有费用都是学校在与企业合作中必须付出的谈判费用。

（三）实施合同费用

在学校和企业签署合作协议后，确保合同的有效执行成为学校的重要责任。首先，学校需要依据企业的需求制定培养计划，包括教材的选择、课程的设计以及教学要求的调整，这都是合同执行的一部分。其次，由于学生将在企业进行实习，因此学校管理的方式必须从传统的校园式管理转变为实地监管，需要派遣专门的教师和管理人员与企业一起进行学生实习的管理。

需要注意的是，合同执行过程中可能会遇到变故，这时需要专门的人员与企业进行沟通和协调。这也意味着，在整个合作过程中，学校需要投入大量的人力、物力和财力，特别是保证足够的人员和资金投入，才能确保合作的持续进行。

（四）监督管理费用

在签署合作协议后，学校还需监督企业是否履行合同，并对任何违约行为进行处理。如果企业不能按照约定履行合同，例如，为了降低成本而将学生分配到流水线工作岗位实习，学校就需要进行实地监督，确保学生的实习权益不受侵害，并保证正常的教学计划不受干扰。如果与企业协商无果，学校有权根据合同条款对企业的违约行为提起诉讼。

因此，从高校的角度看，实施校企合作合同不仅涉及制定和执行培养计划，管理学生的实习，还涉及与企业的沟通协调，以及对企业履行合同的监督和管理。这些都需要投入大量的人力、物力和财力，才能保证校企合作的顺利进行和合作的实现。这也就是说，监督管理的费用是校企合作中不可忽视的一部分成本，对此，学校应有充分的预期和准备。

当然，市场的不确定性也会影响到校企合作。例如，当企业生产任务重急需人力资源时，可能会要求学校派遣大量学生到企业实习。然而，在市场需求低迷的时期，企业可能不愿接收学生实习。对于高校而言，这可能会导致部分学生无法在企业进行专业技能的实习锻炼。在这种情况下，学校需要与企业进行沟通，协商如何在市场淡季为学生安排实习。因此，尽管市场环境存在不确定性，但校企合作仍需依照已签订的合同进行。在执行合同的过程中，学校需要有专门的监督管理措施，以约束企业不能履行合同的行为。在监督管理过程中产生的人工费用、诉讼费用、交通费用等，都需要纳入学校的成本考虑。

然而，尽管在产教融合的过程中，学校与企业的交易行为会使学校承担一定的成本，但是，高校也可以从中获得一定的收益。例如，高校将学生放入企业实训，相较于学校自行承担学生的实习实训，无疑为学校降低了培养成本。此外，它还能够促进学生的就业，提高教学科研水平等。

总的来说，虽然市场的不确定性和监督管理费用等因素会增加学校在校企合作中的成本，但通过适当的管理和合作模式，这种合作模式对学生的教育培养，对学校的整体发展都有着积极的意义。因此，对于学校来说，与企业的合作并非单纯的成本问题，更是一种培养人才，提升教育教学质量，促进学校发展的重要策略。

三、产教融合中高校的收益分析

产教融合中高校的收益主要包括以下几方面，如图 4-4 所示。

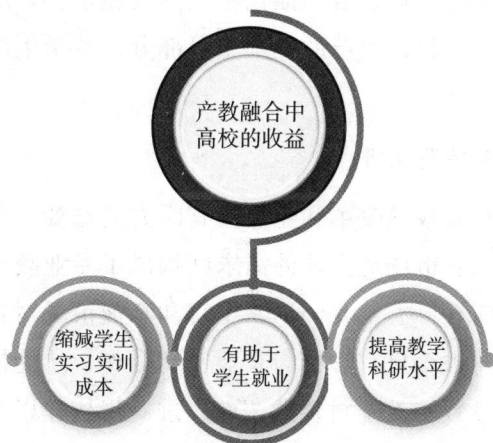

图 4-4　产教融合中高校的收益

（一）缩减学生实习实训成本

在产教融合的过程中，学生的实训环节显得尤为关键。学校与企业的合作主要目标就是确立企业作为学校实训基地，或是与企业共建实训基地。无论哪种方式，本质都是依靠企业的支持帮助学校完成学生的实习实训任务，使学生有机会将理论知识与实际操作相结合。如果高校能够与企业建立长期的合作关系，就相当于拥有了优质的实训基地，这无疑为培养优秀人才提供了基础保障。同时，通过高校与企业的合作，学生有更多的机会接触到社会和生产现场，有助于摆脱教育中常见的"理论实践分离"的问题，为学生的职业素质培养和正确的就业定位打下坚实基础。

（二）有助于学生就业

产教融合是一种贯穿于人才培养全程的教育模式。首先，学校为学生提供理论知识，为他们奠定扎实的基础。其次，学校可邀请企业管理和生产线人员到校进行现场教学，这将有助于学生提前在专业领域内得到提升。最后，学生在企业实习实训，让他们有机会将理论知识运用于实际操作，同时也能提升他们的专业技能和素质。通过这种方式，学生的实践能力、创新意识、自学能力等都能得到全面的提升，从而增强他们的就业竞争力。实际上，就业率已经成为衡量高校教学质量的重要标准之一。因此，学校通过与企业的合作，可以更好地调整专业设置，强化学生的技能培养，从而提高他们的实践能力。同时，这也是教育改革的一个重要部分，使学生的能力更符合市场的人才需求。

（三）提高教学科研水平

产教融合对于专业教学改革和建设具有巨大的益处。专业建设是决定高校改革成败的关键，而市场对人才的需求则构成了专业教学改革和建设的基础。强化专业的适应性，需要我们不断了解和掌握市场对各类职业人才在素质、能力等方面的需求。只有学校与企业密切合作，才能根据企业实际需求进行针对性的专业设置和教学材料的调整，进一步构建以职业能力为核心的教学体系。毕竟，企业是最了解社会需求的组织，只有学校与企业紧密结合，才能真正理解教学改革的关键内容和重点，这样，学校在校企合作的过程中才能够与企业建立密切的联系，按照需求导向和企业自身生产规律来进行专业设置和教学模块的研究。

第四节　基于高校教师层面的利益

一、产教融合中教师的作用

教师在产教融合中扮演着至关重要的角色。一方面，产教融合的稳健机制建设、全面实施以及实效提升，都离不开教师的全力参与和功能发挥；另一方面，教师通过产教融合的平台，能够学习先进的教育理念，提高将科研成果转化为生产力的能力，改进教育和教学方法，全面提升教学水平，最终强化他们的职业核心竞争力。这也构成了驱动教师在产教融合中发挥作用的内在动力。

产教融合是在政府、学校、行业和企业等多方的联动推进下进行的，教师作为学校教学的主体之一，也是产教融合的最终执行者之一。同时，教师也需要代表学校实施部分管理工作。教师在产教融合中担任多重角色，行使多重职能，其中最主要的三个作用分别是衔接作用、对学生的教学与指导作用以及对企业的指导和服务作用，如图 4-5 所示。

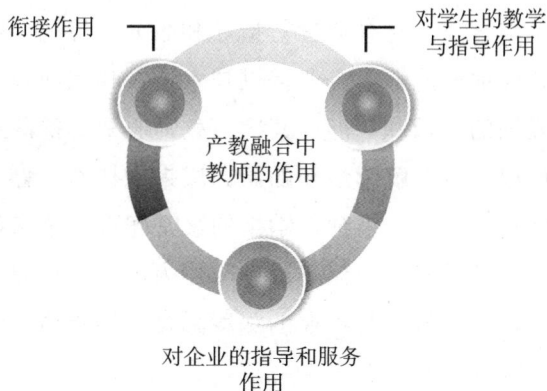

图 4-5　产教融合中教师的作用

（一）衔接作用

教师在产教融合中的重要作用之一是衔接，包括衔接学校与企业、学校与学生，以及学生与企业。从产教融合构想的提出到最后合同的制定，从学生的日常管理到实习的评估，从学籍管理到职场管理，都需要教师进行衔接。这种衔接作用关系到产教融合的效率，教师的积极参与能促进学校、企业、学生之间的有效沟通，节约时间成本，并避免在校企合作中出现无人管理的"真空区"。

（二）对学生的教学与指导作用

由于教师直接负责教学活动，因此教师的另一个重要作用就体现在对学生的理论教学和实践指导上。教师的指导作用不仅在于实习前对学生进行专业理论知识、企业文化、岗位特征和实习安全的教学，也包括实习过程中的持续指导，如制订实习计划、解决实习中的困难、补充实习中可能出现的突发状况处理知识等。更进一步，这也包括对学生实习结束后的总结和评估，例如，根据实习情况指导学生查缺补漏，促使学生掌握专业技能，指导学生进行及时的反思和总结，帮助他们调整心态，进行职业生涯规划，以及进行职业心理健康教育等。

（三）对企业的指导和服务作用

在产教融合的模式下，教师的角色不再仅限于传统的教学任务，还涉及与企业之间的互动与合作，对企业进行指导和服务。首先，教师对学科内容和技能的深刻理解使他们能够为企业提供技术指导和培训服务，确保员工具备适应当前行业发展的知识和技能。其次，教师通常具备良好的教育背景和实践经验，他们可以为企业解读最新的研究成果或技术趋势，助力企业进行技术升级或业务转型。再次，教师与学生的紧密联系也意味着他们能够为企业输送合格的人才，满足其人才储备或即时用人需求。总体上，教师在产教融合中的作用不仅促进了教育与产业的深度融合，还推动了企业的持续发展和创新，实现了双赢的局面。

二、产教融合中教师的利益诉求

在产教融合中，教师的利益诉求主要涉及三方面，如图 4-6 所示。

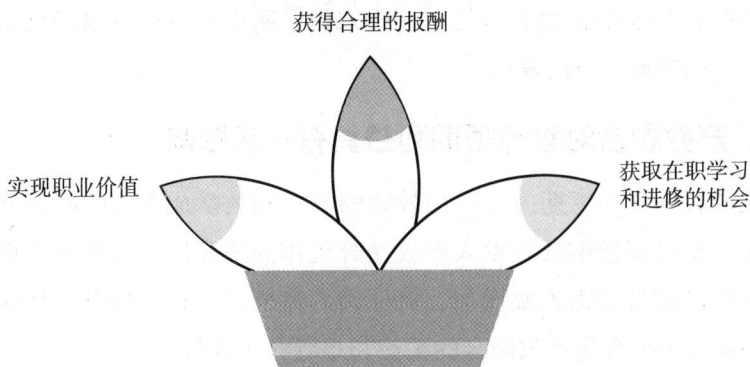

图 4-6　产教融合中教师的利益诉求

（一）实现职业价值

教师作为高等教育的重要驱动力和一线工作者，是教学活动的主要组织者和执行者，是教育改革的直接实践者。高校教师通常希望能提供学生所需的知识和优质的教育服务，创造并实现自身的教育价值和职业理想。产教融合作为一种新兴的人才培养模式，如果能推进其深化，提升学校的教学质量和学生的发展，那么无疑也实现了教师的职业价值。

（二）获得合理的报酬

尽管作为知识分子，高校教师更多追求的是精神层面的满足，但任何人都无法脱离"经济人"的属性，即物质追求的存在。产教融合模式要求教师投入更多的精力，例如，参与课程改革、探索教学方法、在企业为学生指导等。相应地，在付出更多精力后，教师期望得到相应的报酬，对于收入并不高的教师来说，这无疑也是一个利益诉求。

（三）获取在职学习和进修的机会

随着社会的快速发展和知识的迅速更新，高校教师都有学习和进修的需求。然而，诸如培训经费紧张、日常工作量大等原因，教师的学习和进修会受到影响。但在产教融合的人才培养模式中，尽管推动产教融合会占用教师更多的时间，但这也为教师提供了学习和进修的机会。因为企业通常会与社会发展保持同步，教师可以通过企业这个渠道，直接了解社会发展的现状。此外，教师在高校中接触更多的是理论知识，而在企业中可以得到实践培训的机会，从而实现自身的发展。

三、产教融合对教师短期利益具有一定影响

深化产教融合在短期内会增加教师的教育和教学成本，同时降低教师的利益剩余，这可能影响教师投入产教融合工作的积极性。教师的工作量可能会因为深化产教融合而大幅增加，但他们的薪酬并未相应提升。从这个角度看，在一定程度上深化产教融合的关键和难题在于教师。

深化产教融合对教师提出了四项要求：更新教学内容、改革教学方法、参加校外培训和侧重应用研究。这些都会增加教师的成本。更新教学内容需要教师根据产业发展和实际生产线重新备课，打破现有的教材体系，自主构建教学内容。改革教学方法要求教师减少使用成本较低的讲授法，转而使用更消耗时间和精力的教学方法，如案例教学、发现教学、程序教学和实验教学等。参加校外培训意味着教师需要适应新的环境，放弃休假和可能的收入。侧重应用研究要求教师审慎选择研究问题，结合探索实践和发展知识的双重目标进行传授。

深化产教融合使教师的职业生涯变得更为复杂和有挑战性。可能会导致教师成为改革的最大阻力，表现为在改革过程中的"不作为"或"表面作为"。更严重的是，深化产教融合可能影响教师的职业生涯。要求高校根据地区产业发展需求调整学科专业设置，可能会导致一些与产业需求不符的专业被取消。过去，高校的学科专业设置是以教师为依托的，即因为学校招聘了某一学科专业的教师，然后才开设相关专业招生。而现在，学科专业的设置则是以产业发展需求为依据，这样的变化可能导致一些教师需要"转行"或者"失业"。

虽然从长远角度来看，教师参与深化产教融合的行动对于提升人才培养质量、增强学生就业机会和提升学校的市场竞争力都有积极影响。这些改进

很有可能为教师自身带来更多的福利，例如，获得更多的尊重、更稳定的工作环境、更多的晋升机会和薪酬提升等，但在短期来看，产教融合对教师来说可能是个挑战。

作为高级知识分子，大学教师的职责在于传播和创新知识并帮助学生提高精神境界，他们更注重追求知识和道德修养等精神层面的满足。作为教学的引导者，教师与学生关系紧密，他们希望得到学生的尊重。就经济层面而言，教师和其他行业的工作者一样，都有基本的物质需求，希望自我实现，得到领导的认可，得到职位晋升，同时履行自己的责任。同时，由于大学教师收入有限，因此对其物质需求也不能忽视。从某种意义上来看，深化产教融合一定程度上在短期内增加了教师的工作成本，伤害了教师的利益，而且并未为教师提供相应的奖励或补偿，这很可能或多或少会降低教师参与产教融合的积极性。因此，尽管长期效益明显，但产教融合的短期挑战和困难也不容忽视。

第五节　基于大学生层面的利益

一、产教融合中学生成本剖析

在产教融合中，学生所承担的成本相对较低，主要包括参与实习的相关费用。理论上，企业应承担学生实习的大部分费用，学生只需承担一小部分。这些费用，虽然对学生来说并不多，但仍然算作学生的参与成本。

（一）管理费用

就像企业需要支付管理费用一样，高校也需要支出一部分管理费用。部分高校和企业并不收取这部分费用，但也有一些会向学生收取一定的管理费。通常情况下，这种费用是数百元，不算高。当然，管理费用的收取与实习岗位的技术含量有关。低技术含量岗位的实习生需要支付的实习费用相对较低，随着技术含量的提高，实习生需要支付的费用也会相应提高。

（二）食宿费用

食宿费用也是学生实习期间的必要成本。无论学生是实习还是在校学习，每年都需要向学校缴纳住宿费。因此，如果学生参与了企业实习，那么他们在企业实习期间的住宿费用并不包含在向学校缴纳的住宿费用中。大多数情况下，企业会为实习生提供住宿，一般是在职工宿舍，尽管部分企业会向学生收取一些管理费和水电费，但总体上费用较低。在餐饮方面，企业通常会向学生收取一些食材购买的费用，这部分费用也相对较低。

二、产教融合中学生的收益剖析

作为产教融合的主要参与者，学生在理想的产教融合模式下会获得显著的收益。所有的产教融合都以人才培养为最终目标。学生作为产教融合的"产品"，他们的收益包括有形收益和无形收益。

（一）有形收益

有形收益主要体现在学生参与实习期间所获得的工资收益上。"顶岗"实习的含义就是学生在岗位上代替在职员工工作。因此，学生在实习期间可以像在职员工一样获得工资收入。这是一种直接、可观的收益。虽然许多企业支付的工资并不高，但这仍然是学生收益的一部分，并可用于支付他们的管理和住宿费用。

（二）无形收益

无形收益是学生参加实习时非常重要的收益。尽管实习的经济收入可能并不丰厚，但实习期间获得的技能培养、经验积累和自身成长的价值是无法衡量的。在高校的校企合作中，学生首先在学校学习理论知识。如果学校能够定期安排企业的生产管理人员来讲解实际生产过程中的技巧和问题，学生就能够把理论知识应用到实际情况中。这样的教学方式会使学生不再满足于仅仅学习理论，而是希望亲自动手操作。

当学生进入企业进行实习时，他们往往已经具备了扎实的理论基础。通过在生产实践中的探索和尝试，他们能够积累生产技能。同时，企业的导师们会在现场指导他们，帮助他们解决在实际生产过程中遇到的问题和困难。

这样，学生就能逐渐成长为一名既掌握理论知识，又有实践技能的"熟练型"人才。大部分学生认为通过实习能够将理论知识与实际工作相结合，提高他们的实践操作技能，并更快地适应企业的工作环境。少数学生则通过实习了解和接受企业文化，包括生产文化、管理文化和员工文化，从而提高自身职业素养。同时，实习过程中的团队合作也会增强他们的团队协作意识。

同时，实习也会帮助学生开阔视野，了解社会现实，培养他们的社会责任感和职业道德。实习会帮助他们更好地理解社会的运行规律，以及各种工作岗位的工作性质和要求。这样，在毕业后进入职场，他们将能更快地适应新的工作环境，更好地满足企业的需求。实习也能提供一个平台，让他们在真实的工作环境中测试和运用在学校学到的知识和技能，从而更好地完成学校教育与职业生涯的过渡。

不仅如此，实习期间学生可能遇到的困难和挑战也是宝贵的学习经验。他们可能会遇到和同事的沟通问题、工作压力，或者工作和生活平衡的问题。这些问题不仅会提高他们的问题解决能力，还会让他们更好地了解自己的优点和弱点，有助于找到更适合自己的职业路径。

第五章　产教融合人才培养生态系统的基本结构框架

第一节　制度规范子系统

产教融合是一种关键的策略，旨在将高等教育与区域产业发展相结合，从而提升专业教育的水平并推动区域经济的增长。要实现这一目标，就要建立规范化的管理体制和机制。规范化的管理体制和机制可以为企业与高校在教育资源、科研资源和人力资源的深度整合方面提供强有力的制度保障。此外，畅通的融合机制将有助于营造一个良好的协同育人氛围。

建立产教融合人才培养生态系统制度规范子系统，主要有以下三个关键环节：首先，在学校层面建立产教融合领导小组，以协调和指导产教融合的总体策略和实施。其次，在学院层面建立院长负责制，以确保每个学院的产教融合工作能得到有效的执行和监督。最后，共建校企合作管理办公室。这也是一个重要措施。校企合作管理办公室可以为学校和企业在产教融合方面的合作做好日常的组织工作和管理工作。通过这三个关键环节，学校和企业可以共同建设一个强大、高效的管理体系，从而推动产教融合的深度发展，提高专业教育的质量，推动区域经济的增长。

一、学校层面建立产教融合领导小组

产教融合是当今高等教育改革和发展的重要方向，也是推动高校适应社

会经济发展需要的重要途径。作为产教融合人才培养生态系统制度规范子系统的重要组成部分，产教融合领导小组的建立十分重要。

从高层次管理统筹的角度来看，产教融合领导小组的成立对于解决产业学院由于缺乏高层次管理统筹机构而未能形成清晰发展定位的问题至关重要。领导小组可以由学校分管校长、学院院长、企业管理人员及其他相关重要人员共同组成，统筹组织产教融合的相关工作。这样，就可以通过上层管理的统筹协调，将学院、企业和社会的资源有效地融合在一起，从而达到优化资源配置，提高工作效率的目的。

领导小组通过分析社会需求和产业发展趋势，可以明确产教融合的方向和目标，进一步确定产业学院建设的重点方向。这样不仅可以为产教融合的具体实施提供清晰的方向指引，而且可以将学院的发展和社会的需求、产业的发展进行有效的对接，使学院的教学和科研工作更好地服务社会和产业。同时，领导小组的建立可以有效地推进自上而下的管理制度改革。依据产教融合的发展需求，领导小组可以对相关的人事、财务、科研等管理制度进行改革和完善。这样可以打破传统的行政体制，激发学院内部的活力和创造力，为学院的发展创造更加宽松的环境。同时，这也有利于消除行政体制之间的障碍，统筹利用学院内外的各种资源，为产教融合的实施提供更多的可能。

此外，领导小组在推动产教融合的过程中，还需要根据实际情况灵活调整和优化策略。对于可能出现的问题和挑战，领导小组需要迅速做出反应，及时调整策略，以保证产教融合的顺利进行。同时，领导小组还需要及时收集和反馈各方的意见和建议，将这些意见和建议转化为实际的政策和措施，以不断完善产教融合的管理制度和机制。

为了实现上述目标，领导小组需要建立一套完整的工作流程，明确各个环节的职责和任务，建立相应的评价和激励机制，以保证各项工作的顺利进行。在这个过程中，领导小组不仅需要对内进行有效的管理，还需要对外进行有效的沟通和协调，与各个利益相关者建立良好的合作关系，以获取更多的支持和资源。同时，领导小组还需要建立一套完善的信息系统，收集和分析各种信息，为决策提供支持。这包括社会需求信息、产业发展信息、学院内部的教学和科研信息等。通过对这些信息的分析，领导小组可以更准确地了解当前的形势和趋势，以便制定出更合适的策略和方案。

在产教融合的实施过程中，领导小组还需要建立一种创新的文化，鼓励学院内部的创新和探索。这包括对新的教学模式、科研方法、合作方式等进行鼓励和支持。这样不仅可以激发学院内部的活力和创新性，还可以为产教融合提供更多的可能性和灵活性。

总之，建立产教融合领导小组是推动产教融合的重要策略，不仅可以提高工作效率，优化资源配置，还可以推动制度创新，激发学院的活力和创造力，为产教融合的实施提供强有力的支持。然而，领导小组的建立只是第一步，如何有效地运用这个机构，发挥其应有的作用，还需要领导小组的成员不断努力和探索。

二、学院层面建立院长负责制

在产教融合人才培养生态系统的基本结构框架中，学院层面的制度规范子系统也扮演着至关重要的角色，特别是在学院层面建立的院长负责制的实施与推动。

首先，面对院长同时分管科研活动，工作任务繁重的现状，院长负责制应当引入科研副院长这一角色。科研副院长可以更专业、更系统地统筹协调校企双方的科研活动，让学院的教学和科研工作有更明确的方向和目标，以提升科研工作的效率和质量。在这种体制下，科研副院长可以凝练科研方向，定位并明确学院的科研重点，通过精准的科研方向设定，更好地引领学院科研队伍的工作方向，提升科研工作的效率和成果转化率。

其次，科研副院长的存在也有利于调动校企双方的科研积极性。科研副院长可以作为校企科研活动的桥梁，充分调动和整合双方的科研资源，创建一个积极、高效的科研环境。例如，科研副院长可以建立起学院和企业的常态化交流机制，定期组织双方的交流和合作，共享科研资源和成果，提高科研工作的实效性。

再者，院长负责制下的相关管理人员，也需要承担起落实校级产教融合领导小组的各项决策的责任。他们是校级领导小组决策的执行者，需要对各项决策进行详细的计划和实施，保证各项决策能够在学院层面得到有效的实施。这既是他们的责任，也是他们的权力。他们可以通过参与决策的执行，影响学院的发展，实现自身的价值。

除此之外，他们还需要定期汇报产教融合建设的情况，为上级决策机构的决策活动提供参考和依据。这需要他们具备良好的信息收集和处理能力，以及沟通和协调能力。他们需要及时、准确地把握学院的情况，以及产教融合的进展，并将这些信息汇总、分析后向上级领导汇报。这样不仅能够确保决策的及时性和准确性，还能够帮助上级领导了解并评估决策的执行效果，为后续决策提供重要的参考。

而对于学院层面的院长负责制的设计，要重视的是各个管理层级的协同工作，如何通过制度设计使学院内部的决策机制更加流畅，能够反映出真实的教育教学和科研工作状况，使决策更具针对性和效率。在这种制度设计中，院长和科研副院长作为主要负责人，可以带领全体教师，全方位、多层次地推动产教融合的发展。

同时，学院的行政管理人员在执行校级决策时，必须做到公开透明，充分尊重并听取教师和学生的意见和建议，构建学院内部公平、公正的决策环境。对于校企合作的具体事务，行政管理人员应积极与企业对接，确保双方的利益最大化，推动校企合作项目的顺利进行。

此外，实行学院层面的院长负责制，需要注意的是培养和发展一支高素质的教师队伍，这对于提升教育教学质量，实现产教融合至关重要。学院应充分挖掘和利用教师的专业优势，鼓励他们进行科研活动，创新教学方法，实现教育教学与科研工作的有机结合。

总的来说，学院层面建立的院长负责制，旨在构建一个高效、科学的管理机制，既能有效推动产教融合的发展，也有利于提升学院的教育教学质量。然而，实现这一目标，需要全体管理人员和教师的共同努力和协作，需要他们积极参与，负责任，善于创新，以实现学院的长远发展和产教融合的真正落实。

三、共建校企合作管理办公室

共建校企合作管理办公室是落实产教融合的有效方式，由企业和学院共同建立的办公室，能有效地协调双方的关系，解决在合作过程中可能出现的问题。共建的管理办公室，可以在企业和学院之间建立起一种协调机制，通过双方的共同管理和运营，推动产教融合的实施。

共建的校企合作管理办公室，负责教学、科研等各项合作事项的实施与沟通监督。管理办公室是连接学院和企业的重要桥梁，它既是信息的集散地，也是合作的推动器。它不仅负责双方的日常沟通，确保双方的合作顺利进行，还需要监督合作项目的实施情况，及时发现和解决问题。管理办公室的存在，确保了合作的顺利进行，提升了合作的效率，降低了合作的风险。它的存在，让双方都有一个统一的平台，可以更直接、更快速地获取合作的信息，更有效地推动合作的进行。同时，管理办公室也起到了一个监督的作用，可以及时发现和处理问题，防止问题的扩大化，确保合作的顺利进行。而且，管理办公室还需要对产教融合相关工作的开展情况进行定期的考评。这样的考评，可以使双方对产教融合的情况有一个全面的了解，了解自己在合作中的角色和地位，知道自己的优势和不足，进而可以根据考评结果，调整自己的工作方式和策略，更好地适应产教融合的要求。

在实际操作中，共建的校企合作管理办公室的成员，需要具备一定的专业知识和经验，需要具备良好的组织协调能力和沟通能力，以便能有效地推动合作的进行，处理各种可能出现的问题。另外，他们还需要具备一定的判断力和决策力，能够根据实际情况，做出合适的决策，推动合作的进行。因此，校企合作管理办公室的人员构成至关重要。

理想的团队应包括企业代表、学校教师和行政人员，甚至包括学生代表。这种多元的团队构成能确保各方的需求和期望都被充分理解和考虑，并能有效协调各方在实施过程中可能产生的冲突。

企业代表通常具备丰富的行业知识和实践经验，他们对市场需求有深入理解，能够明确企业对人才的需求和预期。学校教师和行政人员了解教育制度和教学方法，他们能够将企业的需求转化为实际的课程和实践活动。学生代表则可以从学生的角度出发，为课程设置和实践活动提供宝贵的意见和建议。

校企合作管理办公室还需要建立有效的沟通机制。良好的沟通是保证合作顺利进行的关键。管理办公室应定期组织会议，讨论合作进展，解决合作过程中遇到的问题。此外，也应设立公开透明的反馈渠道，让所有参与者都能提出意见和建议，及时获得合作的最新信息。

然而，共建校企合作管理办公室只是推动产教融合的一种方式，它并不能完全解决所有问题。为了更好地推动产教融合，还需要全社会的关注和支持，需要政策的引导和推动，需要更多的创新和探索。只有这样，我们才能真正推动产教融合的发展，为社会经济的发展贡献力量。

总体来看，共建校企合作管理办公室是落实产教融合的重要机制，它能协调企业和学院的关系，有效推动产教融合的发展。但要做好这项工作，需要相关人员具备专业知识和经验，良好的组织协调能力和沟通能力，还有创新思维和协作精神。

第二节　教育主体整合子系统

教育主体整合子系统主要负责引导企业相关技术人员和学院教职人员的整合，主要由三个关键要素构成，分别为双师型教师队伍、双能型教师队伍和教师能力培训基地。

一、双师型教师队伍

（一）双师型教师的内涵

双师型教师是指那些既具备优秀的教学能力和师德修养，又具备企业工作或实践经历，能够紧跟产业发展趋势和行业需求，并将新技术、新工艺、新规范融入教学的教师。他们不仅是学科知识的传授者，还是引领学生掌握实际应用能力的导师。这种新型教师的含义可以从以下多个方面进行解读。

第一，双师型教师注重爱党爱国思想。作为教育工作者，他们认识到教育的重要性，意识到自己肩负着培养祖国未来人才的使命。他们以爱党爱国的情怀为指导，通过教育引导学生树立正确的价值观和思想意识，培养良好的公民素质和社会责任感。

第二，双师型教师具备良好的师德修养。他们具备高尚的道德品质，诚实守信，尊重学生，关心学生的发展和福祉。他们注重自身的职业操守，积极践行教育伦理，对学生负责，尽力帮助他们成长，做到言传身教，成为学生的榜样。

第三，双师型教师具备企业工作或实践经历。他们曾在企业或实践中积累了丰富的经验，了解行业的发展动态和实际需求。这使他们能够将学科知识与实际应用相结合，帮助学生更好地理解学科内涵，增强学习的实践性和针对性。

第四，双师型教师具备理论教学能力和实践教学能力。他们不仅掌握了专业学科的理论知识，还具备灵活运用这些知识进行教学的能力。他们能够通过启发式教学、案例教学等多种教学方法，激发学生的学习兴趣，培养学生的创新思维和解决问题的能力。

第五，双师型教师紧跟产业发展趋势和行业人才需求。他们时刻关注行业的最新动态，了解产业的变化和发展趋势，及时调整教学内容和教学方法，确保所教授的知识与行业需求相匹配。他们不仅关注学科的基础理论，还密切关注前沿技术、新工艺和规范标准的更新，以便将最新的知识和实践经验传授给学生。

第六，双师型教师会将新技术、新工艺、新规范融入教学。随着科技的不断进步和社会的快速发展，新的技术、工艺和规范不断涌现。双师型教师具备学习新知识的能力，能够将这些新的成果融入教学过程。他们通过使用多媒体教学、在线资源和实践案例等方式，将新技术和实际应用情景融入教学，提升学生的学习效果和实践能力。

总之，双师型教师不仅仅是知识的传递者，更是引导学生实践应用和创新能力发展的导师，他们的教学理念和实践方法注重培养学生的综合素质和应用能力，为学生个人和社会的发展做出贡献。双师型教师的含义体现了教育改革和人才培养的新要求，它将教育与实际紧密结合，促进了学生的全面发展和社会进步。

（二）产教融合人才培养中的双师型教师队伍

双师型教师的引入意味着教师队伍的多元化，这对于满足现代化职业教育的需求有着重要作用。传统的教师队伍往往以学院教师为主，他们在教授基础知识方面具有优势，但对于实践性知识和行业动态的把握相对较弱。而企业教师恰好可以弥补这一空缺，他们拥有丰富的实践经验和行业视角，能将最新的行业动态和实践经验引入教学，让学生在理论学习的同时对实践有更深入的理解。

双师型教师队伍的建设并非一蹴而就的事情。首先，双师型教师的培养和引进是一个长期且持续的过程。一方面，学院需要制定系统的政策，引导和支持教师参与企业实践，不断丰富其行业知识，提升其实践能力；另一方面，学院需要与企业建立长期稳定的合作关系，鼓励企业教师参与教学，提供适当的激励机制，例如，提供相应的教学培训和发展机会，使他们愿意投入教学工作中。

其次，教师队伍的管理和运营也需要经过精心设计和策略安排。一方面，学院需要有公平的评价机制，给教师的教学质量和教学贡献以公正的评价和回报，这既是对教师工作的认可，也是激励教师进一步提升教学质量的重要手段。另一方面，学院需要充分调动教师的积极性和创新性，为他们提供良好的教学环境和资源，支持他们开展多样化的教学活动。

最后，双师型教师的融合和互动是产教融合教学活动的重要环节。双师型教师应通过交流和合作，取长补短，实现优势互补，形成教学力量的合力。例如，学院教师在教学方法、评价方式上的专业知识，可以帮助企业教师更好地进行教学设计，使教学内容更符合教学规范，提升教学效果。而企业教师的实践经验和行业视角，可以帮助学院教师更新教学内容，使其更符合产业发展和市场需求，提升教学的针对性和实用性。此外，双师型教师的融合也有助于建立共享的教学资源和网络，丰富教学手段，提升教学效率。

同时，双师型教师队伍的建设也需要应对一系列挑战。首先，双师型教师的身份认同可能成为一个问题。对于学院教师，他们可能需要一段时间去适应新的教学模式和角色定位，接受在实践性教学中可能会转换为偏于辅助和协同的角色这件事；对于企业教师，他们可能需要学习教学方法，理解教育理念，认同自己的教师身份。这都需要时间和努力。因此，学院需要提供相应的支持和指导，例如，提供培训、辅导等，帮助他们适应新的角色和工作模式。

双师型教师队伍的建设是一项系统工程，它涉及教师队伍的构建、培养、管理、运营等多个环节，需要各方的共同参与和努力。只有通过系统的思考和策略布局，才能真正建设出一支既能满足教学需求，又能适应产教融合要求的优秀教师队伍。

二、双能型教师队伍

（一）双能型教师的内涵

在产教融合人才培养生态系统中，双能型教师队伍无疑是其中的核心组成部分。这一队伍的建设，不仅需要在理论知识和实践技能两方面进行深入挖掘和培养，还需要在教育理念、教学方式和教学方法上进行创新和突破。

双能型教师在专业理论和实践技能上具备高度的素养。作为教育者，他们需要在自身专业领域内具备深厚的理论素养，才能够以权威的理论指导对学生进行教学。同时，双能型教师还需要在实践技能上具备丰富的经验和熟练的技术，这样才能在教授专业理论的同时，引导学生理解和掌握专业实践的方法和技巧。

双能型教师具备创新的教育理念和教学方式。在产教融合人才培养模式下，教育的目标不再仅仅是传授知识，而更应当是培养学生的创新思维和实践能力。因此，双能型教师应当具备与此相适应的教育理念，例如，重视学生的主体性，注重学生的实践能力培养，鼓励学生进行创新思维的训练等。同时，双能型教师还需要探索出与新型教育理念相匹配的教学方式和教学方法，如案例教学法、项目导向法、协同教学法等，以便更好地引导学生主动学习，提高学生的学习效果。

双能型教师队伍具备敏锐的社会观察力和较强的社会服务能力。在产教融合的人才培养模式下，教育的目标也包括服务社会，推动社会发展。因此，双能型教师应当具备敏锐的社会观察力，以便洞察社会发展的趋势，了解社会需求的变化，然后将这些信息反馈到教育活动中，指导课程设置和教学内容的调整。同时，双能型教师也需要具备较强的社会服务能力，包括开展科研项目、提供专业咨询、参与社区服务等，这样才能够通过自身的教育和科研活动，更好地推动社会的经济发展和文化进步。

双能型教师应注重不断进行自我更新和自我提升。随着社会发展和技术进步，产业需求和社会需求也在不断变化。作为服务于产业和社会的教育工作者，双能型教师必须能够迅速适应这种变化，不断更新自身的知识结构和技能结构。这不仅需要教师具备终身学习的精神和习惯，还需要学校和社会提供良好的环境和条件，例如，设立教师发展中心，开展教师进修项目，提供教师研修平台等。

（二）产教融合人才培养中的双能型教师队伍

在产教融合人才培养生态系统的实施过程中，双能型教师队伍的建设具有重要的实践价值和深远的理论意义，他们既要有扎实的专业理论基础，又要有丰富的行业实践经验，以满足产教融合人才培养模式对教师的全新需求。双能型教师队伍是新时代人才培养的重要支撑，对于推动高等教育改革具有积极作用。

双能型教师队伍在专业理论和实践技能的融合方面具有显著特点。双能型教师既能深入理解学科理论，又熟悉行业实践，具备了理论和实践的双重能力。这是因为，产教融合人才培养模式对教师的专业能力和实践能力都有更高的要求。只有理论知识丰富而缺乏实践经验的教师，难以向学生传授行业的实际运作知识、提供技能训练；只有实践经验丰富而缺乏理论知识的教师，难以帮助学生形成深厚的专业理论基础。因此，双能型教师队伍的建设，意味着理论教学和实践教学的有机结合，是产教融合理念的重要体现。

双能型教师队伍的培养能显著推动教育理念和教学方法的创新。传统的教学模式往往注重教师的教学和学生的听课，而产教融合人才培养模式则强调教学的互动和参与。双能型教师队伍能够引导学生主动参与学习，鼓励他们思考问题，解决问题，从而提高学生的实践能力和创新能力。同时，双能型教师还能够运用现代教育技术，如网络教学、虚拟实验等，使教学方法更加丰富多样，提高教学效果。

双能型教师队伍的建设对于推动学校与企业的深度合作具有重要作用。由于双能型教师既了解学校的教学模式和学生的学习需求，又熟悉企业的业务流程和技术需求，因此他们可以作为学校与企业之间的重要桥梁，推动双方的深度合作。他们能够将企业的需求反馈给学校，帮助学校调整课程设置和教学计划，使之更好地满足企业和行业的需求。同时，他们也能将学校的优秀人才推荐给企业，帮助企业解决人才短缺的问题。因此，双能型教师队伍在产教融合人才培养生态系统中起着关键的作用。

双能型教师队伍的建设对于推动教育公平也有重要意义。在传统的教育模式下，教师的资源和关注点往往集中在优秀的学生身上，而忽视了普通学生和弱势学生的需求。而双能型教师则能够关注到每一个学生，他们不仅能教给学生专业知识，还能根据学生的实际情况，帮助他们规划职业发展，提高就业能力。这不仅能提高所有学生的学习质量，还有助于缩小教育的差距，实现教育的公平。

双能型教师队伍的建设也有利于提高教师自身的素质和能力。在参与产教融合人才培养的过程中，教师既要提高自身的专业知识和技能，又要更新教育理念和教学方法，这对教师自身的发展也是一种促进。同时，教师也能通过与企业的深度合作，了解行业的最新动态和技术发展，提升自身的行业竞争力。

三、教师能力培训基地

教师能力培训基地是产教融合人才培养生态系统中一个不可或缺的重要组成部分。教师能力培训基地是教师提升专业能力，培育新的教学理念，建立和企业紧密联系的平台。

在当前的社会环境下，教师的角色已经发生了深刻的变化，他们不再只是知识的传递者，而还会担任引导者、促进者和参与者等多重角色，特别是在产教融合的背景下，教师更需要具备丰富的产业经验，具备将理论知识与实践经验相结合的能力，这就对教师的专业能力和教学理念提出了更高的要求。教师能力培训基地正是为满足这种需求而建立的。

从教师自身发展的角度看，教师能力培训基地为他们提供了提升自我能力，接触最新知识和技术，与企业和其他教师交流的机会。通过培训，教师可以了解最新的教学理念和方法，提升自己的教学能力；通过实践，教师可以亲身参与企业的实际工作，了解产业的最新动态，提升自己的产业经验和实践能力；通过交流，教师可以分享自己的经验和问题，从他人那里学习，获得启发，提升自己的教学思维和创新能力。这些都有助于提高教师的教学效果，满足学生的学习需求，推动产教融合的发展。

从学校和企业的角度看，教师能力培训基地是他们深化合作，共同培养人才的重要平台。学校可以通过教师能力培训基地，了解企业的需求和动态，调整和完善自己的教学计划和课程设置；企业可以通过教师能力培训基地，了解学校的教学资源和优势，提出自己的需求和建议，共同开发适应产业发展的课程和项目。这种校企合作不仅能提高教育的质量和效果，也能促进企业的发展，实现双赢。

教师能力培训基地的作用的发挥离不开一系列具体的实践活动。这些活动包括但不限于教师培训课程、企业实践、教学研讨会、成果展示等。首先，教师培训课程应该围绕产教融合的核心理念，设计出反映当前教育和产业最新趋势的课程。培训课程不仅应该涵盖最新的教学理念和技巧，也应该关注产业的发展动态和要求。培训的方式可以是课堂讲授，也可以是在线学习，甚至是导师制的学习方式，以满足不同教师的学习需求。其次，企业实践是培训基地的重要组成部分。教师应定期到企业进行实地考察和实践，了解和掌握产业最前沿的知识和技术，这对他们在课堂上进行理论与实践的结合，引导学生进行实践性学习都至关重要。企业实践也是教师与企业建立联系，增进互信的过程，有利于深化校企合作关系。再次，定期的教学研讨会也是教师能力培训基地的重要活动之一。教师们可以在研讨会上交流自己的教学经验和思考，互相学习和启发。同时，研讨会也可以邀请企业家和专家学者参与，他们的参与可以为教师提供更广阔的视角，引领他们关注产业发展的新趋势。最后，成果展示是教师能力培训基地的重要成果之一。它既可以是教师的教学设计，也可以是教师在企业实践中的观察和研究，还可以是教师在教学中的实际案例。通过成果展示，教师可以得到他人的反馈和评价，从而反思和改进自己的教学。

第三节　科研资源整合子系统

科研资源整合子系统主要是以应用型项目研究为导向进行双方科研资源的整合，主要包括五个构成要素，分别为科研资源共享平台、共建产学研实验室、应用型课题研究、科技成果转化和成立专业联盟。

一、科研资源共享平台

建设科研资源共享平台是高校和企业在科研资源方面进行深度整合的重要方式。它不仅可以为双方提供方便快捷的信息查询和资源共享渠道，还是校企合作科研项目的基础。科研资源共享平台的建设和运营包括但不限于人员信息数据库的建立、研究方向的统一、数据共享、科研前沿和科技成果的发布等。

要建成科研资源共享平台就要建立全面且更新的人员信息数据库，这个数据库应包含高校和企业的科研人员的基本信息、专业技能、研究方向和过去的科研成果等。此外，这个数据库还应该有利于用户快速查询和筛选信息，以便双方在需要时可以迅速找到合适的合作伙伴。

科研资源共享平台应该设立统一的研究方向标签或者分类，这一机制能够提升科研人员在寻找合作、分享信息和对接资源方面的效率，从而推动产教融合的深度发展。第一，统一的研究方向标签或分类可以为用户提供一种高效便捷的导航工具。通过预设的标签或分类，科研人员可以快速定位自己感兴趣或专业对口的领域，节省了在大量信息中检索和筛选的时间。例如，一个专注于人工智能应用研究的教师，可以通过点击相应的标签，迅速找到与自己研究方向相关的最新论文、项目、数据，以及可能的合作伙伴。第二，研究方向的标签化或分类化有助于提升信息的可视化和理解度。每个标签或分类都是对某一专业领域的概括和抽象，能够让复杂的学科体系以更直观、简洁的形式呈现出来。这无疑对于科研人员把握研究全局，了解交叉学科的发展动态等方面有极大的帮助。第三，统一的研究方向标签或分类也是推动校企合作的重要纽带。通过这些标签或分类，高校和企业可以准确掌握彼此的研究方向和优势，从而寻找到合作的切入点和可能性。例如，企业可以通过这一系统找到在所需技术领域有研究实力的高校，高校也可以找到对自身研究成果有应用需求的企业，从而实现资源的互补和共享。

科研资源共享平台还应该定期发布科研前沿和科技成果，可以实现科研成果的最大化共享，提升科研人员的研究效率，鼓励创新精神。第一，科研前沿的发布可以让科研人员跟上时代步伐，了解全球最新的科研动态。科研工作需要源源不断的创新思维，而了解新的研究进展和研究动态，是科研人员开展创新工作的重要依据。这种发布方式为科研人员提供了一个便捷的获取最新科研信息的渠道，使他们能够更加灵活和主动地调整研究方向和研究策略。第二，科技成果的发布既可以提升科研成果的应用价值，也可以加强校企之间的合作关系。通过平台发布，科研成果可以得到更广泛的宣传，尤其是对于那些对科研成果有应用需求的企业，他们可能因此发现合作机会，从而将这些科研成果转化为实际生产力。第三，设立专门的新闻和通知栏目，能够及时推送相关信息，为科研人员提供便利。例如，关于科研项目的申报信息，关于学术会议的通知，关于科研合作的广告等，都可以在这个栏目中得到有效发布。这样，科研人员就不需要花费大量时间在各个网站和平台之间搜寻信息，而可以直接在这个平台上得到他们所需的全部信息。

二、共建产学研实验室

共建产学研实验室是实现产教融合人才培养生态系统的重要措施，它具有科研资源整合、研究应用推进、人才培养和产学研结合等多重功能。在产教融合人才培养生态系统的基本结构框架中，共建产学研实验室对于科研资源整合子系统的建立起着核心的作用。

(一)共建产学研实验室的核心价值

产学研实验室的核心价值在于实现学校和企业间的资源整合，打通学校和企业的界限，让他们在一个共享的实验室进行科研活动。这样的设定既能让学校和企业的科研人员共享设备和资源，也能促进双方间的知识和技术交流，进一步提升科研的效率和水平。此外，这种整合方式可以提升学校科研的应用性和企业科研的理论性，实现科研在深度和广度层面的双向拓展。

（二）共建产学研实验室的实施步骤和策略

共建产学研实验室的实施步骤和策略具有深远的意义，需要详细规划和执行以实现最大的效益。以下是对其实施步骤和策略的深入探讨。

第一，企业投资建设实验室是共建产学研实验室的首要任务。企业作为产学研实验室的主导方，不仅要负责提供必要的物质资本，还要参与到实验室的规划和设计过程中。实验室的规模、布局、设备种类等需要与企业的发展战略、研发目标和技术水平相适应，同时也要考虑到学校的科研需求和能力。企业需要组织专业团队进行方案设计，引入最先进的实验设备和工具，同时考虑到未来可能的技术发展和更新需求，保证实验室的长期可用性和适应性。在此过程中，企业还需要与学校进行密切沟通，充分听取学校的建议和需求，以达成共识。

第二，学校提供科研人员和项目，对实验室的运作和发展提供支持。这一步主要包括两方面的工作：一是挑选合适的科研人员参与实验室的科研工作；二是选择有应用前景和市场潜力的科研项目进行开展。在选择科研人员时，除了要考虑他们的科研能力和专业技能外，还要考虑他们的团队协作能力和创新思维，因为这对于实验室的科研氛围和团队合作极为重要。在选择科研项目时，应当尽可能选择那些符合实验室设施条件、企业技术发展方向，且具有一定的市场应用价值和社会影响力的项目，这样才能有效推动实验室的发展，并为学校和企业带来可观的经济效益。

第三，实验室需要有一个公正和有效的管理体系，以确保资源的公平使用和管理。管理体系的建立应包括资源分配规则、实验室运行规章、决策机制等内容。资源分配规则应明确设备使用、资金分配、成果权益等问题的处理方式；实验室运行规章应详细规定实验室的日常运作流程、设备维护、安全防护等内容；决策机制应包括实验室的运行决策、科研项目选择、成果转化等方面。可以设立专门的管理团队，由企业和学校共同派员，共同参与决策。同时，应建立公开透明的决策程序，让所有实验室成员都能了解决策过程和结果，保证公平性和合理性。

为了管理体系的公平性和有效性可以得到保证，还需要设立定期的评估和反馈机制，对管理体系的效果进行定期检查和评价，发现问题及时修正。这种评估可以通过内部评估、外部评估和参与者反馈等多种方式进行，以全面了解实验室的运行状况。

三、应用型课题研究及科技成果转化

应用型课题研究及科技成果转化是实现产教融合目标的重要环节，也是构建产教融合人才培养生态系统的关键步骤。在这一过程中，企业科研人员提出的实际问题和挑战被学院科研人员转化为具体的研究项目，最终的研究成果将回馈给企业，转化为实际的生产力，推动企业发展和社会进步。

首先，企业科研人员在工作中积累的实际问题和挑战，是科研课题的源头之一。这些问题和挑战代表了实际的需求，对应了真实的市场空间，是有很高应用价值的课题。这些问题和挑战的存在，给了学院科研人员深化理论研究、推动技术创新的机会。假设某企业是一家专注于新能源汽车生产的公司，其科研人员在实际工作中发现，现有的电池技术存在一些问题，如充电时间长、电池寿命短、电量储存效率低等，这些问题严重影响了新能源汽车的使用体验和市场推广。企业希望能有更先进的电池技术来解决这些问题。这就为高校提供了一个具有挑战性和实际应用价值的研究课题。研究人员可以围绕这些问题进行深入研究，例如，探索新的材料、新的电池结构设计、新的制造工艺等，力图寻求能够提升电池性能的解决方案。在这个过程中，研究人员可能会发现新的理论、方法和技术，推动电池技术和新能源汽车技术的进步。完成研究后，高校可以将研究成果转化为具体的技术方案，供企业使用。企业按照这个方案，进行新型电池的生产，从而提升新能源汽车的性能，增强其市场竞争力。这样，高校的科研成果就被有效地转化为了企业的生产力，实现了科研成果的应用转化。这个过程既满足了企业的实际需求，推动了企业的发展，也推动了学院的科研创新，实现了产教融合的目标。

其次，学院科研人员将这些实际问题和挑战转化为具体的研究课题，是一个从实际到理论的过程。这个过程中，学院科研人员要对问题进行深入的理解和分析，明确研究目标，设计研究方案，同时，要关注研究过程中可能出现的新问题和挑战，还有新的技术、方法的应用，为最终的科技成果转化打下坚实的基础。

最后，研究成果要通过科技成果转化返回企业，转化为实际的生产力。这是一个从理论到实际的过程，也是科研活动的最后一步，其目标是将科研成果转化为实际的产品和服务，为社会创造价值。在这个过程中，企业和学院的紧密合作是非常重要的。学院要提供成果转化的技术支持，企业要提供市场化的环境和资源，双方要共享转化过程中的风险和收益。

四、建立专业联盟

专业联盟是校企之间深化合作的有效途径，通过建立专业联盟，能够整合双方的科研力量，提高科研生产效率，并促进科研成果的快速转化和应用。

专业联盟可以凝练双方的研究方向，以科研方向为导向高效整合双方相关资源。这一过程既需要双方明确各自的科研方向，也需要通过积极的沟通和协调，找到共享的研究主题和目标。例如，如果学校在某个领域拥有强大的科研能力和丰富的科研资源，而企业在该领域有着强烈的研究需求和丰厚的研发投入，那么双方就可以进行资源整合、共同发力。

其次，联盟可以联合进行各级各类课题申报及技术研发，这不仅可以共享资源，减少重复投入，还可以促使双方更紧密地合作，提高研发效率。在课题申报方面，校企双方可以根据自身的优势，选择合适的项目进行联合申报。在技术研发方面，学校可以利用自身的科研优势，推动新技术、新理论的发现和创新，企业则可以通过实际应用，推动科研成果的转化和推广。

再次，联盟还可以针对国家和地方特色项目及重大科技项目进行联合投标、联合申报、联合攻关与联合开发。针对国家和地方特色项目及重大科技项目的联合投标、联合申报、联合攻关与联合开发，实质上是专业联盟深化校企合作，实现产学研相融的有效途径。第一，国家和地方特色项目以及重大科技项目，通常具有高技术门槛并需要高研发投入。由于单纯的学院或者企业很难拥有全部的技术和资金条件，因此联合投标、联合申报成为最优选择。学院可以借此机会利用企业的实际问题，提出具有应用前景的研究课题；企业则可以利用学院的技术优势，解决企业生产中遇到的技术问题。第二，联合投标、联合申报，对于学院来说，可以增强学院的社会服务能力和影响力，推动学院与企业和社会的连接；对于企业来说，可以加强企业的技术创新能力，推动企业的技术进步和产品升级。这样，不仅能增强双方的竞争力，还能促进地方经济社会的发展。第三，联合攻关与联合开发更能体现专业联盟的合作优势。在面对技术难题时，校企双方可以发挥各自的优势，集思广益，共同研究解决方案。一方面，学院可以提供理论支持和新的研究方法；另一方面，企业可以提供实际问题和现场测试环境。这样的合作方式，既能提高解决问题的效率，又能保证解决方案的实用性和可行性。另外，此类合作模式有利于提升学院的教育质量和社会服务水平，也有利于提高企业的技术水平和产品质量。通过联合申报和联合开发，企业可以得到学院的技术支持，学院则可以将理论研究转化为实际产品，增强教学的实践性和应用性。同时，对于学生来说，他们可以参与到实际的科研项目中，增强他们的实践经验和就业竞争力。

最后，联盟可以共同参与相关课程研究、专利申报及成果转化。共同参与相关课程研究、专利申报及成果转化是专业联盟的重要组成部分，这是因为它强调了校企之间的密切合作，也因为它是连接理论与实践、学院与企业、知识与技术的重要桥梁。第一，联盟共同参与课程研究，可以提升课程的针对性和实用性。传统的课程设计往往由学院单方面进行，容易导致课程脱离实际，不符合企业的需求。而联盟共同参与课程研究，企业可以将实际需求，特别是对于新技术、新理论的需求引入课程中，使课程设计更贴近实际，具有更高的针对性和实用性。这样不仅可以提高学生的学习兴趣，提升他们的实践能力，也能使他们更好地为企业和社会做好准备。第二，联盟共同申报专利，可以保护研发成果，提高其商业价值。学院往往在理论研究方面具有优势，而企业在应用研究和产品开发方面具有优势。通过联盟共同申报专利，可以将学院的理论研究和企业的应用研究进行有机结合，提高研发成果的创新性和实用性。同时，共同申报专利，还可以保护研发成果不被非法复制和侵犯，提高研发成果的商业价值，吸引更多的投资和合作。第三，联盟共同转化成果，可以加快成果的推广和应用，提高其社会效益。学院的科研成果往往停留在理论层面，缺乏有效的转化机制。而企业由于研发资源有限，往往缺乏创新的科研成果。联盟共同转化成果，可以将学院的科研成果引入企业，加速科研成果的商业化进程，推动新产品和新技术的快速推广和应用。这不仅可以提高科研成果的社会效益，也可以推动地方经济的发展，增强社会的创新活力。

第四节　教学资源整合子系统

教学资源整合子系统共包含六个基本要素，分别为应用型人才培养目标、教学评价体系调整、专业动态调整机制、应用型课程体系建设、重构实践教学体系和改革创新创业教育。其中应用型课程体系建设、重构实践教学体系和改革创新创业教育可看作专业教学改革中的关键要素。

一、应用型人才培养目标

应用型人才培养目标的内涵，是在传授知识和技能的基础上实现的多方面、全方位的能力培养，包括实践能力、创新能力和实用能力等，以培养出适应社会经济的发展需求，能解决现实生活中存在的实际问题，为社会经济的进步和发展做出积极贡献的人才。

随着社会发展，社会对于创新人才的需求逐渐增强，人才培养工作面临着新的挑战。传统的人才培养模式以理论教学为主，实践教学为辅，已经无法满足当今的人才培养需求。因此，学院应根据产业人才需求，与企业共同制定专业建设和人才培养方案，充分体现产教融合特色，配合应用型人才的培养要求。

应用型人才培养模式强调了实践教学的重要性。在这一模式下，学院不再仅仅教授理论知识，而更需要改革实践教学体系，培养学生的实践能力，让他们在学习中不断获得实践经验，以更好地适应工作需求。学院应与企业联合开发实践教学课程，提供实践教学平台，通过实际操作，让学生理解和掌握知识，培养他们的实践技能。同时，学院还应将实践教学与理论教学相结合，让学生在实践中理解和应用理论知识，提高他们的实践能力和创新能力。

应用型人才培养模式注重应用创新能力的培养。与传统的职业教育不同，应用型人才培养更加注重培养学生在实践过程中发现问题的能力、将实践问题转化为科学研究方向的能力，以及解决问题的能力。学院应在教学中，培养学生的独立思考能力和问题解决能力，鼓励他们在实践中发现问题，提出解决方案，通过实践操作，验证解决方案的可行性，提高他们的创新能力和问题解决能力。

应用型人才培养模式强调学校与企业的合作。学院与企业的合作应建立在长期稳定的基础上，只有长期稳定的合作，才能确保双方有足够的时间和资源进行深入的交流和合作，更好地理解彼此的需求和期望，从而共同制订出满足双方需求的人才培养方案。长期稳定的合作也有助于建立互信关系，使学院和企业能在合作中共享资源，共担风险，共享成果，从而进一步增强合作的效果。共同制订人才培养方案是学院与企业合作的关键环节。在制订方案时，双方应充分考虑到企业的实际需求，确定专业建设的方向和目标，制订相关的课程和实践教学项目。只有这样，培养出来的人才才能满足企业的需求，为企业的发展提供支持。同时，制订人才培养方案时，还应充分考虑到学生的需求和发展，提供有利于他们成长和发展的学习环境和机会。学院与企业的合作还可以让学生更好地理解和掌握专业知识。在学院与企业的合作中，学生可以直接参与到企业的实际工作中，通过实践操作，将理论知识应用到实际工作中，从而更好地理解和掌握专业知识。

二、教学评价体系调整

在产教融合人才培养生态系统中，教学评价体系是检验教育质量的重要手段。传统的教学评价体系往往以知识掌握程度为评价标准，而在产教融合的背景下，这种评价体系需要进行相应的调整，以更好地适应应用型人才的培养需求。

首先，学院应根据不同的教学主题和教学模式创新教学评价体系。传统的评价体系往往以理论知识的掌握程度为主，而在产教融合的背景下，理论知识的掌握虽然重要，但实践能力和创新能力的培养同样重要，甚至更为重要。因此，学院应调整教学评价体系，增加对学生实践能力和创新能力的考核比重。例如，学院可以通过增加实践性课程的学分，增加实践操作和项目完成的比重，来鼓励学生积极参与实践活动，提高实践能力和创新能力。

其次，学院需要改革传统以终末质量为核心的教学质量评价体系。在这种评价体系下，学生往往会过于关注终末考试的成绩，而忽视学习过程中的积累和体验。为了解决这个问题，学院应强化对教学过程的监管，以学习过程中的表现作为评价学生的重要标准。这可以通过定期的课堂观察，学习笔记的检查，小组讨论的评价等方式实现。通过这种方式，学院可以鼓励学生在学习过程中积极参与，注重深度理解和应用，而不仅仅是为了应对考试。

最后，学院还需要探索考核制度与考核方式的改革。在产教融合人才培养模式下，对教学评价体系进行调整与改革至关重要，特别是在考核制度与考核方式上的改革，可以从根本上促进学生全面地学习和成长，对培养应用型人才具有深远影响。传统的笔试已经无法满足现代教育的需求了，特别是在产教融合的背景下，因此，除了笔试，学院应增加实践操作考核、项目完成考核、团队合作考核等多种考核方式。实践操作考核可以检验学生将理论知识应用于实际中的能力，项目完成考核可以检验学生独立解决问题的能力，团队合作考核可以检验学生在团队中协作和沟通的能力。这些考核方式的引入，可以更全面、更准确地评价学生的学习成果，而不仅仅是理论知识的掌握程度。另一方面，学校可以考虑引入多元化的评价方式，如自我评价、同伴评价等。自我评价可以鼓励学生进行反思和自我提升，使他们更深入地理解和掌握知识，同时能培养他们的自主学习能力和自我调整能力。同伴评价可以鼓励学生之间的交流和合作，可以从他人的视角看到自己的优点和不足，从而促使他们更全面地了解自己，更好地改进和提升。同时，同伴评价也有助于建立和谐的学习氛围，促进学生之间的互助学习。

需要注意的是，考核制度与考核方式的改革应始终贯彻以学生为本，服务于学生全面发展的原则。各种考核方式应灵活多样，具有广泛的覆盖性和包容性，既能考核学生的知识技能，也能考核学生的思维能力、道德素质等各个方面。同时，各种考核方式应注重培养学生的主动性、探究性、创新性，而不仅仅是对知识的传授。

三、专业动态调整机制

在产教融合人才培养生态系统的基本结构框架中，专业动态调整机制是教学资源整合子系统的关键组成部分。产业学院作为应用型高等教育的实践者，应秉持以产业发展为导向的原则，及时跟踪产业发展的前沿趋势，建立起专业动态调整机制，对人才培养方案进行定期的修订与完善。专业动态调整机制的设置不仅可以保证学院教育的实时性，符合社会和产业的发展，还能促进学生更好地适应社会和就业市场的需求。

专业动态调整机制的重要性首先体现在它能保持教育的即时性上。产业和科技的发展日新月异，新的知识、技术和工具不断涌现。如果学院的教学内容和课程设置不能及时跟上这些变化，学生就可能会学习到过时的知识和技能，无法满足社会和企业的需求。因此，建立专业动态调整机制，定期审查和调整课程设置和教学内容，是保持教育即时性的关键。

专业动态调整机制的建立需要基于对产业和行业发展动态的深入理解和分析。学院需要与企业、行业协会、专家学者等进行紧密的交流和合作，了解并预测行业的发展趋势和技术革新，然后据此调整专业设置和教学内容。此外，学院还需要建立有效的信息收集和分析机制，例如，定期进行行业调查、收集企业需求、参加行业会议等，以获取第一手的行业信息和动态。

专业动态调整机制的实施也需要有一套完善的流程和制度保障。一方面，学院应设立专门的机构或者职能部门来负责专业的动态调整工作，包括信息的收集和分析，专业和课程的审查和调整，教师的培训和引导等；另一方面，学院应建立一套完善的规章制度，明确动态调整的原则、目标、方法和流程，保证调整的科学性和有效性。此外，学院还需要定期对动态调整的效果进行评估和反馈，以便及时调整和优化工作方法和策略。

四、应用型课程体系建设

产教融合人才培养生态系统中，应用型课程体系建设是教学资源整合子系统的重要内容。在当前社会发展和科技创新的大背景下，传统的课程设置无法满足产业发展和社会需求的变化，特别是在各类产业学院中，如果不能及时对课程体系进行调整和改革，就可能导致学院的人才培养与市场需求脱节。因此，产业学院要大力推行课程应用型改革，推动课程内容与行业标准、生产流程、项目开发等产业需求科学对接，实现企业生产要素向高校教学资源的高效转化。

应用型课程体系的建设应以产业需求为导向。这意味着课程内容的设定应该与行业标准、生产流程、项目开发等紧密相连，体现出鲜明的应用性和实践性。只有这样，毕业生在进入职场后才能迅速适应工作环境，满足企业对人才的需求。因此，学院在课程设置上，需要根据产业发展趋势和技术变革，定期对课程进行修订和更新，使其始终保持与产业前沿的紧密对接。

学院需要充分挖掘企业资源，引导行业企业深度参与教材编制和课程建设。产业企业是产业技术和知识的直接生产者和应用者，他们对行业动态和技术趋势有着深入的理解和独到的见解。企业的深度参与，可以使教材和课程更加贴近实际，有效提高学生的学习兴趣和动力，增强课程的吸引力和影响力。

在设计课程体系和优化课程结构的过程中，学院还需要注重理论知识与实践技能的结合，以及基础课程与专业课程的平衡。在理论教学中，学院应注重培养学生的基础知识和理论素养；在实践教学中，学院应注重提高学生的实际操作能力和创新能力。在基础课程和专业课程的设置上，学院应尽可能保持均衡，既要保证学生掌握必要的专业知识，又要注重培养学生的通识素养和综合能力。产业学院在引导企业参与教材编制和课程建设的同时，还应致力于实现企业生产要素向高校教学资源的高效转化。具体来说，就是要求学院和企业之间要形成紧密的合作关系，共享资源，共同开发课程，实现教学资源的互补和优化。

为了实现这个目标，学院需要建立起与企业之间的长期合作机制，例如，学院可以通过和企业签订长期的合作协议，设立联合实验室或者研究中心，以此来保证企业能持续、深度地参与到教学资源的建设中来。同时，学院还需要建立起一套高效的资源共享机制，例如，设立专门的资源共享平台，方便学院和企业之间的信息交流和资源转移。在这个过程中，学院和企业应共同承担起课程改革和开发的责任。学院应负责课程的理论教学部分，引导学生掌握必要的理论知识；而企业应负责课程的实践教学部分，提供实习基地，指导学生进行实践操作。通过这种方式，学院和企业可以共同构建起一套具有应用性和实践性的课程体系，从而更好地培养出符合产业需求的应用型人才。

五、重构实践教学体系

实践教学体系的重构是实现产教融合，提升应用型人才培养效果的关键环节。新的实践教学体系应以产业发展为导向，充分整合高校和企业的资源，采用多元化的合作模式，构建功能集约、开放共享、高效运行的实践教学环境。

重构实践教学体系需要基于行业企业的产品、技术和生产流程。企业是产业发展的最前线，它们的产品和技术代表了产业的最新发展趋势，而生产流程则包含了大量的实践操作和技术应用，这些都是学生实践学习的重要内容。将这些内容引入教学，可以使学生在学习中体验到真实的工作环境，提高学生的实践能力和就业竞争力。

新的实践教学体系需要创新多主体间的合作模式。一方面，高校可以与企业共同开发实践教学项目，共享实践教学资源，以此来提升教学效果。例如，高校可以与企业合作开设实训基地，引导学生进行实地操作；也可以与企业共同设计实践教学课程，引入企业的实际案例，让学生在理论学习中了解到实际应用。另一方面，高校也可以通过与其他高校的合作，实现教学资源的共享，拓宽学生的学习视野，提高教学效果。

新的实践教学体系需要充分利用企业技术平台构建功能集约、开放共享、高效运行的实践教学基地。企业的技术平台具有很强的实践性和针对性，是学生实践学习的好平台。高校可以利用企业的技术平台开展各种实践教学活动，如实训、实习、项目研发等。通过这种方式，学生可以在实际的工作环境中，对所学知识进行实践应用，提高自己的技术能力和创新能力。

六、改革创新创业教育

改革创新创业教育是产教融合人才培养生态系统的重要组成部分。随着社会的进步和技术的发展，创新创业的能力已经成为现代社会对人才的基本要求。为了提高产教融合人才培养的质量，高校有必要改革创新创业教育，具体可以从以下几方面入手。

（一）厘清概念内涵，理解双创教育本质

创新创业教育是指教育系统内部针对创新和创业理念、方法和实践的有系统的教学活动。创新创业教育的核心目标是培养学生的创新思维和创业能力，这是一种跨学科的教育，不仅涵盖科学、技术、工程和数学等技术领域，还包括商业策划、风险评估、领导力和团队合作等非技术领域。

创新创业教育的本质是引导学生从被动接受知识，转变为主动探索和创新，帮助学生建立自我驱动的学习习惯和批判性思维，培养学生对创新和创业的激情和毅力，以及进行有效的商业计划和实施创业活动的能力。

（二）更新办学理念，凝聚创新创业共识

面对21世纪的社会和经济变革，高校教育工作者需要调整传统的办学理念，注重培养学生的创新创业能力。这需要高校教育工作者确立创新创业教育的重要地位，将其融入学校的教育目标和教学活动中。

高校教育工作者需要达成以下共识：其一，创新创业教育不仅仅是培养学生的专业技能，更是培养学生的创新思维和创业精神；其二，创新创业教育不应局限于特定的学科或者课程，而应融入整个教育体系中；其三，创新创业教育不应仅仅在校园内进行，而应该和社区、企业等外部资源进行连接，形成学校—社区—企业的双创教育网络。

（三）推动内涵发展，完善创新创业教育体系

创新创业教育体系的完善需要高校在课程设置、教学方式、评价方式等多个层面进行改革。在课程设置上，高校需要开设更多的创新创业相关课程，增加实践教学的比重，鼓励跨学科的学习；在教学方式上，高校需要运用更多的主动学习方式，如项目驱动学习、翻转课堂等，培养学生的主动学习和团队合作能力；在评价方式上，高校需要更加重视过程评价，注重学生的思维能力和实践能力的培养。

除此之外，创新创业教育体系的完善还需要加强师资队伍建设，培训教师具备创新创业教育的教学能力，同时引入企业家、投资人等社会资源，拓宽学生的视野，提高学生的实践能力。高校还需要加强与社区、企业的合作，建立实训基地，提供学生实地创新创业的机会。同时，创新创业教育体系的完善也离不开政策的支持。学校应当建立健全创新创业教育的政策体系，包括学生创新创业的激励政策，教师创新创业教育的激励政策，以及学校与社区、企业合作的政策支持等。

第六章 产教融合人才培养生态系统的运行机制

第一节 互利共生机制

一、互利共生机制的基本组成要素与生态位

生态系统的基本组成单位是种群，指的是在特定空间内的同种个体集合。在产教融合人才培养生态系统中，有众多相互依赖、相互协作的种群，如职业学校、企业和学生等。依据生态系统的理念以及组织行为学对组织构成要素的解读，在这个生态系统中，政府部门、行业组织、职业学校、企业和社会组织等是互相依存、互相协作的种群。这些种群是产教融合人才培养生态系统的构成要素，每个种群都在这个系统中发挥着自身的基本功能。生态位是指某种群在生态系统中在时间和空间上占据的位置，以及其与其他种群之间的功能关系。每个种群在生态系统中都有适合其生存的独特生态位。在产教融合人才培养生态系统中，各种政府部门、行业组织、职业学校、企业和社会组织等各有其独特的"种群"属性。根据自身的发展定位，这些种群与其他主体及社会环境互动，形成自己的独特生存空间、位置和功能，从而有明确的生态位。

（一）政府部门及其生态位

在产教融合人才培养生态系统中，政府扮演的角色是非常重要的。政府

的生态位体现在其社会服务能力和与外部环境的互动能力方面。尽管政府部门并未直接参与产教融合的具体活动，但其通过制定政策法规、提供财政支持、创建产教融合平台，以及进行监督评估，与职业院校、行业企业、学生、家长等各方进行互动，主导着产教融合的整体发展环境。

政府在推进产教融合上的角色特点主要体现在以下几个方面。

首先，政府在制度、法规、运行机制，以及合作平台的构建上起着关键作用，以统筹和协调整个产教融合的进程。政府的责任是确保产教深度融合，形成一个有序的产教融合生态系统。其次，政府通过财政支持和政策激励影响产教融合的发展。例如，职业学校的建设投入主要依赖政府的财政支持，企业对产教融合的积极参与也需要相应的利益激励。政府可以通过这些方式，推动人力资本和产业资本的联动，平衡各方的利益。最后，政府还在产教融合的运行过程中，监督各参与方权利和义务的履行情况。这需要政府引导和建立一个科学、合理的产教融合质量评估机制和评价体系。

（二）高等院校及其生态位

在产教融合人才培养生态系统中，高等教育机构拥有特别的生态位。其是人力资源的主要提供者，核心职责是培养符合国家战略和地区社会经济发展需求的人才。这样的位置使其在系统中发挥至关重要的作用。

作为产教融合的主要实施者，一方面，高等院校需要积极寻求将知识生产与产业实践对接的方法。其在政府的支持下与企业建立合作关系，这种合作可以采取订单培养模式、共建专业模式或者科研合作等多种形式展开。同时，高等院校也需要充分利用其师资和资源优势，将注意力集中在专利和科研成果的应用转化上，为产业生产和技术创新提供服务。另一方面，高等院校也需要积极寻求将人才培养与社会需求对接的方法。根据区域发展和产业结构的变化，其需要调整专业结构和课程设置，改革教学方法，培养高质量的技术技能型人才。同时，高等院校需要利用地理位置的优势，为企业提供人力资源和技术支持。

此外，高等院校还需要积极扩大学校功能，为企业在职员工提供培训场所，并且为政府提供关于产教融合的建议。通过这样的方式，其不仅能在产教融合人才培养生态系统中占据重要位置，还能积极推动系统的发展。

（三）行业协会及其生态位

在产教融合人才培养生态系统中，行业协会作为非政府机构，代表了特定行业企业的共同利益。其通过制定行业标准、参与制定发展规划和政策法规、执行资质审查、提供教育和培训服务，以及引领教学和管理改革等方式，对产教融合产生重要影响。

作为连接行业成员与政府之间的桥梁，行业协会担负着沟通、协调、监督、研究和维持公平的角色。其通过专业化服务搭建行业自律和交流平台，为行业发展做出统筹协调。行业协会对产教融合人才培养生态系统中的政策导向和产业变化具有敏锐的感知能力。行业协会负责研究行业发展趋势，预测人才需求，制定行业标准，并整合行业资源。其在生态系统中充当信息主体的角色。此外，在产教融合过程中，行业协会还提供行业信息交流平台，起到规范市场发展、制定深化产教融合工作计划，以及提供教学指导和职业技能鉴定等功能。这些角色和功能使其在产教融合人才培养生态系统中占据了关键位置。

（四）企业及其生态位

在产教融合人才培养生态系统中，企业的地位和功能由其自身状态、外部环境以及与其他主体的互动情况共同决定，这就构成了企业的生态位。企业主要通过提升经济效益和增强竞争优势来实现其在该系统中的地位，其通过与政府、职业院校和行业协会等主体进行人力资源、资金、技术、政策和地区经济等方面的交互而建立这种地位。企业是产教融合的关键组成部分，其既是人力资源的创造者，也是消费者。因此，在产教融合人才培养生态系统中，企业直接为经济环境做出了贡献，同时确保了系统的闭环和稳定性。

在产教融合过程中，企业积极与学校对接，探索技术转移和科研成果转化的路径，并将人才需求信息反馈到学校的人才培养过程中。企业还积极参与学校的教育教学全过程，参与制订人才培养方案，协商调整教学内容，利用自身的场地、技术和设备优势来提高人才培养和社会需求的匹配度，以满足其生产经营和人力资源储备需求。企业技术人员在学校和企业之间的流动，提高了企业员工的业务能力，为学校和企业创造了间接效益。

（五）学生、校企工作人员、园区、家长等主体及其生态位

在产教融合人才培养生态系统中，学生、校企工作人员、园区、家长等构成了系统的介体要素，其在教育和生产主体之间进行交流和互动，传递价值。

学生在这个系统中既是"原材料"也是最终的"产品"，他们是价值的载体，并可以产生生产经营价值。学生从一名普通学生转变为具有高素质技术技能的人才的过程和质量，是评价产教融合成效的重要标准，也是判断产教融合人才培养模式是否能够可持续发展的关键参考因素。

校企工作人员（包括教师、管理人员、企业员工等）作为学校和企业间最直接的交流者，不仅负责理论与实践教学以及技术交流创新的任务，还是产教融合的价值载体，是学校和企业文化交流的重要介体。他们关注并影响着相关高等院校和企业的发展以及社会声誉。

高等院校的教师和管理人员是产教融合的直接执行者和推动者。他们在产教融合中如何更新教学内容、改革教学方法、进行实践应用研究，以及如何理解和设计产教融合的发展方向、策略和实施步骤，对政府、行业企业、学校等各主体的合作效能、高校的人才培养质量和服务性具有重要影响。

企业员工同样是产教融合的重要执行者，他们的职业能力和素质既体现了企业的技术水平，同时对企业的效益和学校企业合作的层次也有着重要影响。

园区和实践基地等是实践教学的主要场所，是连接社会与高等院校、企业参与教育的重要媒介，对产教融合具有实际而直接的影响作用。

家长关注学习者在产教融合过程中的身心发展、权益保护和就业前景等问题。

产教融合生态系统可以被看作是一个由多元异质组织构成的复合体。这个系统的构建需要将产教融合作为政府部门、行业组织、企业、职业院校、教师、学生等各主体自身的需求来处理。在这个共生环境中，各个主体通过实现自身的功能，达到最佳的发展，进而构建起一个互利共生的产教融合生

态系统。在这个生态系统中，政府部门、行业、企业和职业院校等各主体元素存在着垂直的共生关系。这些主体元素的共生目标不同，导致其利益诉求结构和创造的利益结构也存在差异。在这种共生关系中，各主体元素之间的生态位重合较少，在产教融合人才培养生态系统中的作用也不同，具有互补的功能。通过多元化的互动，各主体元素进行信息和能量的交流与整合，充分发挥自身的功能和优势，创造共生利益，从而构建起稳定的产教融合人才培养生态系统。这个系统中的各主体元素，如政府部门、行业组织、企业、职业院校、教师和学生等，都在实现自身的目标的同时，为系统整体的平衡和发展做出了贡献。

二、产教融合人才培养生态系统互利共生机制的内涵

共生是指两种或更多的不同种属的主体，在一定的共生环境下通过特定的模式结合，形成了一种能够共建、共享利益的共存关系。互利则是这种共生关系中的一种现象，其中各个主体互相受益，彼此获利。

在产教融合人才培养生态系统中，互利共生体现在政府、行业企业、职业学院、科研机构、教师、学生、社会公众等共生主体在创造和分配共生利益的过程中形成的互利关系上。这个系统的核心是共生利益的分配，这也是互利共生关系的落脚点。共生是这一过程的前提，互利则是最终的目标。这一目标的实现依赖共生主体如何实现互利。

产教融合人才培养生态系统的活力源自"因利而融，因融生利"。只有在预知将获得激励和补偿的前提下，利益相关者才有动力参与，从而形成更好的互利共生机制。这正是产教融合人才培养生态系统存在必然的互利共生关系的原因。产教融合人才培养生态系统存在必然的互利共生关系可以从两方面进行分析。一方面，产教融合人才培养生态系统存在必然的共生关系，这个系统包含了企业、职业学院、学生、政府等不同功能性主体，这些主体之间通过协同合作，实现信息、人才、资本、技术、知识等资源的流转。每个主体都占据着独特的生态位置，而其则存在普遍的共生关系。对于那些占据相同生态位置的同级主体，共生代表着整合和集中更多的资源要素，创造和分享更多的共生利益，以及获得更好的发展机会。因此，为了最大化自身利

益，这些同级主体之间也具有必然的共生关系。另一方面，这个系统也存在必然的互利关系。在产教融合人才培养生态系统中，主体之间的利益既可以是同质的，也可以是异质的。其共生利益可能是经济利益，也可能是素质利益，甚至可能是形象利益。互利的范围十分广泛，不论利益诉求种类是否相同，各主体之间都可以形成互利关系。市场经济的基础是互利，各主体会主动维持一种长期有利的关系。因此，在产教融合人才培养生态系统中，只要各主体之间需要维持共生关系，其最终都会发展成互利共生关系。

三、产教融合人才培养生态系统互利共生的原则

产教融合人才培养生态系统要想实现互利共生，需要遵循一定的原则，如图 6-1 所示。

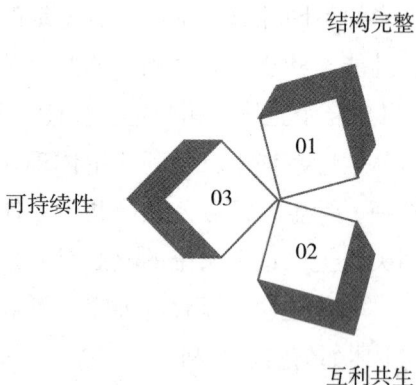

图 6-1　产教融合人才培养生态系统互利共生的原则

（一）结构完整

结构完整原则强调产教融合人才培养生态系统的各个组成部分的有序性、连续性以及相互依赖性。

结构完整的产教融合人才培养生态系统具有明确的系统组成。这包括参与人才培养的主要主体，如教育机构（包括各类学校和教育培训机构）、企业（包括各类企事业单位）、政府部门（教育部门、人力资源部门等）、行业协会、社会公众等，其在人才培养中扮演着不同的角色，构成了生态系统的完整结构。各主体间有着清晰的分工与协作，例如，教育机构负责人才的知识

教育和职业素养培养，企业提供实践教学平台，政府部门提供政策支持和资源配置，行业协会协调各方关系，社会公众参与评价。

　　结构完整的产教融合人才培养生态系统展现出高度的有序性和连续性。系统的每一个环节都有明确的前后逻辑和相互联系。从教育需求的调研、课程的设计、教学的实施、实践教学的开展，到学生的评价与反馈，每一环都与上下环节紧密相连，形成一条有序、连续的链条。这种有序性和连续性确保了教育活动的连贯性和一致性，也有助于提高人才培养的效率和质量。

　　结构完整的产教融合人才培养生态系统中的各个部分之间存在强烈的相互依赖性。每一个部分都无法独立存在，而是依赖于整个系统的支持。例如，教育机构需要企业提供实践教学平台，企业需要教育机构提供合格的人才，政府部门需要社会公众的支持和理解，行业协会需要各方的参与和协作。这种相互依赖性使系统内的各个部分都有动力去维护整个系统的稳定和发展。

　　结构完整的产教融合人才培养生态系统还需要展示出良好的适应性和自我调节能力。适应性体现在系统能够根据外部环境的变化，如市场需求变化、政策环境变化等，及时调整其内部的组织结构和运行方式，以达到与外部环境的最佳匹配。自我调节能力体现在系统内部，包括各个参与主体能够根据自身的表现和反馈，不断调整自己的行为和策略，以提高自身的效能和整个系统的效率。这两种能力有助于产教融合人才培养生态系统在面临挑战和压力时，保持其稳定性和发展性。随着新兴技术（如人工智能、大数据等）的发展和应用，市场对新技能的需求迅速增长。结构完整的产教融合人才培养生态系统应能迅速回应这种变化，调整课程设置、教学方法等，以适应新的需求。同时，系统内的教育机构、企业等应根据自身的培养效果和反馈，及时调整自己的策略和行为，提升人才培养的质量和效率。

（二）互利共生

　　产教融合人才培养生态系统的互利共生原则，主要体现在职业教育机构、行业企业、政府及社会力量等各个参与主体在人才培养过程中实现共享资源、共享成果、共担风险、共享责任的目标，通过互动和合作，共同为培养高素质技能人才、满足社会和市场需求、推动社会经济发展贡献力量方面。

互利共生体现在共享资源上。各个参与主体各自拥有丰富的资源，例如，职业教育机构的教学资源，行业企业的产业资源，政府的政策资源等。这些资源在产教融合中得以充分利用和整合，为人才培养提供了必要的条件和支持。例如，职业教育机构可以利用企业的技术和设备，实现实践教学的需要；企业可以利用职业教育机构的教育资源，提高员工的技能水平和素质；政府可以通过制定支持政策，引导和推动产教融合的发展。

互利共生体现在共享成果上。通过产教融合，各参与主体能够实现人才培养的共赢。教育机构通过与企业的合作，可以提高教学质量，提升学生的就业竞争力，进而提高自身的声誉和地位；企业通过参与职业教育，可以获得符合需求的高素质人才，提升自身的竞争力；政府和社会则通过产教融合，实现高技能人才的供应，推动社会经济的持续发展。

互利共生体现在共担风险上。在产教融合的过程中，各参与主体可能会面临一些风险，例如，企业可能面临技术更新导致人才需求变化的风险，教育机构可能面临学科设置和课程内容跟不上市场需求的风险，政府可能面临政策实施效果不如预期的风险等。在互利共生的原则下，各参与主体应共同面对和应对这些风险，通过调整策略、完善机制等方式，减轻风险影响，保证产教融合的顺利进行。

（三）可持续性

产教融合人才培养生态系统的可持续性原则，强调了生态系统在面临内外环境变化时，通过自我调整和适应，保持稳定运行和长期发展的能力。

首先，可持续性体现在产教融合人才培养模式的持久稳定上。产教融合人才培养模式作为一种新型的人才培养模式，需要在实践中不断完善和发展，形成一套行之有效的工作机制和操作模式。在此过程中，各主体应注重在教育教学、学科建设、师资队伍、基础设施等方面进行长期投入和持续改进，以保证产教融合的质量和效果。

其次，可持续性体现在适应社会经济发展需求的持久性上。产教融合人才培养模式的出发点和归宿点都是为了满足社会和市场对人才的需求。因此，产教融合人才培养生态系统需要具备敏锐的市场感知能力和快速的反应能力，随时关注社会经济发展动态，及时调整教育教学内容，确保人才培养的实时性和针对性。同时，要注重人才培养的长远性，培养学生的创新精神和终身学习能力，以应对未来的社会和职业生涯挑战。

再次，可持续性体现在生态环境保护和社会责任承担的持久性上。产教融合人才培养模式的实施，既要注重经济效益，也要注重社会效益，同时要积极履行环保和社会责任。因此，职业教育机构、行业企业和政府在实施产教融合人才培养模式的过程中，需要积极采取节能减排、绿色低碳的办学和生产方式，以实现绿色可持续的人才培养。同时，要通过公益活动、志愿服务等方式，引导学生树立正确的社会责任观，培养他们的社会责任意识和公民素质。

最后，可持续性体现在产教融合人才培养生态系统自身的持续发展上。生态系统的持续发展意味着系统必须具备动态平衡和自我调整的能力。在产教融合人才培养生态系统中，各参与主体应建立共享、互利、互敬的合作关系，以保持系统的和谐稳定。同时，要根据内外部环境的变化，通过调整结构、优化流程、改革机制等手段，实现系统的自我优化和升级。例如，职业教育机构在与企业合作的过程中，要注意保持自身的教育主导地位，同时充分尊重企业的实践经验和市场视角。在调整课程结构和内容时，既要符合职业教育的定位和要求，也要符合企业和市场的需求。在师资队伍建设上，要引入企业优秀人才，同时要注重教师的职业素养和教育理念的培养。

四、产教融合人才培养生态系统互利共生机制的构建

（一）完善责任分担机制

在产教融合人才培养生态系统中，完善责任分担机制是互利共生机制的核心组成部分。共生不只意味着利益的共享，更是责任的共担。虽然高等教育由教育部门主导，但产教融合的基本指导性文件需要多个部门，例如，国务院、教育部、财政部、工业和信息化部、国资委、人力资源和社会保障部等共同制定，这就意味着推动产教融合发展的责任并非单一部门的，而是由多个部门共同承担。

地方政府在推进产教融合过程中需要和教育、经济、劳动部门以及行业

组织等各方协商，以便制定出合理、有效、可操作且能够得到共同遵守的责任机制。这种责任机制的制定可以借鉴、参考已有的法律法规，明晰各主体参与产教融合的法定责任和具体义务，这不仅能够推动产教融合的发展，同时也是对各主体行为的规范。

制定完善的产教融合考核标准和评估法规以及实施细则，是确保各主体行为规范的有效手段。一方面，完善的考核标准和评估法规有助于明确各参与主体的目标和职责。其为政府、企业、教育机构等提供了明确的操作指南，保证了各方在实施产教融合时的行为一致性和协同性。这些标准和法规不仅包括对企业和学校的技术要求，对教师的教学水平，对学生的学习成果等具体指标的设定，还包括对整个产教融合进程的管理和评估方法。另一方面，完善的实施细则为产教融合提供了具体的操作步骤和实践方法。这包括如何策划和执行产教融合项目，如何合理分配和使用资源，如何提升教师的教学水平，如何通过企业实习等方式提高学生的职业技能等。这些细则在很大程度上减少了产教融合实施过程中的摸索和尝试，提高了产教融合的效率和效果。还有，将企业参与产教融合的成效作为政府对其实行"奖、补、免、返"的依据，这种激励机制对于推动企业积极参与产教融合起到了关键作用。这种机制既可以鼓励企业投入更多的资源和精力，也可以通过奖励企业在产教融合中取得的成果，提高产教融合的效果和影响力。这样的机制有利于形成一个良性的产教融合环境，让更多的企业愿意参与到这个过程中来。

从微观层面出发，完善高等院校内部的产教融合制度，确保组织理论教学和相关考试、教师管理和教学实施等方面的执行性，是实现产教融合人才培养生态系统互利共生的重要一环。具体来说，需要重点关注两方面。一方面，对于组织理论教学和相关考试，职业院校需要在教学内容和方式上与实际产业需求紧密结合。具体来说，教学内容需要与行业最新动态和技术要求紧密结合，确保学生掌握的知识和技能可以在就业市场中得到有效应用。此外，教学方式也需要创新，例如，学校可以通过与企业合作，引入实战案例，或者让学生在企业中进行实习，以提高学生的实践能力。对于考试，校方可以引入实践考核，确保学生不仅理解理论知识，而且能将理论知识应用到实际工作中。另一方面，对于教师管理和教学实施，职业院校也需要进行改革和创新。首先，教师队伍的结构需要进行优化，增加有实际工作经验和业界视野的教师，提升教师队伍的整体素质。此外，教师的培训和评价方式也需要进行改革，引入以学生学习成果为导向的评价方式，鼓励教师进行教学创新。在教学实施方面，职业院校需要引入更多的实践教学，如实习、实训、项目制学习等，以提高学生的实践技能和就业竞争力。

（二）健全资源优化配置机制

在产教融合人才培养生态系统中，资源优化配置机制的健全是推动系统各主体互利共生的重要因素。这种机制应涵盖两个方面：人力资源和物资资源。

人力资源是产教融合的核心。职业院校、行业企业和行政部门拥有各自独特的人力资源，通过双向交流、学习和研发，可以达到资源的互补，提升整个生态系统的效能。例如，现代学徒制和订单式培养等育人模式，可以实现学校与企业间人才的互动交流，不仅让学生有机会接触实际工作环境，了解行业最新动态，提升职业技能，还给了企业通过培养和引导学生，将其塑造成符合企业需求的专业人才的机会。

物资资源，包括资金、技术和设备等，也是产教融合生态系统运行的关键。职业院校、政府、企业和社会力量需要通过共建实习实训基地、参与办学等方式，充分发挥各自的资源优势，提高资源整合利用水平。同时，需要建立健全多方资金投入和调配机制，优化资金分配，提高资金利用效率。

在实现资源优化配置时，需要注意公平性问题，确保各方在资源获取和利用中都能得到相应的回报，这样才能确保生态系统的持续稳定运行。首先，各主体在获取和利用资源的过程中，都应享有明确的权益保障。例如，职业院校在教育资源配置中应有权选择教材和教学方式，而企业则应有权参与人才培养，通过实习、实训等方式影响人才的成长。这就需要相关政策明确各方的权责，例如，制定相关法规明确各方在人才培养中的角色和责任。同时，要为各方提供必要的权益保护，例如，确保职业院校和企业在投入资源后能获得合理的收益回报。其次，为了实现资源的公平配置，必须建立健全考核机制，以检测和评估资源配置的效果。这个考核机制应涵盖所有的参与主体，并以公正公平的方式进行。例如，可以设立一种标准化的考核方式，对职业院校的教学质量、企业的人才需求满足程度等进行定量评估，以此为基础决定资源的分配。这种考核机制可以帮助我们识别并纠正资源配置的偏差，也可以激励各主体更积极地参与人才培养。最后，要实现资源优化配置的公平性，必须引导各方共同参与，共享成果。这不仅需要政策的引导，更需要各方对产教融合理念的认同和实践。例如，可以通过政策倡导各方共同参与教育资源的创新和优化，鼓励职业院校和企业之间的深度合作，使各方都能从中得到长期的收益。

第二节　动态平衡机制

一、产教融合人才培养生态系统动态平衡机制的内涵

动态平衡的含义是，组织系统的结构和功能发挥自我调节机制，不断改造并适应内外部环境，持续拓展自身资源生态位和需求生态位，建立更加有序的防御系统，衍生更为合理的结构和功能，发挥更高的效能，达到一个新的相对稳定的平衡，创造更大的效益。产教融合生态系统的动态平衡机制是确保系统各要素之间合理协调，适应内外环境变化，持续优化自身资源和需求，形成有效防御体系，创新更适应的结构和功能，以发挥更高效能，达成新的稳定平衡状态，从而创造更大效益的关键机制。这一机制的建立，可以识别和解析系统在运行过程中平衡与失衡的诱因和特征，进而为系统的维护、调整和恢复平衡提供理论支持。

产教融合生态系统的动态平衡主要表现在三个方面：一是结构合理，包括各主体功能数量的合理配置和各主体间制度的相互认同和协调共存；二是功能良好，即系统的各项功能可以有效运行；三是相对稳定，也就是说，在一定的阈值范围内，产教融合生态系统能够在较长时间内保持整体稳定，随着内部要素和外部环境的变动而稳定变化。

动态平衡的维护和调节受到生态系统结构复杂度、自组织能力、互利共生类型等多种因素的共同影响。因此，维持、调节、恢复平衡的方式和方法会因影响因素的作用程度不同而不同。在推动产教融合生态系统的建设过程中，我们需要通过制定和完善相关制度来规范系统组织的建立，考虑系统中合作主体类型的多样性及其相互关系，确保系统运行过程中的有效沟通和协调，以维护生态系统的动态平衡，进而提高整体生态效益。

二、产教融合人才培养生态系统动态平衡的类型划分

产教融合人才培养生态系统动态平衡主要包括三种类型，如图 6-2 所示。

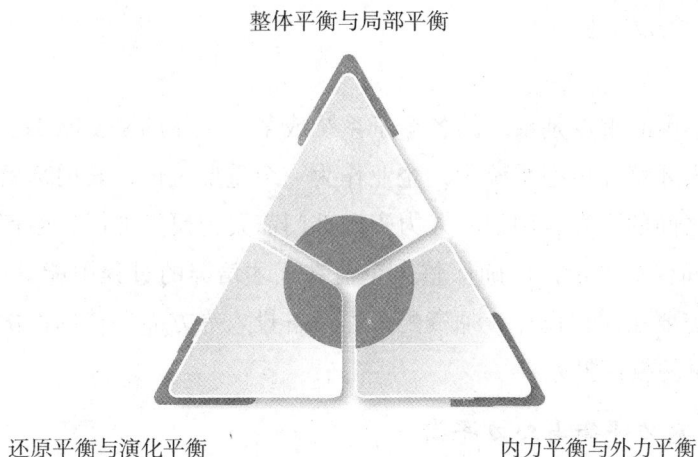

整体平衡与局部平衡

还原平衡与演化平衡　　　　　　　　　　　内力平衡与外力平衡

图 6-2　产教融合人才培养生态系统动态平衡的类型划分

（一）整体平衡与局部平衡

整体平衡和局部平衡是构成产教融合人才培养生态系统动态平衡的两个重要组成部分。整体平衡强调的是系统的整体协调和稳定，包括了生态系统的所有主体；而局部平衡则主要关注生态系统的各个局部子系统或单一主体的平衡。需要注意的是，整体平衡和局部平衡是相互关联、相互影响的。一个系统的整体平衡是由其各个局部平衡共同构成的，而局部平衡又是整体平衡的重要支撑。只有当各个局部平衡都得到保证，整体平衡才能得以实现；而只有整体平衡稳定，局部的平衡才能得到维持。因此，我们在推动产教融

合人才培养生态系统动态平衡的过程中，需要既注重整体的协调和平衡，又不能忽视局部的平衡。

1.整体平衡

整体平衡是生态系统的基本平衡状态，表现为系统内所有主体的互动关系处于相对稳定的状态。在产教融合人才培养生态系统中，整体平衡主要体现在两个层面：第一，所有主体之间的关系协调，包括政府、教育机构、企业等各个角色之间的合作关系和互动平衡。这意味着他们在互利共赢的原则下，共同推进产教融合的进程，实现人才培养的目标。第二，系统内资源配置合理，这包括了人力、财力、物力等资源的分配和利用达到相对平衡，使系统的运行得以持续。

2.局部平衡

局部平衡的重点是系统的各个子系统或某一主体的平衡状态。例如，在产教融合人才培养生态系统中，企业作为一个重要主体，其内部就需要保持各个部门之间的平衡，例如，人力资源部门需要与研发部门、生产部门等其他部门之间保持平衡，以确保整个企业在人才培养的过程中能够高效运作；教育机构需要在课程设计、师资配备、设备投入等方面保持内部的平衡，以提供高质量的教育服务。

（二）内力平衡与外力平衡

内力平衡和外力平衡是另外两个构成产教融合人才培养生态系统动态平衡的重要部分，它们分别侧重于系统内部和系统与外部环境的关系。无论是内力平衡还是外力平衡，都是为了实现产教融合人才培养生态系统的稳定与可持续发展

1.内力平衡

内力平衡主要是指生态系统内部的各种力量达到动态平衡。这涵盖了众多方面，例如，各主体间的权利与责任、利益与义务、投入与产出等的均衡。在产教融合人才培养生态系统中，例如，企业与学校在合作中，需要在利益共享、资源互补、风险共担等方面实现内部平衡；教育机构内部，需要在师资力量、教学资源、课程设计等各方面实现动态平衡，以更好地满足产教融

合的需求。只有内部各种力量达到动态平衡，才能使系统在变化中保持稳定，为持续推进产教融合提供稳定的内部环境。

2.外力平衡

外力平衡主要是指生态系统与其外部环境之间的动态平衡。这包括了系统与宏观政策环境、市场环境、社会环境、自然环境等外部环境的互动关系。在产教融合人才培养生态系统中，外力平衡主要表现在以下几个方面：首先，系统需要适应并响应宏观政策环境的变化，例如，政策导向、法律法规等，以确保其运行符合宏观政策环境的要求。其次，系统需要适应市场环境的变化，例如，市场需求、行业发展趋势等，这对于产教融合人才培养的目标设定和课程设计具有重要指导作用。再次，系统需要积极响应社会环境的变化，例如，社会价值观、公众期待等，以使其运行符合社会期待，赢得社会认同。最后，系统还需要尊重和保护自然环境，实现可持续发展。

（三）还原平衡与演化平衡

还原平衡和演化平衡是理解和实现产教融合人才培养生态系统动态平衡的另外两个重要角度，两者相互关联，共同维持和推动着产教融合人才培养生态系统的稳定和发展。

1.还原平衡

还原平衡，即生态系统在受到扰动后，能够通过自身的调节能力，恢复到原有的稳定状态。这种平衡状态的保持，往往需要系统内部的反馈机制和调节机制。在产教融合人才培养生态系统中也有还原平衡现象，例如，如果某一个主体因为某种原因导致其在系统中的角色发生偏离，可能会影响到整个系统的平衡，此时就需要通过各种机制进行沟通协调、资源调整等，使其重新回归合适的位置和角色，以恢复系统的平衡。还原平衡的实现，显示了系统对外部扰动的弹性和韧性，也是系统持久稳定的一个重要保证。

2.演化平衡

演化平衡，即生态系统在外部环境变化或内部结构变动的推动下，不再恢复到原有状态，而是通过自我调整和改变，形成一种新的平衡状态。这种平衡状态的形成，往往涉及系统结构、功能或者运行机制的深刻改变。在产教融合人才培养生态系统中也有演化平衡现象，例如，面对新的科技革新、市场需求、政策导向等变化，可能需要系统进行深度调整，调整人才培养目标、教学内容、合作模式等，以形成新的平衡状态。演化平衡的实现，显示了系统的适应能力和创新能力，也是系统长期发展的一个重要动力。

三、产教融合人才培养生态系统动态平衡的运行机制

产教融合人才培养生态系统动态平衡的运行机制，可以从以下几个角度理解，如图6-3所示。

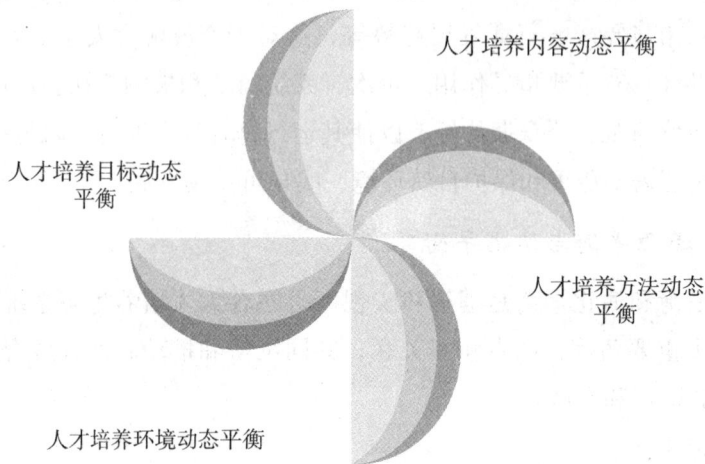

图6-3　产教融合人才培养生态系统动态平衡的运行机制

（一）人才培养目标动态平衡

人才培养工作的目标动态平衡是产教融合人才培养生态系统运行机制的一个重要方面。社会经济需求变化、产业发展趋势变化以及教育体系自身发展需求等，都会影响到人才培养工作，进而需要对人才培养目标进行动态调整。

社会经济需求是人才培养目标设置的重要依据。随着科技进步和社会经济发展，对于人才的需求会发生改变。例如，过去可能对基础理论知识的掌握要求更高，而现在可能对实践技能和创新能力的需求更大。因此，教育机构和企业需要密切关注社会经济发展趋势，对人才培养目标进行动态调整，

以适应社会经济需求的变化。

产业发展趋势也会对人才培养目标产生重要影响。我们处在一个科技飞跃的时代，新的产业和职业不断涌现。这就要求教育机构和企业能够及时对人才培养目标进行适应性的调整，以便满足不断变化的市场需求。在过去的教育模式中，课程设置往往比较固定，对新兴产业和职业的敏感性不高。然而，随着新的技术和行业的快速发展，这种教育模式已经无法满足当前的需求。例如，过去可能重视对传统制造业的培训，而现在可能需要增加对新兴领域（人工智能、数据分析等）人才的教育。这就需要教育机构和企业密切关注产业发展趋势，及时对人才培养目标进行调整。对人才培养目标的调整并不只是课程内容的更迭，更包括对学习方式、考核方式，甚至教育观念的改变。例如，随着远程工作、线上办公的普及，培养学生的远程协作能力、线上沟通技巧等也变得越来越重要。这就要求我们在设计课程时，也要考虑如何培养学生这些必要的技能。

教育体系自身的发展需求也需要考虑。教育的本质是为了培养人，而人才的需求是多元化的。我们不能仅仅满足于传统的知识教授，而应该更加关注学生的全面发展，包括他们的创新思维、批判性思考、团队合作等能力的培养。同时，随着教育技术的进步，教育方式也在发生变化。线上教育、混合式教学、项目式学习等新的教育方式的出现，都对教育目标的制定提出了新的要求。例如，高校可能需要更加关注培养学生的自主学习能力、信息筛选能力等。

总之，人才培养工作目标的动态平衡，需要教育机构和企业根据社会经济需求、产业发展趋势以及教育体系自身的发展需求，进行科学的决策和合理的调整。这样，不仅可以提高人才培养的效果，也可以推动教育机构和企业的发展，实现社会、产业、教育三者的共赢。

（二）人才培养内容动态平衡

在产教融合人才培养生态系统中，人才培养内容的动态平衡是至关重要的。这其中包括了理论知识与实践技能的平衡、通识教育与专业教育的平衡、硬技能与软技能的平衡等。

理论知识与实践技能的平衡是产教融合人才培养中的核心问题。理论知识为学生提供了解决问题的思维方法和工具，而实践技能则使学生具备解决实际问题的能力。产教融合人才培养应当保证理论知识与实践技能的平衡，避免出现"只会做题，不会解决问题"或"只会操作，不懂原理"这样的情况。因此，在制订教育计划和课程设置时，教育者应该兼顾理论教学和实践教学，以确保学生在掌握理论知识的同时，也能够运用这些知识去解决实际问题。

通识教育与专业教育的平衡也是人才培养中需要关注的问题。传统的教育模式往往强调专业教育，学生需要在大学期间深入学习某一专业领域的知识，为将来的职业生涯做好准备。然而，随着社会的发展和职业市场的变化，过于专业化的教育可能会让学生在专业之外的领域缺乏知识，这对于培养复合型、全面型的人才是不利的。因此，现代的教育机构开始注重通识教育，让学生有机会接触到各个领域的知识，从而培养他们的综合素质和创新思维。通识教育可以帮助学生建立全面的知识体系，开阔视野，提高他们的跨领域思考能力。通识教育并不是要求学生在所有领域都有深入的理解，而是希望他们对各个领域都有基本的了解，能够理解不同领域的知识。通过这样的学习，学生可以了解自己的兴趣所在，有助于他们在未来的学习和工作中做出更好的选择。此外，通识教育也可以帮助学生建立良好的人文素养，理解和尊重不同文化和观点，这对于他们成为有社会责任感的公民是非常重要的。

硬技能与软技能的平衡同样重要。硬技能是指专业技术能力、操作能力等可以明确衡量和考核的技能，而软技能则是指沟通能力、团队协作能力、创新思维能力等较难量化的能力。在当前的社会环境下，企业越来越注重员工的软技能，因为这些技能对于企业的长期发展有着重要的作用。因此，产教融合人才培养应当注重硬技能与软技能的平衡，确保学生在掌握专业技能的同时，培养出良好的沟通能力和创新思维。

（三）人才培养方法动态平衡

在产教融合人才培养生态系统中，人才培养方法的动态平衡同样至关重要。教育方法的选择和运用，直接影响到教育质量和教育效果。这包括了教师引导与自主学习的平衡、课堂教学与实践教学的平衡、传统教学方式与创新教学方式的平衡等。

教师引导与自主学习的平衡是人才培养中需要重视的一环。教师引导可以给学生提供明确的学习方向，帮助学生更好地理解和掌握知识。然而，过于依赖教师引导，可能会抑制学生的自主学习能力和创新思维。因此，在人才培养的过程中，我们需要平衡教师引导与自主学习，鼓励学生主动参与到学习中，培养他们的自主学习能力和解决问题的能力。

课堂教学与实践教学的平衡也是必须考虑的问题。课堂教学可以让学生系统地学习理论知识，而实践教学则可以让学生将理论知识运用到实际中，锻炼他们的实践能力。两者缺一不可，过于侧重于任何一方，都可能导致学生在另一方面能力不足。因此，在制订教学计划和课程设计时，教育者应该考虑如何平衡课堂教学与实践教学，确保学生在掌握理论知识的同时，也有足够的机会进行实践操作。

传统教学方式与创新教学方式的平衡同样重要。传统的教学方式，如讲授式教学，一直以来都是教育的主流方式。然而，随着科技的发展和教育观念的变化，创新的教学方式，如项目式学习、翻转课堂、在线学习等，越来越受到重视。这些创新的教学方式可以让学生更加积极地参与到学习中，提高学习效果。但教育者也不能完全放弃传统的教学方式，因为在许多情况下传统教学方式仍然有其独特的优势。因此，需要找到传统教学方式与创新教学方式的动态平衡点，使两者优势互补，共同服务于人才培养工作的开展。

（四）人才培养环境动态平衡

在产教融合人才培养生态系统中，人才培养环境的动态平衡也是至关重要的。一个良好的人才培养环境可以有助于提高教育质量，促进学生的全面发展。这包括了教学环境与实践环境的平衡、封闭环境与开放环境的平衡、竞争环境与合作环境的平衡等。

1.教学环境与实践环境的平衡

教学环境是指在校内，通过课堂教学、实验教学等方式进行的教学活动，这是学生系统地学习专业知识，形成理论基础的场所。在这种环境下，学生可以按照课程的设置，逐步掌握专业的理论知识，并通过各种教学活动，提升理解和应用这些知识的能力。教学环境的目标是让学生掌握一种专业，形成扎实的知识基础。而实践环境则主要是在校外，以另一种方式，例如，企业实习、实地考察等，进行的实践活动。在实践环境中，学生可以将所学的理论知识应用到实际的工作中，提升实践操作能力，增强就业竞争力。通过实践活动，学生可以直接接触到专业的实际操作，理解和掌握知识的实际应用，这对于提升学生的实践操作能力，增强其职业素养具有重要作用。在人才培养过程中，高校需要平衡教学环境与实践环境，既要注重理论教学，让学生系统地学习和掌握专业知识，也要重视实践教学，让学生在实际操作中理解和掌握知识，提升实践操作能力。只有这样，学生才能在掌握理论知识的同时，增强实践能力，全面提升自身素质，适应社会和职业的需求。

2. 封闭环境与开放环境的平衡

封闭环境，主要指的是校内的学习环境，如课堂、图书馆、实验室等。在这种环境中，学生可以专心致志地学习，追求知识的深度和广度，构建自己的专业知识体系。封闭环境中的教学活动，如课堂讲授、小组讨论、实验操作等，可以帮助学生更好地理解和掌握知识。封闭环境可以提供一个安静、稳定的学习空间，使学生能够集中精力进行深度学习，同时可以保护学生免受外界干扰。封闭环境有助于培养学生的学习习惯和独立思考能力，提升他们的学术素养。然而，封闭环境的过度依赖也会带来一些问题。过度的封闭可能会让学生对社会现实产生疏离感，无法及时了解社会的最新动态，也无法及时将学到的知识应用到实际生活中。因此，需要开放环境来弥补封闭环境的不足。

开放环境，主要指开展校外实习、社会实践等活动的环境。在开放环境中，学生可以接触到社会，了解社会的最新动态，理解和解决实际问题。开放环境可以帮助学生将所学知识应用到实际生活中，提升他们的实践能力和社会适应能力。同时，开放环境可以帮助学生建立广泛的人际关系，为他们的未来发展提供更多的机会。然而，过度的开放也可能会对学生的学习产生负面影响。过多的社会活动可能会让学生忽视系统的学习，导致他们的知识结构不够完整。

因此，在人才培养过程中，高校需要合理地平衡封闭环境与开放环境，更好地开展产教融合人才培养工作。

3. 竞争环境与合作环境的平衡

竞争环境对于激发学生的积极性具有重要作用。竞争可以激发学生的上进心，让他们看到自己与其他学生之间的差距，从而更加明确自己的学习目标，并对自己的学习进行自我驱动。在竞争环境中，学生将意识到需要不断提升自身的能力才能在激烈的竞争中脱颖而出。同时，良性的竞争环境也能鼓励学生逐步形成独立思考、积极探索的学习习惯，这对于他们的个人发展和未来的职业生涯具有深远影响。然而，过度的竞争压力可能会导致学生的学习压力过大，影响他们的身心健康，甚至可能使学生丧失学习动力。因此，在设置竞争环境时，教育者需要注意保持竞争的公平性，避免竞争压力过大，同时要设立合理的评价标准，引导学生正确看待竞争，从而在竞争中得到成长和提升。

合作环境对于培养学生的团队协作能力，提升他们的沟通与协调能力具有重要意义。在合作环境中，学生需要与他人一起完成任务，这要求他们学会倾听他人的意见，尊重他人的观点，有时还需要妥协和牺牲自己的利益。在这个过程中，学生可以学会如何有效地与他人交流和协作，提升他们的沟通与协调能力。而这些能力在未来的学习和工作中都是非常重要的。但是，过度的合作可能会导致个体的优秀能力被忽视，甚至可能形成"搭便车"的现象，部分学生借团队之力，避免自己的努力付出。因此，在设置合作环境时，教育者需要注意确保每个学生都有充分的参与。

因此，在产教融合人才培养过程中，高校应该平衡好竞争环境与合作环境之间的关系，在营造良性竞争环境的同时，引导学生高效地与他人交流，以便将来更好地立足于社会。

第三节　信息流转机制

一、产教融合人才培养生态系统信息流转机制的内涵

所谓信息流转，指的是在产教融合人才培养生态系统中信息资源在不同主体之间流动转化反馈，形成系统有效合力。职业教育产教融合需要各利益相关主体的沟通交流，信息影响着政府、行业、企业、高等院校、学生等参与主体的行为选择。在产教融合人才培养生态系统中，信息流转是一个关键环节，它涉及信息资源在不同主体之间的流动、转化和反馈，从而形成系统内的有效协同力量。在高等教育的产教融合过程中，各利益相关主体间的信息交流至关重要，因为信息会影响政府、行业、企业、高等院校、学生等各个参与主体的行为选择。

然而，目前面临的挑战是，相对完善的职业教育产教融合人才培养生态系统的信息流转机制还未建成，这导致了产教融合参与节点之间的信息严重不对称。这种信息不对称主要表现在两个方面：一是外部信息的不对称，这主要指的是政府、企业、学校、学生等不同类型的参与主体之间的信息不对称；二是内部信息的不对称，即在同级同类参与主体内部部门之间存在的信息不对称。这种信息不对称阻碍了主体间的信息传递，增加了职业教育产教融合的运行成本，影响了产教融合的运行效率，从而严重制约了职业教育产教融合的发展。为了解决这个问题，我们需要借助信息技术，建立一种可以供职业教育产教融合各参与主体进行资源与信息流转的机制，保证各主体、各层级、各节点之间信息的一致性，协同产教融合系统相关要素的有效对接，从而降低交流合作成本，保障职业教育产教融合人才培养生态系统的有效运行。

二、产教融合人才培养生态系统信息流转机制的构建

（一）建立健全信息沟通机制

构建产教融合人才培养生态系统，信息流转机制的建立和完善显得尤为关键。信息流转是系统运行的基本要素之一，只有当信息能够及时、有效地在各个行为主体之间流动，系统才能保持稳定且有效的运行。为此，首先需要建立健全信息沟通机制，打通各个参与方的信息交换通道，实现内外信息的有效管理。

第一，建立健全信息沟通机制需要基于"系统合力"。生态系统的运行不仅依赖于单一的生态成员，还依赖于整个生态的合力。同样，产教融合人才培养生态系统也需要形成内外信息有效管理的系统合力。教育机构、政府部门、行业企业、学生、家长、社会等多元主体需要建立起有效的沟通和协调机制，消除信息不对称问题，实现信息的平衡与共享。这一系统合力的形成，需要各个行为主体之间互相尊重、平等对话、互相协作，实现信息的交互和共享。

第二，建立健全信息沟通机制还需要建立多元化的沟通渠道。在产教融合人才培养生态系统中，不同的行为主体可能有不同的信息需求和信息传递方式。因此，应该建立起多元化的沟通渠道，满足各个行为主体的不同需求。例如，可以通过网络平台、会议研讨、学术交流、实地考察等多种形式，实现职业院校与政府、行业、企业、学生、社会之间的双向乃至多向的信息沟通。

第三，建立健全信息沟通机制还需要建立信息公开制度。信息公开是信息流转的基本保障，只有当信息能够公开透明地流转，各个行为主体才能及时了解到相关信息，做出正确的决策。为此，需要完善信息公开制度，规定信息的发布、传递、接收、使用等各个环节的标准和流程，确保信息公开的有效性和合法性。

（二）建立健全信息甄别机制

在信息时代，人们不仅面临信息的大爆炸，而且面临着信息真假难辨、

重要性难以判断的问题。在产教融合人才培养生态系统中，这种问题尤为突出，因为信息的真实性和重要性直接影响到系统的运行效率和质量。因此，建立健全信息甄别机制是信息流转机制的关键一环。

1.全面的信息获取

信息甄别机制的建立首先需要基于全面的信息获取，这是因为只有拥有足够多的信息，才能通过比对、筛选找出真实、重要的信息。在产教融合人才培养生态系统中，各行为主体，包括教育机构、政府部门、行业企业、学生、家长、社会等，都应积极获取各种信息，扩大信息来源，增强信息获取的全面性。

教育机构在信息获取方面扮演着重要的角色。教育机构应积极与企业、政府部门保持紧密的联系，及时获取关于行业发展、人才需求等方面的信息。同时，教育机构也应关注国内外教育领域的新动态、新理念、新方法，以便不断更新教育思想，提高教育质量。此外，教育机构还应通过问卷调查、座谈会等方式，收集学生、家长、教职员工的意见和建议，了解他们的需求和期望，为改进教育教学提供依据。

政府部门是产教融合人才培养生态系统的主导者，其信息获取的全面性直接影响到政策的科学性和有效性。政府部门应密切关注国内外经济社会发展趋势，准确把握人才市场需求变化，为政策制定提供科学依据。同时，政府部门也应与教育机构、企业保持密切联系，及时了解教育教学、人才培养的实际情况，以便对政策进行及时调整和完善。此外，政府部门还应利用大数据、云计算等新技术手段，全面、深入地收集、分析、利用信息，提高政策决策的科学性和精准性。

行业企业是产教融合人才培养生态系统的重要参与者和受益者。企业应主动与教育机构、政府部门分享企业发展、人才需求等相关信息，促进产教融合的深入进行。同时，企业也应通过市场调研、客户反馈等方式，了解市场动态、消费趋势，指导产品研发和人才培养。

2.专业的信息分析

信息分析不仅需要专业的知识和技能，还需要丰富的实践经验和独到的洞察力。这样才能真正地发现、理解和利用信息的内在价值，为决策提供有力的支持。因此，产教融合人才培养生态系统的各行为主体，特别是教育机构和政府部门，应当建立或加强专业的信息分析团队，通过专业的方法和工具对信息进行深入分析，从而发现信息的真实性和重要性。

教育机构在建立专业信息分析团队方面具有天然的优势，他们可以利用自身丰富的教育资源，培养和引进具有专业知识和技能的信息分析人才。同时，教育机构也应引导和鼓励教师、学生积极参与信息分析工作，这既可以提升他们的实践能力，又可以为信息分析提供更多的思维角度和创新观点。此外，教育机构应与企业、政府部门等其他行为主体建立良好的信息分享和合作关系，借助他们的力量，提高信息分析的效率和效果。

政府部门在建立专业信息分析团队方面具有独特的作用。政府部门不仅可以通过人才培养和引进等方式，建立自身的专业信息分析团队，还可以通过政策引导和支持，推动社会各界，特别是教育机构和企业，加大对信息分析的投入，提高信息分析的水平。此外，政府部门还可以利用自身的公信力和影响力，推动信息分析的规范化和标准化，保障信息分析的公正性和透明性。

3. 公正的信息评价

信息评价是信息甄别的关键步骤，只有公正、客观的评价，才能确保信息的真实性和重要性。因此，产教融合人才培养生态系统的各行为主体，包括教育机构、政府部门、行业企业、学生、家长、社会等，都应遵守公正、客观的评价原则，避免因为主观偏见或利益驱动而对信息进行错误的评价。

各行为主体需要对自身的信息评价行为进行严格的自我监督和管理。这包括：制定公正、客观的信息评价规范；建立严格、有效的信息评价监控机制；进行定期的信息评价能力和行为的自我检查和反思；及时、全面地公开信息评价的结果和过程，接受社会的监督和评价。只有这样，各行为主体才能确保自身的信息评价行为达到公正、客观的要求，真实、准确地反映信息的价值和意义。

各行为主体需要在互动和合作中，相互监督和提醒对方的信息评价行为。这包括：建立有效的信息评价互动和反馈机制；相互分享信息评价的经验和教训；相互提供信息评价的支持和帮助；在发现对方的信息评价行为存在问题时，及时提出批评和建议。只有这样，各行为主体才能通过互动和合作，共同提高信息评价的公正性和客观性，共同防止信息评价行为的偏差和错误。

政府部门和社会机构需要对各行为主体的信息评价行为进行有效的引导和监管。这包括：制定公正、客观的信息评价法规和政策；开展定期的信息评价培训和教育；进行定期的信息评价检查和评估；对违反公正、客观评价原则的行为，进行严厉的惩罚和处罚。只有这样，才能形成公正、客观的信息评价环境和风气，保障信息甄别机制的有效运行。

第四节　评价反馈机制

一、产教融合人才培养生态系统评价反馈机制的内涵

产教融合人才培养生态系统是指在产业和教育融合的背景下，人才培养主体和环境构成的动态的、开放的、自组织的和有机的网络系统。其包括多个主体，如学生、教师、学校、企业、社会和政府等，通过多种形式的互动，共同实现人才培养的目标。在这个系统中，评价反馈机制是一个核心的组成部分。

评价反馈机制，简单来说，就是评估并反馈各主体在人才培养过程中的表现和成果，以指导和激励其行为，推动整个生态系统的良性运行。这一机制包括评价标准的设定、评价的执行、评价结果的反馈，以及基于评价结果的行为调整等环节。其主要作用是提供一个公平公正的、激励和约束并存的环境，让所有的参与者都能根据自己的表现得到相应的反馈，从而调整自己的行为，提高自己的表现。

评价反馈机制的内涵有以下几个方面。

全方位的评价：评价反馈机制应涵盖所有与人才培养相关的主体和活动，无论是学生的学习表现，教师的教学质量，还是学校和企业的合作效果，都应该纳入评价的范围。

公正公平的评价：评价反馈机制应确保每个主体都能根据自己的实际表现得到公正公平的评价，无论其背景、地位如何，评价的结果都应该是客观的、公正的。

实时的反馈：评价反馈机制应确保每个主体都能及时得到自己的评价结果，以便根据反馈调整自己的行为和自己的表现。

行为调整的引导：评价反馈机制应能根据每个主体的评价结果，提供相应的指导和建议，引导其改进自己的行为和自己的表现。例如，如果一个学生在学习上表现较差，教师或学校应提供相应的辅导或支持；如果一个企业在合作中积极性不高，相关部门应提供指导或鼓励，帮助其提高参与度。

激励和约束并存：评价反馈机制不仅要提供积极的激励，让优秀的表现得到奖励，也要设定必要的约束，让不良的行为受到制约。例如，对于表现优秀的学生，校方可以给予奖学金或者优先考虑的机会；对于违规的行为，校方应当给予相应的处罚。

适应性和灵活性：评价反馈机制应能随着环境的变化和主体需求的变化进行适应和调整。例如，随着社会对人才需求的变化，评价标准也应相应调整，以保证其符合社会的实际需要。

评价反馈机制在产教融合人才培养生态系统中的作用不可忽视，它影响着每一个主体的行为，决定着整个系统的运行效率和效果。因此，建立和完善评价反馈机制是推动产教融合人才培养生态系统健康发展的关键。

二、产教融合人才培养生态系统评价反馈机制的构建

（一）构建立体多元的产教融合生态评估机制

构建立体多元的产教融合人才培养生态评估机制是确保整个生态系统健康运行的关键环节。这个评估机制要求评价体系遵循生态规律，体现科学性、多元性和客观性，让所有相关主体都参与其中，通过这个过程，引导和规范产教融合人才培养的步骤和实践。

构建立体多元的产教融合人才培养生态评估机制是实现教育民主化，提高教育质量的有效途径。这样的评估机制强调相关主体的参与，遵循生态规律，注重科学性、多元性和客观性。

评估机制的构建需要由专门的评估督导机构来负责。这个机构的任务包括制定评价标准和内容，监督评价的实施，并反馈评价结果。同时，评估督导机构也需要政府的统筹和协调，确保评估工作的顺利进行。

各相关主体需要积极参与评估机制的构建和运行。这包括教育主管部门、行业企业、高等院校，以及第三方机构等。在政府的引导下，评估权力可以逐步向社会组织机构转移，实现评估机制的社会化。

评估机制需要对产教融合人才培养的全过程进行评价。根据相关方的实际需求，对教育过程的各个环节进行全方位的质量监控和评价。具体包括学校在人才培养中的组织领导、职责履行、合作成果、人员交流、项目建设、基地建设等方面；企业在人力资源获得、技术培训、订单完成、产品研发、新技术引进等方面；行业组织在指导协调、平台搭建、咨询服务、信息共享等方面；还有学生在成长变化、权益保障、获得感等方面。

评估机制需要定期对产教融合人才培养的效果进行评估，并根据反馈结果进行调整和改进。这样，评估机制可以引导和规范产教融合人才培养，提高教育的质量和效果。

（二）建立流畅高效的评估结果反馈及调整优化机制

流畅高效的评估结果反馈及调整优化机制对于产教融合人才培养生态系统至关重要。评估结果的反馈与优化调整能够检查任务实施的进度、目标的达成程度，并通过自身的调整减缓压力，维持系统稳态。

1.评估结果的反馈

评估结果的反馈对于产教融合人才培养生态系统的健康运行至关重要。在评估过程中，反馈环节可以帮助各主体单位理解其在系统中的表现如何，以及如何改进，对系统内部的信息交流，及时性的反馈和适应性的优化可以起到关键作用。

确保评估结果的准确性和及时性。评估结果的准确性是评估的基础，只有准确地评估结果，才能反映出各主体单位的真实表现。这需要建立科学、公正、公开的评估标准，避免主观因素对评估结果的影响，同时需要在评估过程中严格把关，确保评估活动的公正公平。同时，评估结果的及时性也非常重要。只有及时地反馈，各主体单位才能在第一时间了解自己的表现，及时调整策略，改进行动。因此，需要第一时间将评估结果反馈给各主体单位，不仅要在评估完成后立即反馈，而且在评估过程中也应实时更新评估情况，让各主体单位时刻掌握自己的表现。

建立有效的信息平台，以便各主体单位方便、高效地获取评估结果。信息平台是信息交流的桥梁，一个好的信息平台应该具备信息发布、查阅、下载、交流等功能，以满足各主体单位获取评估结果的不同需求。通过互联网技术，可以建立一个集信息发布、查阅、交流、下载功能于一体的综合信息平台，让评估结果可以在第一时间发布到平台上，各主体单位可以在任何时候、任何地点方便地获取评估结果。

设立专门的反馈环节，让各主体单位有机会表达自己对评估结果的看法和建议。虽然评估结果的反馈是一种上行信息流，但这并不意味着评估结果只能是单向的。应该尊重各主体单位对评估结果的评价，对其反馈和建议给予重视。在反馈环节中，通过问卷调查、面对面访谈、在线论坛交流等方式，收集各主体的意见或建议，为产教融合人才培养工作的优化提供参考依据。

2.调整优化机制

调整优化机制是指各主体单位根据评估结果及时调整自身状态，并依据产教融合人才培养的实际运行情况修改发展规划的行为。这一机制可以帮助系统内的各主体单位根据评估结果，对自身的状态和行为进行适应性的调整和优化，提高系统的运行效率和稳定性。

要实现调整优化，必须对系统内的各主体单位有深入的理解，知道其目标是什么，其行为模式是怎样的，其状态如何受到各种因素的影响等。这些信息对于制订合理、有效的调整优化策略是至关重要的。例如，教育主管部门的目标可能是提高教育质量，企业的目标可能是提高生产效率，学生的目标可能是获取实用的技能，各主体的行为模式、影响因素都会有所不同。只有了解了这些，才能针对各主体单位的特性和需要，提出有效的调整优化策略。

在系统内设立调整优化环节，让各主体单位有机会、有条件对自己的行为和策略进行调整优化，需要在系统的设计中，预留出足够的灵活性和自由度，给各主体单位提供足够的空间进行调整优化。可以设置一定的调整优化周期，例如，每季度、每年进行调整优化；也可以设立调整优化窗口，例如，在评估结果反馈后的一段时间内，允许各主体单位进行调整优化。

3.仲裁机构的创建

仲裁机构在评估结果反馈及调整优化机制中也扮演了重要角色。当系统中的各方出现价值追求、利益诉求的冲突时，仲裁机构有责任及时进行沟通和协调，以矫正可能影响产教融合人才培养生态系统进程和发展的程序和行为。它的存在，不仅保证了系统内的公平性和公正性，也是维护系统稳定运行的关键力量。

产教融合人才培养生态系统涉及众多主体，包括政府、教育主管部门、行业企业、职业学校、第三方机构等。这些主体的利益诉求和价值观可能各不相同，甚至可能产生冲突。这时，仲裁机构的作用就显现了出来。其通过公正、公平的方式，处理各方之间的争议，平衡各方的利益，从而保持系统的稳定运行。

设置仲裁机构的方式有多种，一种可能的方式是设立一个独立的仲裁机构，由专业人员组成，负责处理系统内的所有争议。另一种可能的方式是，由系统内的各方代表组成一个仲裁委员会，共同决定如何处理争议。无论哪种方式，关键是保证仲裁机构的公正性和公平性，确保所有的争议都能得到公正、公平的处理。

仲裁机构的作用不仅是处理争议，更重要的是预防争议。为此，仲裁机构需要建立一套有效的制度，提前解决可能的争议，避免争议升级。例如，仲裁机构可以设立一套清晰的规则，规定在何种情况下可以提起仲裁，如何提起仲裁，仲裁的程序是什么，如何确定仲裁结果等。此外，仲裁机构还可以提供争议调解服务，帮助争议双方达成和解，避免争议进一步升级。

第七章　产教融合人才培养生态系统的构建路径

第一节　从政策协同着手，优化产教融合共生环境

一、优化产教融合共生环境的重要性

优化产教融合共生环境具有十分重要的意义，主要表现在以下几方面，如图 7-1 所示。

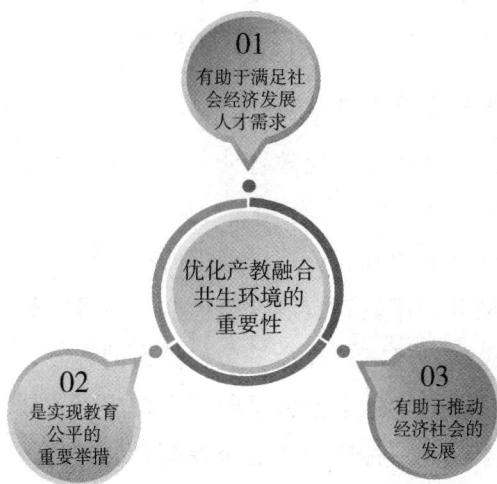

图 7-1　优化产教融合共生环境的重要性

（一）有助于满足社会经济发展人才需求

产教融合是实现教育的现代化、高质量发展的必由之路，其核心在于满足社会经济发展的人才需求。因此，优化产教融合共生环境，以更好地响应社会经济发展的需求，是当前我国教育改革的迫切需要。

现如今，人们正处于一个快速变化的时代，社会经济发展的需求也在持续变化。新的技术、新的行业、新的职业不断涌现，对人才的需求也在变得越来越具体和专业化。然而，传统的教育体系往往不能及时适应这些变化，不能有效地满足社会经济发展的人才需求。因此，优化产教融合共生环境，以更好地响应这些变化，显得至关重要。

产教融合是一种有效的人才培养方式，它能够将教育与社会经济发展紧密地结合起来。优化产教融合共生环境，可以更好地整合教育资源，实现教育资源的最大化利用，提高人才培养的效率和质量。

优化产教融合共生环境也有助于促进教育的公平。传统的教育体系往往存在着一些不公平的现象，如资源分配的不平等、机会获取的不公等。而产教融合可以通过与企业等产业主体的合作，提供更多的教育机会和资源，从而促进教育的公平。

优化产教融合共生环境也有助于提升我国的竞争力。在全球化竞争的大背景下，人才是国家竞争力的重要源泉。优化产教融合共生环境，不仅可以提升人才培养的质量，还有助于提升我国的竞争力。

（二）是实现教育公平的重要举措

优化产教融合共生环境在实现教育公平方面起着重要作用，特别是对于破解教育资源分配不均的问题，其作用尤为显著。

教育公平是社会公平的基石。一个公平的教育环境意味着每一个人都能在同等的条件下获取并利用教育资源，从而实现自身的最大发展。在传统的教育环境中，由于地域、经济、社会等多种因素的影响，教育资源的分配存在着一定的不平衡，这对于社会的公平与正义构成了挑战。而优化产教融合环境的过程，实质上也是一种优化教育资源配置的过程，将教育与产业紧密共生结合，可以更有效地利用社会资源，打破传统教育资源分配的框架，从而促进教育公平。

优化产教融合共生环境有助于破解城乡、区域间的教育不平等。由于经济发展水平的差异，城乡、区域间的教育资源存在明显的差距，这导致了教育公平的问题。然而，产教融合的模式可以将教育与地方产业发展相结合，让教育资源与产业资源相互补充，为资源贫弱的地区提供更多的发展机会。此外，通过产教融合的模式，学生可以直接接触到产业前沿，获取实践经验，这种"产地教育"模式在一定程度上解决了教育资源的地域性差异问题。

优化产教融合共生环境有利于缩小教育机会不均带来的社会阶层差距。在传统的教育环境中，由于教育资源的分配不均，不同人群的教育机会存在较大的差距，这在很大程度上限制了不同人群的社会流动性。而产教融合环境的优化，通过与产业的结合，提供更多的教育机会，特别是为低收入家庭的学生提供更多的技术性、职业性的教育机会，从而有助于实现教育的社会公平。

（三）有助于推动经济社会的发展

产教融合共生环境的优化有助于提高人才培养的质量和效率，从而推动经济社会的发展。教育是社会经济发展的基础，优质的人才是推动经济社会发展的关键。产教融合环境下，教育与实际产业紧密结合，这不仅能使学生更好地理解和掌握理论知识，更能让他们在实践中锻炼能力，提升技术水平。这种模式下培养出来的人才更加符合社会需求，能更好地适应经济社会发展，从而推动社会经济的持续进步。

产教融合共生环境的优化能够激发社会创新活力，推动科技进步。产教融合环境下，学校与企业可以进行深度合作，开展科研项目，这不仅有利于科研成果的快速转化，还可以培养出具有创新思维和实践能力的高素质人才。这种环境有助于激发学生的创新精神，培养他们的创新能力，进而推动科技创新和经济社会发展。

产教融合共生环境的优化对于推动创业活动也起到了重要的作用。产教融合模式下的教育更注重实践和应用，有助于培养学生的创业意识和创业能力。学生在学习过程中接触到的实际问题和挑战，可以激发他们的创业思维，培养他们的创业能力。在这种环境下，学生更容易找到创业的机会和平台，更有利于开展创新创业活动，进而推动经济社会的进步。

二、优化产教融合共生环境的基本原则

产教融合共生环境的优化并不是一件随意的事，需要遵循一定的基本原则，如图 7-2 所示。

公平公正原则   创新驱动原则

协同共享原则

图 7-2　优化产教融合共生环境的基本原则

（一）创新驱动原则

创新驱动原则强调通过创新推动产教融合共生环境的持续优化，以适应时代发展和社会需求的变化。教育创新和产业创新是创新驱动原则的两个重要维度，它们之间有着密切的联系和相互促进的关系。

教育创新是优化产教融合共生环境的重要推动力。当前，社会环境的变化十分迅速，其中包括技术进步、产业结构调整、职业领域的变化等，这些都对教育提出了新的要求。教育创新应该以时代的发展需求为导向，积极探索适应新时代、新经济、新社会的教育模式和教学方法。如实践教学、项目导向教学、线上与线下融合的混合式教学等，都是教育创新的重要形式。教育创新可以促进教育质量的提升，使教育更好地适应社会经济的发展需求。

产业创新是优化产教融合共生环境的关键支撑。产业是社会经济发展的基础，产业的发展状况和发展方向对教育的需求有着重要的影响。产业创新包括技术创新、模式创新、产品创新、服务创新等，产业创新的结果往往带

来新的职业、新的技能需求、新的就业机会，这就要求教育系统能够及时响应，调整教育内容和教育方法，以适应产业创新的需求。

在实践中，教育创新和产业创新需要密切结合，相互促进。教育创新能够为产业创新提供人才支持，产业创新则可以为教育创新提供现实需求和实践平台。具体来说，教育机构可以与企业进行深度合作，共同开发符合产业需求的教育项目，同时，企业也可以参与教育创新，提供实践场地、师资支持等，以推动教育与产业的深度融合。

（二）协同共享原则

协同共享原则强调的是合作和共享的思想，强调各方利益主体的合作和互动，通过合作和互动实现资源的最大化利用，提高产教融合的效果，推动产教融合共生环境的持续优化。这个原则主要涉及三个方面的内容：教育资源的共享、产业资源的共享和社会资源的共享。

教育资源的共享是实现协同共享原则的重要组成部分。教育资源不仅包括教育机构的硬件设施，如校舍、图书馆、实验室等，还包括软件资源，如教育理念、教学方法、课程体系等。教育资源的共享可以实现资源的最大化利用，提高教育效率，也可以打破传统的教育边界，形成教育的联合体，实现教育的规模效应。

产业资源的共享是实现协同共享原则的关键环节。产业资源主要包括企业的设备、技术、人才、资本等。产业资源的共享可以为教育提供丰富的实践资源，让学生有更多的机会接触实际的产业环境，提高其实践能力和就业竞争力。同时，企业也可以从中获得人才培养的积极反馈，为企业的发展注入新的活力。

社会资源的共享是实现协同共享原则的扩展。社会资源包括政策资源、公共服务资源、社区资源等。社会资源的共享可以为教育和产业的发展提供公共支持，形成教育、产业和社会的良性互动，推动社会的全面发展。

（三）公平公正原则

公平公正原则主要涉及教育的公平性和公正性，意味着应为所有人提供公平的教育机会，减少教育机会的社会阶层差距。

教育公平性主要包括平等接受教育的权利和公平获得教育资源的机会。个体的社会阶层、家庭背景、性别等其他因素，都不应该影响个体接受教育的权利或者获得教育资源的机会。这就要求在设计和实施教育政策的时候，要充分考虑到这些因素，确保所有人都能在同等的条件下接受教育。公正性在教育中的体现，既包括了教育过程的公正，又包括了教育结果的公正。教育过程的公正主要表现在教师对待学生的公平无私、教学资源分配的公平以及评价体系的公正等方面。而教育结果的公正，则主要关注学生是否有平等的机会进入更高级别的教育阶段，以及是否有公平的机会获得社会认可的教育成果。

在产教融合的环境下，公平公正原则的作用尤为明显。产教融合环境下的教育机会，是学生获得实践经验、培养技能、拓宽视野的重要途径，也是他们接触社会、了解行业、准备就业的重要平台。因此，公平公正的原则在产教融合环境下，不仅关乎教育机会的公平分配，还关乎学生的未来发展和社会的公平正义。

三、从政策协同入手，优化产教融合共生环境的策略

产教融合人才培养模式是一种在国家政策法规引导下，由高等院校、行业组织和企业等主体为了提高人才培养质量而开展的一种兼有竞争与合作的模式。这一模式强调政府的主导作用、行业的指导作用和企业的主体作用。在构建产教融合的生态系统时，重视政策协同，加快关键制度供给，通过舆论环境和财政资金的支持，全面优化共生环境，可以为多元主体深度参与产教融合创新实践提供坚实的保障，从而提高产教融合和人才培养的工作水平。

（一）政策制度供给

在国外，发达国家的职业教育经验（如德国的"双元制"、英国的"学位学徒制"，澳大利亚的"TAFE人才培养模式"等）表明，一个健全的法律制度是产教融合育人环境的基本保障。政府在产教融合中的角色更多地侧重于提供外围政策和条件的支持。政府的政策导向和法律规范是促进高等教育产教融合系统有序演化的重要外部动力。

1.完善相关政策法规

在优化产教融合共生环境的过程中，政府政策法规的完善可以为产教融合人才培养模式提供重要的引导和支持，也是确保产教融合系统有序运行的重要制度保障。

一方面，政府发挥宏观调控能力优化产教融合环境。政府的宏观调控能力，尤其在动态调整政策法规以适应教育和经济发展新需求的过程中，起到了引导和规范的作用。产教融合是社会经济发展的必然要求，是教育创新的重要方式，更是高等教育服务国家战略、服务社会经济发展的重要手段。政府应从教育改革的全局出发，明确产教融合的方向，通过法规政策对其进行引导和规范。同时，政府应明确各主体单位在产教融合中的责任和义务，设定其行为边界，以确保产教融合的有序进行。政府政策法规对创新的鼓励和支持是产教融合能够持续进行的重要保证。创新是产教融合的生命力所在，只有创新才能不断适应和引领教育和经济发展的新需求。政府应根据产教融合的实际需求，设定创新的政策导向，为创新活动提供良好的环境，进一步激发各主体单位的创新活力。政府政策法规的制定和实施必须坚持公平公正。公平公正不仅是社会公正的重要体现，也是保证产教融合健康发展的重要前提。政府应通过政策法规确保教育资源的公平分配，保证各主体单位在产教融合中的公平竞争，从而构建一个公平、有序、开放的产教融合环境。

另一方面，借鉴国外经验兼顾本地实际优化产教融合环境。国外的先进经验可以为我国优化产教融合环境提供重要的参考和借鉴。产教融合的目的是更好地服务社会经济发展，因此，政府政策法规的制定必须紧密联系地区的经济发展和人才教育需求，以提高政策的针对性和有效性。这就需要政府进行深入的研究和理解，把握地区经济的发展趋势，了解行业对人才的需求，明确教育资源的现状和发展方向，然后根据这些因素，对当前的产教融合政策进行适配性研判和修正。地方政府的政策法规不能仅仅是对国外经验的模仿和复制，更应该是在借鉴和学习国外经验的基础上，结合本地实际进行的创新和本土化改革。例如，政府可以通过设立产教融合项目，搭建产教融合平台，疏通各主体单位的交流渠道，促进各方面资源的共享，提升产教融合的效率。

2.以共存共享为导向具体化产教融合制度

在优化产教融合共生环境的过程中，除了需要强化政府政策法规的创新性和适应性，还需要把共存共享作为基本原则，使之在各项产教融合的制度中得到具体的体现。

一方面，在优化产教融合共生环境的过程中，政府必须将共存共享的原则贯彻始终。这意味着在制定和实施政策时，应当充分考虑所有利益相关方，包括但不限于教育机构、企业、学生和社会公众。这需要政府具备全局的视野和战略的思维，把握并引导产教融合的大方向。

政府需要理解产教融合的复杂性。这不仅是一种教育和产业的结合，还涉及各个层次和各个领域。教育的需求变化、产业的发展趋势、社会经济的大环境等，都会影响到产教融合的进程和结果。因此，政府在制定和实施产教融合政策时，需要有一个宏观和动态的视角，全面考虑和平衡各方的利益和需求。

政府需要强化与利益相关方的沟通和协调。只有充分了解和尊重各方的利益和需求，才能制定出既公平又有效的政策。政府不仅要发挥其主导和协调的作用，还需要倾听和接纳各方的声音，以便形成共识，推动产教融合的实施。

政府还需要创新其政策工具，提高政策的灵活性和适应性。产教融合涉及领域广泛、环境复杂，需要政策有足够的灵活性，以适应不断变化的环境。政府可以采用多种政策工具，如立法、资金支持、税收优惠、信息服务等，以推动产教融合的实施。

另一方面，共存共享原则也需要体现在具体的制度设计上。在产教融合的过程中，各个主体——教育机构、企业、政府，甚至学生和社会，都有各自的责任，这些责任应当根据每个主体的角色、能力和资源进行分配，保证每个主体都能在其能力范围内对产教融合做出贡献，特别是企业，作为产教融合的重要主体，其责任应当被明确规定。企业不仅要参与到教育过程中，提供实践机会，还要在确定教学内容、制订培养方案等方面发挥其专业优势。公平的利益分配机制同样关键。在产教融合的过程中，每个主体都应该获得相应的回报。这不仅是公平的问题，也是动力的问题。只有每个主体都能从产教融合中获益，其才有动力参与到产教融合中去。对于企业来说，这不仅包括税收优惠、资金补助等经济利益，还包括非经济利益，如品牌提升、人才储备等。

（二）舆论环境、经济等支持

在优化产教融合共生环境的过程中，政府不仅需要通过法规来规范和引导产教融合的实践，还需要通过舆论宣传，营造良好的社会环境，提升社会对产教融合的认同和支持。这就要求政府在舆论引导上进行积极的努力，形成对产教融合人才培养政策的广泛宣传，塑造尊重知识、尊重技术、尊重人才的社会氛围。

1.积极推广和宣传产教融合的重要意义

一方面，政府需要通过多种渠道和形式向社会普及产教融合的理念和政策。政府不仅要通过官方媒体、政府网站等传统方式进行宣传，还要利用社交媒体、线上教育平台等新媒体渠道，扩大宣传覆盖范围，加强与公众的互动。政府还需要与学校、企业、社区等各类社会组织合作，通过讲座、研讨会、展览等形式，让产教融合的理念和政策深入公众日常生活。同时，政府还要注重将产教融合的政策内容以通俗易懂的方式传递给公众，使其能够理解并接受产教融合。

另一方面，政府需要通过示范项目和典型案例，向社会展示产教融合的实际效果。政府可以挑选一些在产教融合方面表现出色的地区、学校或企业，进行重点推广和宣传，通过这些成功的实践案例，公众可以直观地看到产教融合带来的效益，对产教融合的可行性和价值有更深入的理解。这样不仅可以增强社会对产教融合的信心，还能鼓励更多的地区、学校和企业参与到产教融合中来。

2.优化营商环境，吸引企业参与产教融合

一方面，政府需要通过制度设计，为企业参与产教融合提供便利和保障。例如，政府可以制定一些鼓励企业与学校合作的政策和法规，明确企业参与产教融合的权利和义务，为企业和学校的合作提供法律保障。此外，政府还可以通过建立信息平台，帮助企业和学校寻找合作伙伴，解决信息不对称的问题。通过这些措施，政府可以降低企业参与产教融合的风险和成本，提高企业参与的积极性。

另一方面，政府需要通过政策激励，鼓励企业参与产教融合。具体来说，政府可以为参与产教融合的企业提供税收优惠、资金支持等优惠政策，也可以对在产教融合中表现突出的企业给予奖励或者表彰。这些激励措施不仅可以减轻企业的经济压力，还可以激发企业的积极性，促使更多的企业投身于产教融合的实践中。

除此之外，政府需要营造尊重知识、尊重技术、尊重人才的社会氛围。一方面包括通过媒体、教育等方式，向社会传播尊重知识、尊重技术、尊重人才的价值观，引导社会舆论弘扬知识与技术并重、崇尚技能的社会风尚；另一方面，也包括通过政策和制度，保障知识、技术和人才的权益，鼓励和支持知识、技术和人才的发展。

3.提供足够的经济支持

为了进一步推动产教融合的实施，政府不仅需要在政策和法规上给予支持，还需要在经济上给予足够的支持。具体来说，政府可以通过财政政策，提供资金保障和经费补贴，以减轻企业和学校在产教融合过程中的经济压力，激发其积极性和创新性。

首先，政府可以在财政政策上给予倾斜，为产教融合项目提供必要的资金支持和资金保障，降低企业和学校在合作过程中的经济压力，同时激发其对产教融合的积极性和主动性。

对于企业和学校来说，产教融合意味着二者在人才培养、科研开发、社会服务等多个方面的深度合作。这种合作不仅需要时间和人力，还需要足够的经济投入。例如，企业需要为员工提供进一步的教育和培训，以提升他们的专业技能和工作效率；学校则需要改善教学设施和环境，以适应产业的新需求。然而，这些经济投入对于许多企业和学校来说，都是不小的负担，尤其是对于中小企业和地方学校，其往往资金有限，难以承担产教融合的经济压力。因此，政府的财政政策在这里起到了关键的作用。政府可以设立专项资金，用于支持企业和学校的合作项目。这种资金可以按照项目的性质和规模，还有企业和学校的实际需求，进行合理的分配和使用。政府还可以为企业提供培训补贴，鼓励企业为员工提供更多的教育和培训机会。这不仅可以降低企业的培训成本，也可以提高员工的工作技能和满意度，从而提升企业的竞争力。

其次，政府可以实施"财政＋金融＋税务＋土地"的组合式激励政策和优惠措施，为产教融合项目提供更多元化的经济支持。金融政策是政府支持产教融合的重要手段之一。政府可以通过银行等金融机构，为参与产教融合的企业提供低息贷款。这种贷款可以为企业提供必要的资金支持，缓解其在实施产教融合过程中的短期资金压力。对于一些初创企业和小微企业来说，这种贷款更能够帮助他们跨过创业初期的难关，把更多的精力投入产教融合的实践中。

税务政策也是政府激励企业参与产教融合的重要手段。政府可以对参与产教融合的企业实施税收优惠政策，例如，减免部分税项，提供税收返还等。这些政策可以直接降低企业的税务成本，提高其利润空间，使其有更多的资源投入产教融合。

土地政策同样可以为企业提供实质性的支持。政府可以通过优惠租赁土地，或者提供土地使用权的方法，为企业的发展提供空间保障。这种政策可以降低企业的土地成本，为其提供更大的发展空间，使其在产教融合中发挥更大的作用。

通过组合式激励政策和优惠措施，不仅可以降低企业的经营成本，还可以增强企业的市场竞争力，使他们更愿意投入产教融合的实践。这对于推动产教融合的实施，培养合格的产业人才，推动我国经济社会的持续健康发展，都有着重要的意义。

第二节 协同各方治理理念

一、协同治理的理论源起

协同治理的理论的主要来源于三个理论，分别是协同学、系统论和善治理论，如图 7-3 所示。这三个理论构成了协同治理理论的基本框架，同时这三个理论相辅相成，既相互交叉，又相互独立。

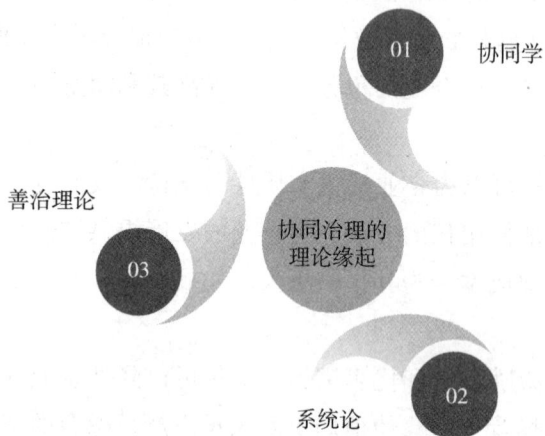

图 7-3 协同治理的理论缘起

（一）协同学

协同学，最初由德国科学家赫尔曼·哈肯（Hermann Haken）提出，是一个源自希腊语的概念，其含义为"协调合作之学"。[①] 在《高等协同学》中，哈肯将协同学定义为："协同学是研究由完全不同性质的大量子系统所构成的

---

① 哈肯. 协同学：大自然构成的奥秘[M]. 凌复华，译. 上海：上海译文出版社，2001：15.

各种系统，本书将研究这些子系统是通过怎样的合作才在宏观尺度上产生空间、时间或功能结构的。"① 协同学深入揭示了大自然中不同系统间以及系统内部子系统间的协调合作过程。它强调系统可以通过自我组织形式进行合作，形成一定的功能结构，以保持从一个状态向另一个状态的转变。

哈肯在研究激光这一物理现象时首次提出了协同学的理论，但随着对其他领域研究的深入，他发现不同系统的结构发展规律具有相似性。因此，协同学的提出不仅是系统科学中全新的研究理论，其研究问题的方法还为其他领域的研究打开了新的思路。同样，协同学的研究思路也可以应用于生态环境的治理中。

总的来说，协同学理论更注重从实际过程的角度出发，研究事物的发展变化。无论是对相变的理论分析，还是对自组织有序结构的形成分析，都体现了其独特的过程分析思维。

（二）系统论

系统理论的理念最初由美籍奥地利理论生物学家和哲学家路德维希·冯·贝塔朗菲（Ludwig Von Bertalanffy）提出，弗莱蒙特·卡斯特 (Fremont Kast) 和詹姆斯·罗森茨韦克 (James Rosenzweig) 在《组织与管理》指出，系统是"能与其环境超系统划分明确界限的一个有组织的，并由两个或两个以上相互依存的部分、成分系统所组成的整个单位"②。系统理论强调系统与其环境的互动关系，即系统利用环境中的资源以增强和丰富自身的内涵，同时释放产出以对环境产生有益影响。在这个过程中，系统必须妥善处理与其他系统的资源分享关系。

运用到产教融合人才培养工作中，产教融合被视为一个生态系统，其生态环境是包括物理环境、社会环境和规范环境的复合生态环境。为了自身的发展和建设，生态系统需要从生态环境中获取相应的人力、物力和财力等资源，同时，它需要处理好与政府、社会、学校、学生等相关系统的关系，以

---

① 哈肯．高等协同学 [M]．郭治安，译．北京：科学出版社，1989：1．
② 卡斯特，罗森茨韦克．组织与管理：系统方法与权变方法 [M]．傅严，译．北京：中国社会科学出版社，2000：127．

便在完善自身建设的同时，为生态环境带来推动力和发展动力，让其他系统从中获益。

一个系统包含了多个子系统，这些子系统既相互独立又相互依存，其协同合作，共同协调，以完成对环境（超系统）的贡献。在生态环境系统中，这些子系统包括政府、社会组织、公众、企业和环保部门等，其基于自身的发展，并通过相互之间的协作来推动生态系统的进步。而生态系统的发展又推动了外部大环境的发展，形成了良性的互动机制。然而，如果任何一个子系统出现故障，那么整个生态系统，甚至外部环境就都会受到影响。因此，处理好子系统之间的关系，维持其良好运行对于整个系统的稳定性至关重要。

（三）善治理论

中国民主治理的主要倡导者之一俞可平在《治理与善治》中提出："治理是个人和公共或私人机构管理其公共事务的诸多方式的总和，它是使相互冲突的或不同的利益得以调和并且采取联合行动的持续过程。"[1] 这一观念强调了多元主体间的相互合作和共同治理，政府不再是权威的掌舵者，也不是唯一的领导者或公共服务的提供者，而是划桨者。在这一理论的指引下，非政府组织和企业也能参与治理，并提供公共服务。

在生态环境治理的视角下，治理并非只是政府的单一行动，而是在政府、社会、市场三个治理主体的协同合作下进行的。这种视角强调多元的互动参与，旨在最优化社会秩序的调节，最大限度地提升公共利益，并在治理过程中重视政府、社会、市场之间的合作。

善治被认为是治理的理想状态，它旨在建立政府与社会、公民、企业之间的平等合作和良好运行机制。因此，善治与协同治理有着共享的基础和内涵。在善治的基础上，协同治理进一步深化了政府、社会、市场之间的合作共治模式。

多中心治理理论，是善治理论的一个分支，最初由迈克尔·波兰尼（Michael Polanyi）提出。这个理论强调公共事务的治理包括社区、政府、社会和企业等多个主体的共同参与。在这个理论中，政府不再是唯一的中心或

---

[1]　俞可平. 治理与善治 [M]. 北京：社会科学文献出版社，2000：16.

指挥者，而是参与者，是多中心的一部分。这种多中心治理模式减少了"搭便车"的现象，产生多个决策中心，为生态环境的协同治理提供了基础，并成为治理的必然趋势。

综合善治理论、系统论和协同学的理论基础，不论善治理论、系统学还是协同学，都强调主体之间的合作和协调，强调资源和能量的相互交换和流动。善治理论、系统论和协同学为协同治理理论提供了坚实的理论基础，它们共同构建了一个多元主体间协同进行公共管理的新框架。这一新的理论视角对于推动公共管理理论和实践的发展具有重大而深远的影响。

二、协同治理的内涵

在公共管理中，协同治理是将协同和治理的概念相结合的一个概念，但它并不等同于协同学的基本含义，也并不与协商和合作的普遍理解相同，更多地包含了治理完善的内涵。

协同并不等同于协商，协同治理和协商治理有明显的区别。根据澳大利亚学者卡洛林·亨德里克斯（Carolyn Hendriks）的观点："在协商民主模式中，民主决策是平等公民之间理性公共讨论的结果，正是通过追求实现理解的交流来寻求合理的替代，并做出合法决策。"[①] 协商强调达成共识的重要性，通过公民的参与，实现社会中多元主体的意见和认识的统一，并在决策和立法上达成共识。与此相反，协同治理需要治理的所有参与者不仅有共同的治理价值观和治理目标，而且在治理措施和行动的执行上也要保持协同，以尽可能达到一致。协同治理与协商治理的相同点是，它们都包含多个参与主体，需要共享一种意识形态。但本质上，协商治理更侧重于通过沟通达成一致的共识，而协同治理则是在已有共识的基础上进一步深化理念和价值观，以实现行为和目标的一致，并最终达到善治的治理效果。协商治理更重视民主方式的表达，而协同治理更倾向于行动的执行。

协同治理与合作治理是两种不同的概念，协同并不等同于合作。协同治

---

① HENDRIKS C.*The Ambiguous Role of Civil Society in Deliberative Democracy :Refereed Paper Presented to the Jubilee Conference of the Australasian Political Studies Association*[D]. Canberra:Australian National University,October,2002.

理不仅仅是合作，也不是简单的协调，而是一种在层次上超越了协调和合作的集体行动。无论协同还是合作，主体之间都存在着竞争和控制的关系。相较于合作更侧重于多方在竞争基础上的共同行动，协同则更强调控制，尽管这种控制并不是绝对的主导，而更多是建立在互信互利及对各自资源的需要的基础上的良性控制关系。相比于合作，协同更看重主体间共同、一致和平等的发展关系。协同治理要求参与的各方在拥有共同的价值观和治理目标的前提下，提出和执行共同的治理措施。通过各主体之间的资源和能力的协同，共同落实并执行治理措施，以实现最终的治理目标。

在全球化经济的背景下，政府作为单一的治理主体的模式无法满足日益复杂的公共事务需求。同时，非政府组织和企业在全球化的推动下得到了快速的发展，不同程度地扮演着政府过去的角色，甚至承担着政府无法实现的功能。在这种情况下，传统的治理方式面临着挑战，需要政府、市场和社会三个主体的合作和协商的治理模式，于是协同治理应运而生。

综合上述协同治理的源起及协同、治理的内涵，可以说，协同治理是在协同学、善治理论和系统论基础上衍生出来的治理模式，在这个模式中，政府、市场和社会都被视为同一生态环境中的独立实体，其在相互尊重和共享治理目标的前提下，形成了一种互利的政治和经济关系。在协同治理的框架下，各主体不再孤立行动，而是互相配合、共同努力以有效地处理公共事务。这种模式克服了传统治理模式中的一些缺点，如缺乏协调、资源配置不合理等问题。协同治理通过构建合作机制，强化信息交流，使政府、市场和社会能够集中力量处理公共问题，共同推动社会的进步和发展。

三、协同治理的特征

协同治理主要有四个鲜明的特征，如图 7-4 所示。

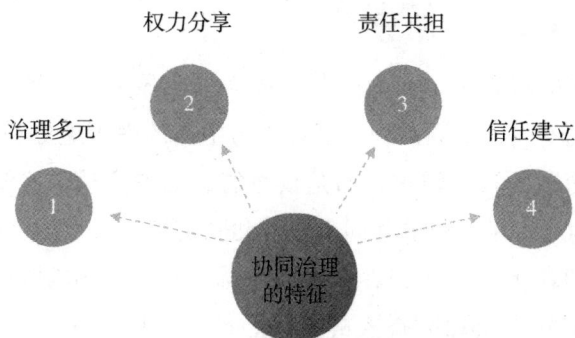

图 7-4　协同治理的特征

（一）治理多元

协同治理的概念和实践代表了公共管理的新理念，它打破了传统以政府为唯一治理主体的观念，推动了公共治理向多元化、协作化的方向发展。协同治理的实质是将政府、企业、民间组织和公众等不同的社会主体纳入公共决策的过程中，实现治理多元化。

协同治理反映了多元主体的参与。在传统的公共管理模式中，政府往往被视为唯一的治理主体，负责制定和实施公共政策。然而，随着社会的发展和复杂性的增加，这种单一的治理模式无法满足现实的需求。协同治理则认识到，各种社会主体都有其独特的能力和资源，能够为公共治理做出贡献。因此，它强调把政府、企业、民间组织和公众等都纳入治理过程中，共同参与决策和实施。

协同治理代表了一种新的治理模式。它不是一种单向的指令或控制，也不是一种依附关系或独立治理。它更像是一个系统，其中各个主体通过互动和协作，共同解决公共问题。协同治理倡导各主体在治理过程中地位平等，共享决策权，并致力于寻找最能满足公众需求的解决方案。

协同治理是协商和合作的深化。它不仅要求各主体在理念和行动上达成一致，还强调其在实际操作中的配合和协作。在这个过程中，各主体需要建立共识，形成合作关系，共享资源和信息，并共同承担责任。这种协同过程不仅能提高公共决策的质量和效率，还能增强其合法性和公众的接受度。

（二）权力分享

在协同治理的过程中，权力的分享成为一个显著的特征。与传统的单一主导的治理模式不同，协同治理重视各参与主体的平等地位和对权力的共享。这种共享并非简单的权力转移，而是权力的互动和流动，这使不同的社会主体在公共事务的处理中，能够共同负责，共同决策。

协同治理的权力分享体现在各参与主体之间的互相制约和互相控制上。政府、企业、民间组织和公众这些不同的社会主体，在协同治理的过程中，不再是单一的权力持有者和执行者，而是平等的参与者。其各自拥有一部分权力，相互制约，相互控制，保证公共事务的处理公正、公平。

协同治理的权力分享也体现在资源和权利的共享方面。政府、企业、民间组织和公众在协同治理中，各自拥有不同的资源和权力，这些资源和权力是其在处理公共事务中的重要资本。协同治理鼓励其共享这些资源和权力，共同参与公共事务的处理，以实现最大的公共利益。

协同治理的权力分享以有效处理公共事务为目的。各参与主体之间的权力分享，是为了更好地解决公共问题，实现公共价值，而非为了满足某一方的私人利益。只有在这样的前提下，权力的分享才能真正实现对公共事务的高效处理和社会的公正公平。

协同治理的权力分享需要建立在信任的基础上。各参与主体需要相互尊重，相互理解，建立起稳定的合作关系，才能实现真正意义上的权力分享。同时，权力分享的过程也需要相应的制度保障，包括权力的透明运行，权力的公正分配等，这样才能保证协同治理的公正、公平和有效性。

（三）责任共担

马克思在《资本论》中指出："一切规模较大的直接社会劳动或共同劳动，都或多或少地需要指挥，以协调个人活动，并执行生产总体的运动——或不同于这一总体的独立器官的运动——所产生的一般职能。"[①] 责任共担是协同治理的一个显著特征，这种特征源于协同治理的多元主体性，以及各主体间的

---

① 马克思. 资本论：第 1 卷 [M]. 郭大力，王亚南，译. 北京：北京理工大学出版社，2011：222-233.

平等地位。在这种情况下，公共事务的处理不再是单一主体的责任，而是所有参与主体的共同责任。

协同治理的责任共担体现在对公共问题的共同面对和处理方面。协同治理中的各参与主体，包括政府、企业、社会组织和公众，都是公共问题的相关方，也都是解决公共问题的责任方。其需要共同面对公共问题，共同参与公共问题的处理，共同承担解决公共问题的责任。

协同治理的责任共担也体现在对公共事务的共同决策方面。在协同治理中，各参与主体需要共同参与公共事务的决策，共同制订公共事务的处理方案。这种共同决策既能确保公共事务处理的公正公平，也能提高公共事务处理的效率。

协同治理的责任共担还体现在公共事务处理的风险和收益的共享方面。在协同治理中，公共事务处理的风险和收益不再是单一主体承担和享有，而是由所有参与主体共同承担和享有。这样既能有效分散风险，也能提高收益的公平性。

协同治理的责任共担需要有相应的制度保障。在协同治理中，各参与主体的责任共担需要有明确的责任划分，有公平的利益分配，有有效的冲突解决机制。这样才能确保责任共担的顺利进行，公共事务处理的高效进行。

（四）信任建立

在协同治理的体系中，良好的信任关系能够确保各个参与方的良好协作，从而实现高效的公共事务管理。这里的信任，不仅仅涵盖了参与主体之间的相互信赖，也包括每个主体内部各部门之间的信任建设。

将公共事务看成一个系统，那么这是一个涉及多个参与主体的复杂系统，包括中央政府、地方政府、社会部门、民间组织、社会公众、企业等。在这个系统中，建立起相互信任的关系是实现有效协同治理的基础。只有当各参与主体彼此信任，相互之间的权力才能顺畅流动，共享的资源和信息才能被有效利用，从而推动公共事务的顺利进行。

信任关系的建立还体现在每个参与主体内部的各个部门之间。同样的，只有当内部各部门之间建立起信任关系，才能确保信息的畅通无阻，资源的高效利用，职责的明确划分。这样，无论是在公共事务的决策制定中，还是在决策的执行过程中，都能够实现高效的运作。

建立信任关系的过程是需要时间的，这不是一蹴而就的事情。它需要通过日常的交流沟通、公开透明的决策过程、公正公平的利益分配，以及有效的纠纷解决机制等手段来逐步建立和强化。而一旦信任关系被建立起来，就能够为协同治理的持续进行提供有力的支持。

四、产教融合人才培养生态系统中协同各方治理理念的策略

在产教融合人才培养的过程中，参与的各方必须树立生态意识，明确共享共赢的目标。各参与主体需要认识到，产教融合人才培养是一个涉及人力、物力、财力资源在各主体间的配置和匹配的复杂系统，其运作与各主体的价值观、利益目标以及需求满足密切相关。虽然各参与方的利益诉求可能存在差异，甚至可能发生一些局部冲突，但共同目标是通过产教融合，培养出适应社会经济发展需求的人才，解决教育人才供应侧的结构性问题。这个共同目标促使所有参与方在追求人的发展和社会效益等方面达成共识。无论是企业追求人力价值最大化，还是高校以人为本的教学原则，或是政府推动社会经济发展，行业解决就业问题等，都是为了实现社会和谐和人的全面发展的共同目标。这种共赢共享的意识和协同意愿的建立，为各参与方找到共同目标提供了基础。

当各参与方的治理理念达到一致，高等教育的目标与区域经济需求、产业发展需求、企业用人需求目标相符时，产教融合的共同目标就更加明确。在此基础上，政府、产业、企业、职业院校和其他相关各方才能进一步进行联动合作、互相支持，通过协同合作实现共治，从而推进整个产教融合系统的优化。产教融合人才培养生态系统中，为了强化各方协同治理理念，可以从以下几方面入手，如图7-5所示。

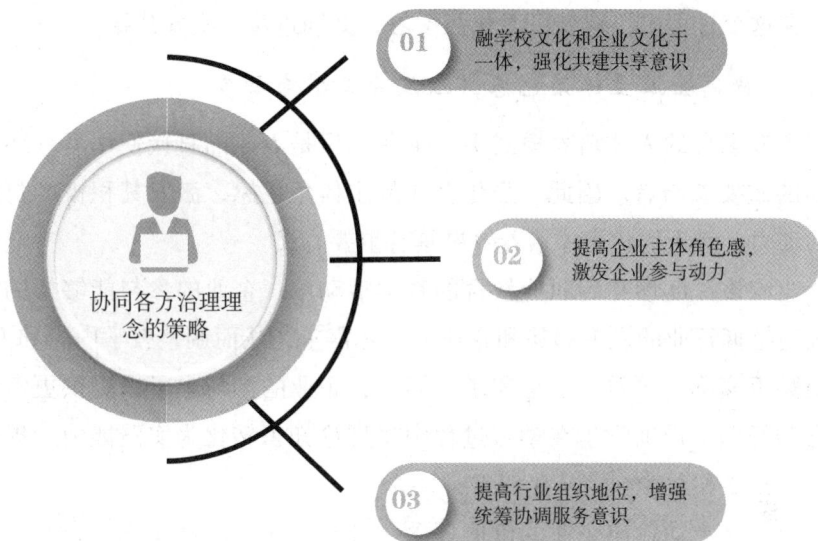

图 7-5　协同各方治理理念的策略

（一）融学校文化和企业文化于一体，强化共建共享意识

在产教融合人才培养的过程中，强化共建和共享的意识是至关重要的。为此，学校和企业需要共同努力，融合各自的文化，以塑造和维护一个互补和互动的教育和企业环境。

学校和企业需要认识到其共同目标和价值。这种共识的形成有赖于深入的沟通和理解，这涉及对各自的角色、责任和期望的清晰表述。在这个过程中，双方可以明确其价值观、态度和行为模式，这将有助于其建立共享的理念和期待。

学校和企业需要在实践中积极融合各自的文化。学校文化主要强调知识的获取和传播、思维的训练、品格的塑造和社会责任的培养。而企业文化则更注重实践能力的培养、创新精神的激发、团队协作的提升和市场竞争的意识。在这种文化融合的过程中，学生不仅可以在学校中接受系统的知识教育，还可以在企业实践中学习到职业技能和精神。

学校和企业需要通过共建和共享的方式，不断强化这种文化融合的实践。这包括制订共建共享的策略和计划，开展各种合作项目，建立长期的合作关系等。在这个过程中，双方可以相互学习，共同进步，实现共赢。

（二）提高企业主体角色感，激发企业参与动力

在产教融合的人才培养模式中，企业不仅是人才的直接使用者，还是人才培养的重要参与者。因此，强化企业的主体角色感，激发其积极参与职业教育的动力，对于优化人才培养效果具有重要意义。

企业应该深度参与到职业教育的教学活动中。企业的参与能够帮助学校更准确地把握行业的发展趋势和企业的实际需求，从而调整教学内容和方法，使其更贴近实际，更符合社会需求。同时，企业的参与也可以提供更多的实践机会和经验，帮助学生在学习过程中将理论知识转化为实践能力，提高学生的职业技能和素养。

企业应该主动输出企业的价值理念、管理文化和制度文化。企业文化是企业独特的精神财富，是企业在长期发展过程中形成的核心竞争力。通过向学生传递企业文化，可以帮助学生了解和适应企业的工作环境，增强学生的职业认同感，提高学生的就业竞争力。

企业应该积极参与到职业教育的管理和评价工作中。企业可以通过参与学校的教学评价、实习实训评价等工作，反馈学生的学习和实践情况，提出改进建议，推动学校不断优化教育教学工作。同时，企业也可以通过参与学校的管理决策，影响学校的人才培养方向和策略，使其更符合企业的需求。

（三）提高行业组织地位，增强统筹协调服务意识

行业组织在政府、企业、教育机构间起到桥梁和纽带的作用。增强行业组织的统筹协调服务意识，并充分发挥其在沟通产业链与教育链各要素上的独特优势，对于推动产教融合具有积极意义。

行业组织可以根据行业发展动态，为企业和教育机构提供及时、准确的信息。行业发展是一个动态变化的过程，需要及时掌握行业内外的新情况、新技术、新产品等信息，还有政策环境、市场需求等变化情况，对此行业组织具有独特的优势。准确的行业信息不仅可以帮助企业及时调整经营策略，还可以为教育机构提供产教结合的方向和依据。

行业组织可以将人才培养与需求动态相结合。行业组织了解企业对人才

的实际需求，可以将这些需求传递给教育机构，使教育机构在培养人才的过程中，更加贴近企业的实际需求，以达到"用什么、缺什么、教什么"的目标。此外，行业组织还可以组织各种技能大赛、基地实训等活动，为学生提供展示自我、提升能力的平台，同时为企业提供选才的机会。

行业组织可以将产品研发的成果转化为教学资源。这是因为，很多研发成果可能需要经过一定的时间才能在市场上得到验证，但在教学过程中却可以作为最新的教学资源，供学生学习和实践。这样既可以提升教学的实效性，又能激发学生的学习兴趣和创新精神。

行业组织还可以为企业和教育机构争取政策和资金的支持。政策的引导和资金的投入，对于推动产教融合的进程具有关键性的作用。行业组织可以在政府与企业、教育机构间起到沟通协调的作用，以确保政策和资金能在产教融合的过程中发挥出最大的效果。

第三节 衔接教育链和产业链

一、教育链和产业链的内涵

（一）教育链的内涵

教育链是一个相对新颖的概念，它的内涵和应用十分广泛，既涉及教育的各个阶段和层次，又涉及教育的各个领域和方面。简单来说，教育链就是将教育的各个环节、各个层次串联起来，形成一个完整、连贯、动态的系统。下面我们来具体探讨一下教育链的内涵。

教育链是一个整体，它把教育的各个环节、各个层次连接起来，构成一个整体。这个整体不仅包括教育的输入、过程和输出，还包括教育的各种资源、服务和评价等。教育链的整体性表现在它既包括了教育的宏观层面，如教育政策、教育制度、教育资源等，又包括了教育的微观层面，如教师教学、学生学习、家长参与等。

教育链是一个系统，它把教育的各个环节、各个层次组织起来，构成一个系统。这个系统不仅包括教育的硬件系统，如学校设施、教育设备等，还包括教育的软件系统，如课程体系、教学模式、评价方式等。教育链的系统性表现在它既有稳定的结构和规律，又有动态的变化和发展。

教育链是一个过程，它把教育的各个环节、各个层次贯穿起来，构成一个过程。这个过程不仅包括教育的时间过程，如学前教育、基础教育、高等教育、终身教育等，还包括教育的空间过程，如课堂教学、校园生活、社会实践等。教育链的过程性表现在它既有连续的时间序列，又有交互的空间关系。

教育链是一个网络，它把教育的各个环节、各个层次连接起来，构成一个网络。这个网络不仅包括教育的内部网络，如学科间的交叉、学校间的合作等，还包括教育的外部网络，如学校与社会、学校与家庭、学校与企业等。

（二）产业链的内涵

产业链是一个经济术语，是从产品的设计研发到生产制造、销售、服务、回收再利用的全过程中，相互关联、依赖、互动的产业活动所形成的有机链条。下面详细探讨一下产业链的内涵。

产业链是由各类生产要素构成的链条，这些生产要素包括原材料供应、部件生产、装配制造、销售与服务等各个环节。每个环节都依赖于其他环节的运作，整个链条协同运作，构成了一个产品从设计研发到最终进入市场的完整流程。

产业链运作是一个价值创造的过程，产品在产业链的每个环节都会增加其价值。例如，原材料在加工过程中被转化为零部件，零部件在装配过程中形成产品，产品在销售过程中形成利润。这个过程中，产品的价值不断被提升，最终实现了从生产要素到商品价值的转化。

产业链是一个竞争与合作的网络，在产业链中，不同的公司或部门负责不同的环节，它们既相互竞争，又相互合作。竞争使产业链中的每个环节都在追求更高效率、更高质量、更低成本，而合作使各环节能够协同运作，形成高效、高质、低成本的整体。

产业链是一个复杂的系统，它不仅包括了技术、人力、资本等硬性因素，还包括了市场、政策、文化等软性因素。这些因素相互影响、相互作用，共同决定了产业链的效率、质量、成本和效益。

产业链具有动态性。在科技进步、市场变化、政策调整等外部因素的影响下，产业链的结构、功能、效率、质量、成本和效益都会发生变化。因此，企业需要不断适应和引导这些变化，以保持其在产业链中的竞争优势。

产业链具有全球性。随着全球化的深入，产业链的各个环节不再局限于一个国家或地区，而是遍布全球。全球产业链的形成，使产品的生产和销售更加便利，也使企业能够利用全球资源，提高其竞争力。

二、教育链和产业链之间的关系

教育链和产业链相互贯通、相互协同、相互促进，构成了一个高效的教育生态系统。在这个系统中，教育和产业不再是独立的两个部分，而是相互影响、相互依存的有机整体，两者之间存在的这种关系不仅有助于提高教育效果，还有助于推动产业发展和社会进步。

教育链与产业链的相互贯通，主要是通过教育与实践的深度融合来实现的。在传统教育模式中，学生通常需要在校内完成大部分学习任务，而实践经验的获取往往依赖于实习、实训等有限的手段。然而，在产教融合的背景下，学校与企业通过深度合作，将实践活动融入教育全过程，使教育链与产业链实现了有机贯通。这样既能确保学生在学习过程中掌握了足够的实践技能，也能使学生更好地理解和掌握理论知识。

教育链与产业链的相互协同，体现在资源共享和优势互补上。一方面，学校通过与企业合作，可以更好地了解和适应产业发展需求，使教育内容和教学方式更加贴近实际，提高教育的针对性和实效性；另一方面，企业可以通过参与教育活动，既能及时获得优秀人才，又能通过技术研发、实践指导等方式，进一步提升自身的技术水平和管理水平。

教育链与产业链的相互促进，体现在双方的共同发展上。教育的目的之一是为社会提供人才，而人才是推动产业发展的重要力量。因此，高质量的教育能够培养出高素质的人才，从而推动产业发展。反过来，产业的发展也会对教育产生反馈，提供更多的实践场所、更广阔的就业前景，进而吸引更多的人参与学习，提升教育的吸引力和影响力。

三、产教融合人才培养中衔接教育链与产业链的重要性

在产教融合人才培养中，衔接教育链和产业链具有十分重要的意义，主要体现在以下几方面，如图 7-6 所示。

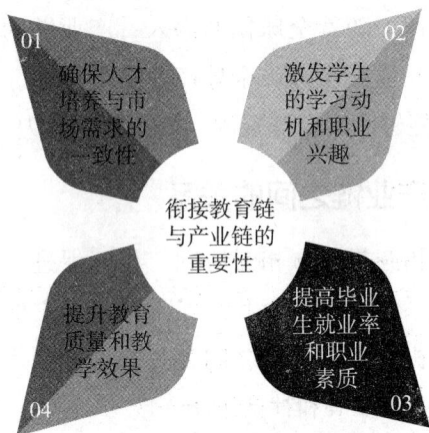

图 7-6　衔接教育链与产业链的重要性

（一）确保人才培养与市场需求的一致性

在全球经济一体化、知识经济时代的背景下，各行业对人才的需求日趋多元化、专业化。如何培养符合市场需求的高质量人才，是教育者面临的重大挑战。产教融合，即教育链与产业链的衔接，是解决这一问题的关键所在。

产教融合能帮助教育机构了解市场需求。只有深入了解市场，才能培养出符合市场需求的人才。在传统的教育模式中，教育机构往往缺乏对市场需求的准确把握，这往往导致人才培养与市场需求出现错位。而在产教融合的模式下，教育机构可以通过与企业等产业实体的紧密合作，直接了解到市场对人才的需求，这有助于教育机构制定更为准确的人才培养目标和计划。

产教融合可以帮助教育机构及时调整人才培养方案。市场的需求是不断变化的，教育机构的人才培养方案也需要随之调整。在产教融合的模式下，教育机构可以通过与产业实体的紧密合作，实时了解到市场需求的变化，这

有助于教育机构及时调整人才培养方案，使其始终保持与市场需求一致。

产教融合还可以帮助教育机构提高教学质量。在传统的教育模式中，教学内容往往偏重于理论，缺乏实践环节，这导致学生在毕业后往往难以快速适应工作环境。而在产教融合的模式下，教育机构可以通过与产业实体的合作，引入更多的实践环节，使学生在学习的过程中就能接触到真实的工作环境，这无疑有利于提高教学质量，也有利于学生毕业后的就业。

（二）激发学生的学习动机和职业兴趣

在产教融合人才培养模式中，将教育链与产业链紧密相连，是对教育形式和学习动力的一种创新。它把理论学习和实践操作结合起来，将企业实际需求融入课堂教学，使学生的学习更贴近实际，更具有针对性。这种模式能够有效激发学生的学习动机和职业兴趣，具体体现在以下几个方面。

产教融合能让学生看到学习的实际价值。传统的学习模式下，学生们可能会觉得理论知识抽象、难以理解，不知道这些知识如何在实际中应用。但在产教融合的模式下，学生能够通过实践了解理论知识在实际工作中的应用，看到学习的实际价值，从而激发他们的学习动机。

产教融合能使学生更好地了解职业和行业。在实践过程中，学生能够接触到各种各样的工作岗位和行业，这不仅可以帮助他们了解自己对什么感兴趣，还可以帮助他们了解自己的优势在哪里，从而更加明确自己的职业规划。

产教融合能帮助学生提前获得工作经验。通过与企业的合作，学生可以在在校期间就参与到实际工作中，这无疑会给他们的简历增加亮点，同时有助于他们提前适应工作环境，提高就业竞争力。

（三）提高毕业生就业率和职业素质

产教融合人才培养模式中的教育链与产业链的紧密衔接，对提高毕业生的就业率和职业素质具有显著的影响。下面将从两个方面对此进行详细论述。

一方面，衔接教育链与产业链的产教融合模式，可以有效提高毕业生的就业率。在传统的教育模式下，由于缺乏对实际工作场景的了解和实践经验，毕业生在就业市场上可能面临一定的困难。然而，产教融合模式通过与企业的紧密合作，使学生有机会在学习期间就接触到实际工作环境，获得实际的工作经验，从而在毕业后能更快地适应工作，提高其就业竞争力。同时，学校和企业的合作也可能会直接带来实习或就业的机会，进一步提高毕业生的就业率。

另一方面，产教融合模式对提升毕业生的职业素质具有重要作用。在这种模式下，学生不仅要掌握专业技能，而且要了解和适应职场的规则和文化，这对于提升其职业素质和人际交往能力至关重要。此外，由于课程设置紧密地结合了企业的实际需求，学生所学的知识和技能更加贴近实际，更具应用价值，这也使他们在毕业后能更好地适应工作，更快地进入角色。

（四）提升教育质量和教学效果

一方面，教育与产业的紧密结合能够提高教育的实用性和针对性，使教育更具现实意义。通过了解行业的实际需求，教育机构可以更准确地定位课程内容，使之更符合产业发展的趋势。这样，学生所学的知识和技能就能够与社会和经济发展的实际需求更好地匹配，提升教育的质量。

另一方面，教育与产业的结合可以为教师提供实际的教学环境，使他们能够以实际的产业情境为教学内容提供背景。这样，学生就能够在更加真实的环境中进行学习，提高他们的实践能力和问题解决能力，从而提升教学效果。

另外，产业链对于人才的需求是具体的，通过了解这些需求，教育机构能够为学生提供更加精准的职业规划和职业指导。这样，学生就能够在大学阶段就开始为自己的职业生涯做好规划，提高他们的就业竞争力。

四、衔接教育链和产业链的对策

（一）以"1+X"证书为依托，打造产教融合实践基地

实践基地是职业教育的关键硬性资源，它既是实施实践教学的主要场所，也是学院与社会对接、企业参与教育、学院与企业合作开展社会培训的重要依托。为了实现技术技能型人才的培养目标，实践基地必须具备高度仿真的实训条件，这无疑需要大量的资金投入。2019年，教育部等四部门出台《关于在院校实施"学历证书＋若干职业技能等级证书"制度试点方案》，提出

"推动学校建好用好学校自办、学校间联办、与企业合办、政府开办等各种类型的实训基地"，"1+X"证书制度是一种以产教融合、校企合作为重点的创新人才培养模式，代表了多主体参与职业教育治理的有效方式。各主体可以利用"1+X"证书制度的优势，推动产教融合实践基地的建设。

1. 吸引多方主体以多样化形式共建共管实践基地

产教融合人才培养实践基地的建设主体涉及政府部门、培训评估机构、相关企业和试点学校等，各主体通过资金、设备、师资、知识产权等多种资源的协调配合，参与到实践基地的建设中。根据典型职位（群体）所需的专业知识、职业技能和职业素养，可以构建集实践教学、社会培训、企业生产和社会服务于一体的实训基地，满足社会、企业和学生的发展需求。

通过整合资源，共建共管实践基地，不仅可以提高实训设备的先进性，提高职业学校的实训条件，提升人才的实践操作能力，还可以为学生提供了一个快速成长和迅速融入企业环境的通道，从而节省企业的培训和管理成本。同时，学校可以与企业共建实验室，共享实验资源，实现互利共赢。

2. 注重生产与教学、企业与学校、产业与教育的融合

"1+X"证书制度，其中"1"代表学历教育，而"X"代表与学历教育相结合的一项或多项职业技能证书。这种制度鼓励学生在获取学历的同时，通过获得一项或多项职业技能证书，增强专业技能和就业竞争力。此制度的实施，要求在实训体系、教学模式、资源配置、运营管理、师资建设、考核评价等方面，均遵循生产与教学、企业与学校、产业与教育的融合原则，以育训结合为核心。

在实训体系构建方面，要依据"X"证书的标准和要求，重新构建技能实训项目。具体而言，这些实训项目需要实现等级化、模块化、学分化，以满足不同类型学习者的个性化需求。这种方式不仅可以提高学生的专业技能，还可以让学生在实践中体验到与真实职场相接近的工作环境和流程。

在教学模式上，需要通过与企业的紧密合作，将企业的实际工作经验和技能要求融入教学内容，使教学与企业生产实际相结合。例如，采取"工学交替、校企合作"的教学模式，让学生在学习和实践中逐步形成理论与实际相结合的能力。

在资源配置上，学校、政府和企业需要共同参与，整合各自的优势资源，打造符合行业需求的高校实训平台。例如，学校可以利用自身的教学资源和科研优势，企业则可以提供实训场所和设备，政府则可以提供政策和资金支持。

对于运营管理，一方面，学校应以产教融合为目标，建立健全与企业的沟通机制，及时了解企业需求，调整课程设置和教学方法；另一方面，学校需要与企业建立长效的合作关系，通过共建共享，优化实训资源，提升实训质量。

在师资建设上，除了需要具备良好的专业知识和教学能力外，教师还需要了解行业动态，把握行业技能需求，提升自身的企业实践经验，以便更好地进行课程设计和教学实践。

在考核评价上，应该结合"1+X"证书的标准和要求，同时考查学生的理论知识和实际技能，使评价更加全面和客观。这需要构建符合职业技能特性的评价体系，采取形式多样的考核方式，如理论测试、实训考核、项目评价等，使学生的知识、技能和素养得到全面评价。

在"1+X"证书制度下，实践教学不再只是简单的技能训练，而是通过实训项目，引导学生理解和掌握专业理论，培养他们的创新意识和解决问题的能力。学生在实践中，可以深入理解学习的专业理论，进一步提升专业技能，提高就业竞争力。这种教育模式，有利于实现教育和产业的深度融合，更好地服务社会经济发展。

此外，企业、学校和政府也从中获益。企业可以通过参与学生的教育和培训，提前了解和熟悉潜在的员工，减少其培训和招聘成本，同时，企业的参与也有助于提升其社会形象和社会责任感。学校通过与企业的合作，可以提升其教育质量，增强学生的就业竞争力，进而提升学校的声誉和影响力。政府则可以通过这种方式，更好地平衡劳动力市场的供需，促进社会经济的发展。

（二）共建共同体平台和资源共享平台

产教融合人才培养生态系统的运作依赖于各主体间的有效协同，以形成一种能量流动与资源共享的循环机制。这不仅取决于各主体的合作协同程度，还与合作平台的构建及其有效性紧密相关。构建一个创新、开放、平台化的生态系统，需要利用"互联网+"的优势，推动招生、教育教学、师资建设、考核评价等共享平台的建设，以及教育资源、人力资源等资源的互动共享，从整体层面统筹规划，降低各利益相关方的合作与交流成本，确保信息的有效性和时效性。

共同体平台可以分为虚拟平台和实体平台两大部分。实体平台是由地方政府、行业、企业、科研机构、社会组织等主体以产教融合项目为基础共同构建的，它是合作实施的现场和载体。而虚拟平台则依托于互联网、云计算、人工智能、区块链等现代信息技术，构建一个数字化、开放性、集成化、互动化的网络空间。这两个平台相互依存，互为补充，共同构建了一个功能完善的生态化共同体平台。这个共同体平台不仅能实现政策发布、法规颁布、评价反馈、咨询服务、人才需求预测等服务的平台化，还能实现课程资源、学生实习实训和就业数据、管理评价等内容程序的平台化。更重要的是，共同体平台不只局限于职业院校和企业的"点对点"合作，它还可以以区域、行业、产业集群为边界，汇聚各类相关要素进行"线性"的串联和并联，构建出一个产教融合网络，优化各要素的交换机制，创新性地打造产教融合人才培养生态系统。

产教融合人才培养生态系统是由多个主体协同合作而形成的，其功能单位依赖于资源的共享和循环。这些资源为产教融合系统的优化发展提供了重要的推动力。为了推动系统的有序发展，需要整合并优化资源配置，发挥这些资源在非线性竞争与合作中的作用，建立一个由各共享主体协作参与的优质资源建设联盟。这样可以实现优质资源的共享，并使各主体获得自己所需的资源。

此外，构建并完善一个多元主体共建共享的优质"资源库"机制也十分必要。创建各类优质资源库，如行业能力标准资源库、评估指南资源库、实习实训资源库、教学示范案例库、资格认定资源库等，有助于构建高质量的资源生态供应链。这将为基于资源需求的产教融合中的各种优势要素的重新配置、异质性资源的交换和整合提供便利。

（三）实现专业课程的相互贯通

教育培训环节是产教融合的基石和核心，而课程则是职业人才教育培训的主要载体。课程融通需要人才供应和需求两方面的多元主体共同参与，共同推动教师教育、教材制作和教学方法的改革。

1. 职业岗位技能标准和专业教学标准"融通"

学校、企业和行业需要联合起来，依据企业岗位的特点，共同制定专业教学标准。这个标准不应仅仅是学术知识的传授，而应包括企业真实工作环境中所需要的技能和专业知识，这样才能更好地满足企业的实际需求。同时，教学组织形式的设计与应用也需要改革。过去的教学模式可能过于理论化，而忽视了实践操作的重要性。在产教融合的环境中，应更多地引入实践教学环节，让学生有机会亲身体验和实践所学的理论知识。

将相关职业能力需求有效嵌入专业课程标准和教学过程，是实现课程融通的重要步骤。这需要在设计课程的时候，就考虑到对职业能力的培养问题。例如，教师在教学过程中可以设置一些专门的实践环节，让学生在真实或模拟的工作环境中，将理论知识与实际操作相结合，从而帮助学生提升职业技能。

充分利用院校和企业的场所和资源，参与学生的实践教育，是实现课程融通的另一个重要方面。例如，学校可以通过校企合作，为学生提供在企业中实习的机会，让他们在实习过程中体验到工作的真实情况，进一步理解和掌握所学的专业知识和技能。同时，可以通过开放学校的实验室和设施的方式，让企业的员工来学校进修或进行技术研发，这样既可以提高学校的教学质量，也可以为企业提供技术支持。

2. 生产内容与课程设置、教学内容"融通"

实际的生产内容与课程设计、教学内容的融通，对于产教融合模式下人才培养的有效性具有至关重要的意义。行业企业实际生产过程中的新技能、新规范、新工艺的引入，有助于课程体系的重构，进而促使相关方编写出切合实际需求的校本教材和企业内部训练教材。

生产内容与课程设计的融通意味着课程的内容需要随着行业的发展进行

调整。在过去的教育模式中，课程的设置往往以理论知识为主，缺乏对实践技能的重视。而在产教融合模式下，课程设计需要将理论知识和实践技能相结合，将企业的实际生产需求纳入课程设计之中，从而提升学生的实际操作能力和就业竞争力。

新技能、新规范、新工艺的引入，能够使学生在在校期间就接触到最新的行业发展动态。如果某个行业的生产流程出现了重大的改革，那么学校可以及时调整课程内容，将这些新的改革内容纳入课程教学，让学生在学校就能熟悉和掌握这些新的生产流程。

相关方编写的校本教材和企业内训教材，需要结合企业的实际需求和行业发展动态，确保教材内容的实用性和时效性。此外，教材编写还需要结合学生的学习需求，确保教材的难易度和适用性适合学生学习。例如，教材中可以设计一些实际的案例，让学生在理解理论知识的同时，能够将知识应用到实际问题中去。

3. 人才供应、服务供应融入产业链

在今天的信息社会，产教融合已经不再仅限于传统的生产与教学内容的融通，而是更多地要求高校能够灵活运用现代信息化技术来推动产教融合的深入发展。在这种背景下，开发与产品创新升级、生产流程再造等内容相关的信息化课程资源，并利用信息化平台满足校企人员知识更新及自主学习的需要，已经成为当前产教融合模式的一个重要发展方向。

产业的快速发展要求高校能够及时开发出符合新的产品创新和生产流程的信息化课程资源。这一方面需要教育者具有敏锐的市场洞察力，能够快速捕捉到产业发展的新趋势，及时更新和开发课程内容；另一方面，也需要教育者能够运用现代信息化技术，将这些新的知识以高效、便捷的方式传授给学习者。

信息化平台的运用能够极大地方便校企人员的知识更新和自主学习。例如，通过在线课程、远程教学等方式，学习者可以在任何时间、任何地点进行学习，大大提高了学习的灵活性和便利性。同时，通过数据分析和人工智能推荐，学习者可以获得个性化的学习资源和学习路径，提高学习的效率和效果。

通过信息化课程资源和信息化平台的运用，可以让院校的人才供应和服务供给更好地融入产业链。一方面，开发与产业密切结合的课程内容，可以培养出更符合产业需求的高素质人才；另一方面，信息化平台可以让学校的教育服务更加快速、高效地传递给产业，提高教育服务的市场响应速度和质量。

第四节　建立科学的利益分配体系

一、产教融合人才培养中科学利益分配体系的重要性

在产教融合人才培养中，构建科学合理的利益分配体系具有十分重要的意义，主要表现在以下几方面，如图 7-7 所示。

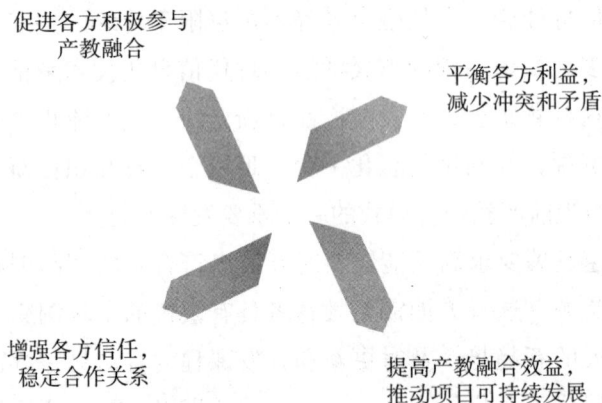

促进各方积极参与
产教融合

平衡各方利益，
减少冲突和矛盾

增强各方信任，
稳定合作关系

提高产教融合效益，
推动项目可持续发展

图 7-7　产教融合人才培养中科学利益分配体系的重要性

（一）促进各方积极参与产教融合

科学的利益分配体系在产教融合人才培养中起着至关重要的作用，它是推动各方积极参与产教融合的强大动力。实施产教融合，无论是学校、企业还是政府，都是为了获取相应的利益，这种利益可以是经济上的，也可以是

社会上的，后者如提高教学质量、优化人才培养结构、提高就业率、增强区域竞争力等。

一方面，学校作为教育提供者，参与产教融合可以接触到最新的企业需求和技术动态，提高教育教学的针对性和实效性，提升学校的教育教学水平，同时有可能通过合作获取企业的支持和投入，为学校的发展提供更多资源。这就需要有一个科学的利益分配体系来激励学校积极参与产教融合。

另一方面，企业作为人才需求方，参与产教融合可以为企业定向培养所需的高技能人才，解决人才供需矛盾，同时有可能通过合作获取到学校的科研成果和技术资源，提升企业的技术水平和竞争力。这同样需要有一个科学的利益分配体系来激励企业积极参与产教融合。

最后，政府作为产教融合的推动者和规范者来推动产教融合，可以优化人才培养结构，解决就业问题，促进经济社会发展，同时可以通过政策引导和支持，促使学校和企业更积极地参与产教融合，形成良好的社会效益。这也需要有一个科学的利益分配体系来激励政府积极推动产教融合。

（二）平衡各方利益，减少冲突和矛盾

在产教融合人才培养过程中，科学的利益分配体系能够有效地平衡各方的利益，减少潜在的冲突和矛盾，这对于整个系统的健康和稳定运行至关重要。

一方面，学校、企业和政府在产教融合中拥有不同的角色和利益需求。学校希望通过产教融合提升教育质量，培养出更具竞争力的学生，从而提升自身的声誉和地位；企业希望通过参与教育过程，直接对人才培养进行影响，满足自身的人才需求；而政府则希望通过产教融合提升整体的人才培养水平，满足社会经济的发展需求。这三方的利益如果不能得到有效的协调和平衡，就可能导致冲突和矛盾的产生。例如，企业过度干预教育内容，可能会忽视学生的全面发展需求，或者学校过度追求声誉，可能会忽视与企业的合作，这些都可能引发冲突。

另一方面，科学的利益分配体系能够通过明确各方的权利和义务，保障各方的合法利益，使各方在产教融合过程中形成良性的互动关系。例如，学

校可以通过与企业签订合作协议，明确企业在人才培养中的角色和权益，保障学校的教育主导权；企业可以通过参与教育决策，表达自身的需求和期望，保障企业的利益；政府则可以通过政策引导和监管，保障产教融合的公平性和公正性。

（三）提高产教融合效益，推动项目可持续发展

在产教融合人才培养中，科学的利益分配体系对提高产教融合效益，推动项目可持续发展具有显著的影响。

科学的利益分配体系能够激励各方积极参与产教融合的实践。在一个公平、透明、预期收益明确的环境下，各方更愿意为产教融合付出时间、精力和资金。学校可以通过提供高质量的教育，提升其声誉和吸引力，吸引更多的学生和社会资源；企业通过参与教育过程，培养出符合自身需求的人才，降低招聘和培训的成本；政府可以通过优化人才结构，促进社会经济的发展。这些都将显著提高产教融合的整体效益。

科学的利益分配体系有助于产教融合项目的持续发展。一方面，当各方在产教融合中获得了预期的收益，其将更愿意长期参与，这有利于形成稳定的合作关系，保障产教融合项目的连续性。另一方面，当产教融合项目在社会上取得了显著的效果，例如，提升了学生的就业率，提高了企业的生产效率，促进了地方经济的发展，将有利于吸引更多的社会资源投入产教融合中，从而形成一个良性的循环。

科学的利益分配体系还有助于防止产教融合中可能出现的问题，例如，权责不明、资源配置不合理等，保障产教融合项目的稳健性。只有在公平、合理的利益分配体系下，各方才能在产教融合中得到满足，才能有动力持续投入，才能真正实现产教融合的目标。

由此可见，科学的利益分配体系在提高产教融合效益，推动项目可持续发展方面发挥了重要作用。这需要各方共同努力，建立起公平、合理、透明的利益分配体系，为产教融合的深入发展创造良好的条件。

（四）增强各方信任，稳定合作关系

科学的利益分配体系在产教融合人才培养中，对增强各方信任、稳定的

合作关系的重要性不容忽视。在产教融合的过程中，各方的利益分配是复杂而敏感的。每一个参与者都期待从这个过程中获得明确而公平的回报。因此，一个科学、公正、公开的利益分配体系是稳定各方参与、增强各方信任的关键。

科学的利益分配体系可以明确各方的权益和责任，减少不确定性，使参与者对合作的结果有更清晰的预期。每个参与者都能在这个体系中看到其的付出与收获之间的明确联系，这将增强参与者对整个合作过程的信任。

公平的利益分配可以使各方感到被尊重和重视，这将进一步增强其归属感和认同感。各方会更愿意分享其资源和知识，更愿意长期和深度地参与到产教融合的实践中。

公开透明的利益分配体系，可以增加各方的信任度，减少猜疑和冲突，稳定合作关系。公开的信息可以帮助各方及时理解和接受合作的结果，从而消除可能的误解和争议。

总之，产教融合人才培养中科学的利益分配体系对增强各方信任、稳定合作关系具有重要的作用。一个公正、公开的利益分配体系，不仅可以保护各方的权益，减少冲突，还可以稳定各方的合作关系，提高合作效率，促进产教融合的长期发展。在实践中，各方应该根据自己的需求和贡献，积极参与利益分配体系的构建，以实现公平、公开和可持续的产教融合。

二、产教融合人才培养中构建科学利益分配体系的原则

在产教融合人才培养中，利益分配体系的建立健全需要遵循一定的原则，如图 7-8 所示。

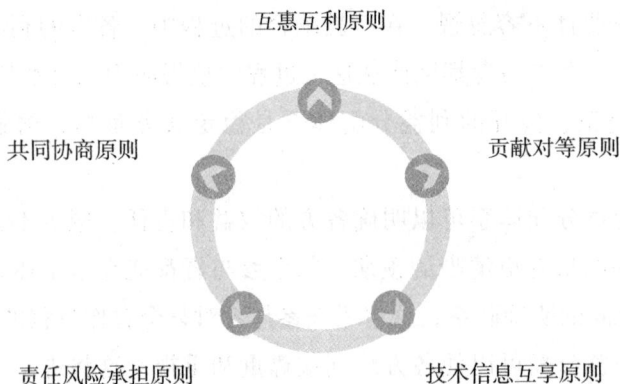

图 7-8　构建科学利益分配体系的原则

（一）互惠互利原则

在产教融合人才培养模式中，互惠互利原则强调各方在人才培养的过程中，既要考虑到自身的利益，也要考虑到合作伙伴的利益，实现共享共赢。这个原则的实现有赖于精细化的合作协议和公正公平的分配制度。

教育机构通过产教融合能够得到更多的实践资源，提升教学质量，提高学生的就业率，从而提高其社会声誉和吸引力。同时，这种合作模式也能为教育机构提供更多的研究资金和项目机会，促进科研创新。教育机构的这些收益可以通过增加学生数量、提高学费、获得科研项目资助等方式实现。

企业和行业也能从产教融合中获得巨大的利益。通过与教育机构的合作，企业可以参与到人才培养的全过程中，培养出更符合自身需求的人才，提高其竞争力。此外，企业还可以通过这种合作方式获取最新的科研成果，促进自身的技术创新。企业的这些收益可以通过提高生产效率、提高产品质量、降低人力成本等方式实现。

互惠互利原则要求各方在分配利益时，既要考虑自身的投入，也要考虑到他人的贡献。例如，教育机构在获得企业的技术支持和实习资源时，应给予企业一定的回报，如技术转让费、实习费等。同样，企业在获得教育机构的科研成果和人才培养服务时，也应给予教育机构一定的回报，如研究资金、项目合作费等。

（二）贡献对等原则

在产教融合的人才培养过程中，贡献对等原则是实现各方公平、合理分配利益的关键。这一原则主要强调，各参与方在产教融合过程中的利益分配应与其所做出的贡献相对应，即谁贡献大，谁利益大，进而推动各参与方更积极地投入产教融合的工作中。

对于教育机构而言，其主要的贡献在于提供高质量的教育服务，包括课程设计、教学、实践指导、技能评估等环节的落地实施。这些贡献对于人才的培养质量、人才的专业素养以及学生的就业能力等方面有着直接的影响。因此，教育机构应该根据其在产教融合中的贡献获得相应的经济收益和社会认同。

对于企业而言，其主要的贡献在于提供人才培养所需的场景、技术等资源，还有在产教融合过程中对技术研发、实习实训、就业指导等环节的积极参与。这些贡献有助于学生理论与实践的结合，提升学生的技能和就业竞争力。因此，企业应该根据其在产教融合中的贡献获得相应的人才供给和科研成果等利益。

同时，贡献对等原则还要求各方在面临风险和承担责任时，也要体现出贡献的对等性。例如，教育机构在面临学生教育质量、毕业就业率等方面的压力时，企业应该相应地承担起提供高质量实习、就业指导等责任；企业在面临技术研发、人才需求等方面的压力时，教育机构应该相应地承担起提供高质量教育、技术研发等责任。

（三）技术信息互享原则

技术信息互享原则在产教融合人才培养中构建科学利益分配体系的过程中起着关键的作用。这一原则意味着所有参与者，无论是教育机构还是企业，都应积极共享彼此的技术信息，以增强整个系统的创新能力和竞争优势。技术信息互享原则不仅有助于减少重复劳动并提高效率，而且可以增强产教融合人才培养的全局性和前瞻性。

技术信息互享原则可以推动技术创新。教育机构和企业共享技术信息，可以集中优势资源，优化技术研发路径，避免重复劳动，从而提高技术研发效率和水平。例如，企业可以将自己在行业内的最新技术发展和需求分享给教育机构，以指导教育机构的课程设计和研究方向；教育机构可以将自己的科研成果分享给企业，帮助企业解决技术难题。

技术信息互享原则可以提高人才培养的质量和效率。教育机构和企业共享技术信息，可以使人才培养更加贴近实际，增强学生的实践能力和就业竞争力。例如，企业可以提供实习实训机会，让学生在实践中了解和掌握最新技术；教育机构可以根据企业的技术需求，调整教学内容和方式，以提高学生的学习效果和满意度。

技术信息互享原则可以加强各方的合作关系。各方可以通过共享技术信息，更好地了解彼此的需求和能力，从而建立起更紧密、更持久的合作关系。例如，企业可以通过与教育机构的深度合作，获得稳定的高质量人才供应；教育机构可以通过与企业的深度合作，获得丰富的实践资源和科研资金。

（四）责任风险承担原则

在产教融合人才培养中构建科学利益分配体系的过程中，责任风险承担原则是另一个至关重要的准则。这个原则强调，所有参与方，无论是教育机构还是企业，都应该根据其能力和在合作中的角色，承担相应的责任和风险。

从教育机构的角度来看，其在产教融合人才培养中的主要责任在于提供优质的教育服务，对学生进行专业技能和职业素养的培养，确保人才培养的质量。同时，教育机构也应该承担一定的风险，包括课程设置的风险、师资力量的风险、教育投入的风险等。如果教育质量不达标，或者无法满足企业和社会的需求，教育机构应该承担相应的责任。

从企业的角度来看，其在产教融合人才培养中的主要责任在于提供实践实训的场所和资源，参与到学生的职业教育和培训过程中，并确保学生能够在实践中学习到必要的专业技能和知识。同时，企业也应该承担一定的风险，包括投入的风险、技术转移的风险、人才需求的风险等。如果企业无法提供良好的实训环境，或者无法满足学生的职业发展需求，企业应该承担相应的责任。

责任风险承担原则还强调教育机构和企业之间的责任和风险应该相互配合，形成动态平衡。例如，教育机构在增加投入、提升教育质量时，企业应该提供更多的实训资源和技术支持；企业在扩大规模、提升技术水平时，教育机构应该加强专业课程的教学，提供更高质量的人才培养。

（五）共同协商原则

在产教融合人才培养中构建科学利益分配体系的过程中，共同协商原则发挥着至关重要的作用。这个原则强调，所有参与方，包括教育机构、企业、学生、政府等，应共同参与到利益分配的决策过程中来，通过公开、公平、公正的协商机制，达成一致的利益分配方案。

共同协商原则的实施可以确保利益分配的公平性和合理性。在产教融合的过程中，各方的利益并不完全一致，甚至有可能存在冲突。通过共同协商，各方可以在平等的基础上充分表达自己的需求和期望，理解和尊重其他方的利益需求，最终达成一个既能满足各方需求又符合整体目标的利益分配方案。

教育机构可以在协商中提出自己在教学资源、科研经费、人才培养等方面的利益需求；企业可以提出自己在技术研发、人才供给、市场开拓等方面的利益需求；学生可以提出自己在知识技能、职业发展、待遇保障等方面的利益需求；政府可以提出在社会稳定、经济发展、公共服务等方面的利益需求。

共同协商原则的实施也有助于加强各方的合作关系。在协商过程中，各方不仅可以明确自己的利益需求，还可以了解和理解其他方的利益需求，增强彼此的信任和理解，从而形成更紧密、更持久的合作关系。

此外，共同协商原则的实施还可以提高利益分配的效率和透明度。公开、公平、公正的协商机制可以保证所有参与方都有机会参与到决策过程中来，避免了一方独裁、一方被排除的情况发生。同时，协商过程的公开也有助于提高利益分配的透明度，避免不公正、不透明的利益分配对产教融合的负面影响。

三、构建科学的利益分配体系的策略

生态系统理论主张互利性原则，这是生态系统中各参与者和谐共生的基础。协调利益是达成集体行动的必要条件。在目前的产教融合实践中，各方面临的挑战是如何确保所有利益相关方都能有效地实现其预期收益。如果这些需求无法得到满足，就可能引发冲突。

产教融合的参与主体多种多样，每个主体的"利益"表现形式各不相同。各方投入资源后，需要建立起一套以满足所有参与方需求和合理回报为目标的体制和机制，或者提供一个平台，使所有主体的利益诉求都能得到充分的表达。在此基础上，就可以实现产教融合中各主体分工协作，各尽其责，各取所需的设想。高等教育的产教融合生态系统的运行过程，是一个利益相关方通过协同合作和成果共享来实现整体优化的过程。这就需要具备一种整体优化的思维，从而追求共同利益的最大化，同时要关注单方面的利益最大化，这样才能激发所有参与方的积极性和主动性。构建科学的利益分配体系，可以从以下几方面入手，如图 7-9 所示。

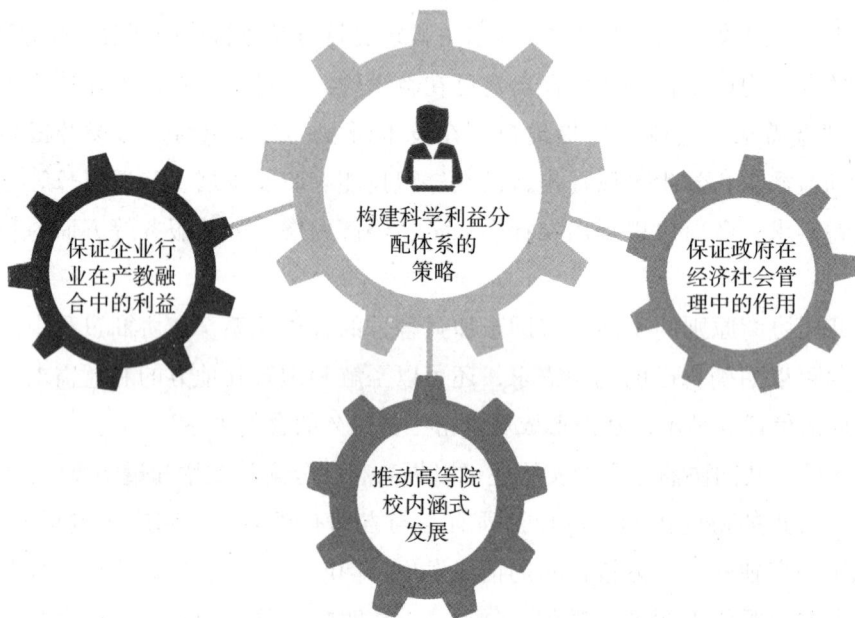

图 7-9　构建科学的利益分配体系的策略

（一）保证企业行业在产教融合中的利益

企业在产教融合中的角色极为关键，对企业的利益保障不仅影响到企业自身的发展，还直接关系到产教融合的效果和可持续性。在确保企业行业利益的问题上，主要可以从以下几个方面进行。

1.企业与高校密切合作

产教融合的本质在于企业与高校的紧密合作。企业需要适应自身的产业和岗位需求，制定行业职业标准，并在人才培养、招聘学徒、岗位标准制定、教学内容制定等方面与高校进行充分沟通。这样做能够确保教育的内容和方向与企业的实际需求相符，从而使培养出的人才能够更好地满足企业的需求。同时，通过建立专门处理产教融合事宜的部门，企业可以更有效地参与到高校教育的管理和决策中，进一步保证其在产教融合中的利益。

2.企业全方位全程参与高校人才培养

企业在产教融合中的角色不仅仅是接纳培养出的人才，更重要的是要全程参与到高等院校的人才培养过程中。这包括为学校提供实习机会、专业知识讲座、行业研讨会等，使学生有更多的机会接触到实际的工作环境，提升他们的实践经验和专业适应能力。同时，企业可以在学生的实践训练过程中发现并培养潜力人才，提前布局人才储备，实现双赢。

3.高等院校跨界整合，与利益相关方共享资源

在产教融合过程中，高等院校也需要主动跨界整合，联合各方共享资源，以实现多组织竞合共生、共同发展。这包括在人才培养、项目合作、技术研发、实习就业、社会服务、文化传承等领域，与企业、政府、社区等各方紧密合作，共享资源和成果，提升产教融合的层次和水平。这样做可以使企业在投入有限的资源的同时，获得更大的回报，进一步激发企业参与产教融合的积极性。

4.合理的投入产出比的保障

企业参与产教融合，本质上是一种投资行为。为了确保这种投资的效益，必须保障企业获得合理的投入产出比。这一比例不仅包括经济层面的投入和产出，还包括人才、技术、品牌等非物质性的投入和产出。因此，合理的投入产出比并不意味着简单的一定金钱投入换来等量的金钱产出，产教融合模式下，各主体应该在综合考虑各种投入和产出的基础上，尽量实现对企业全面利益的最大化。

5.建立稳定的合作关系

产教融合涉及多个主体的合作，其中就包括企业和高等院校。建立稳定

的合作关系对于保障企业在产教融合中的利益至关重要。一方面，稳定的合作关系可以使企业在人才培养、技术研发等方面有更长期、更深入的投入，从而获取更大的回报；另一方面，稳定的合作关系也可以使企业有更多的话语权，使其在人才培养、项目合作等方面的需求能够更好地得到满足。

（二）推动高等院校内涵式发展

在产教融合的背景下，高等院校发展不仅需要依靠传统的教学资源和教学方法，还需要借助产业的力量，实现校内外资源的深度融合，促进院校的内涵式发展。具体来说，可以从以下几方面入手。

1.发挥地方优势，提升教学质量

产教融合能够发挥地方优势，帮助高等院校更好地利用本地的产业资源，实现产业和教育的深度融合。这样一来，可以使学校的教学内容与地方产业的需求更加契合，提高教学的实用性和针对性，从而提升教学质量。

例如，江苏省是中国的重要制造业基地，尤其是在汽车、电子设备等高技术制造业方面具有显著优势，因此当地的高等院校可以通过与这些企业的深度合作，开展产教融合。例如，学校可以设计和开设与汽车制造有关的专业和课程，让学生有机会直接接触到最新的汽车制造技术和流程。同时，这些企业可以提供实习机会，让学生在实习过程中了解和参与到实际的生产活动中，使他们能够在实践中学习和提升技能。另外，企业也可以与学校共同开发一些研究项目，让学生有机会参与到最前沿的科技研发工作中。这样一来，学生不仅能够掌握理论知识，还能够提高自己的实践能力和创新能力。因此，这种产教融合模式使教学内容与地方产业的需求更加契合，提高教学的实用性和针对性，从而提升教学质量。同时，这有助于学生在毕业后更好地找到工作，提高教育的就业导向性。

2.发挥资源优势，强化实训教学

产教融合能够充分发挥企业的资源优势，帮助高等院校丰富和完善教学资源。例如，通过与企业的合作，学校可以获取最新的行业知识和技术，丰富教学内容；通过企业提供的实习实训平台，学生可以接触到真实的工作环境，提升实践技能。

3.发挥文化优势，增强学校的吸引力

产教融合还可以借助地方文化的优势，塑造学校的特色和品牌。通过整合地方文化资源，学校可以培养出具有地方特色的人才，同时可以提升学校的知名度和影响力，增强学校的吸引力。

例如，四川成都有非常丰富的文化资源，如川剧、四川菜等，同时是现代创意产业和电子信息产业的集聚地，当地的高等院校就可以充分利用这些文化资源，开展与之相关的教学和研究项目。高等院校可以开设川剧表演和道具制作、四川菜烹饪和营养学等专业，培养相关人才。在教学过程中，学生可以直接接触并学习这些非物质文化遗产，更好地理解和传承这些文化。学校还可以与当地的创意产业和电子信息产业企业合作，开设相关的实习项目和课程，让学生有机会了解并参与这些现代产业的实际运作。此外，学校还可以举办相关的文化活动，如川剧表演、四川菜烹饪比赛等，吸引社会的关注，提升学校的知名度和影响力。这样一来，学校不仅可以培养出具有地方特色的人才，还可以增强自身的吸引力，吸引更多优秀的学生和教师。

4.发挥企业资金技术优势，提升教育的实效性

产教融合的实施，使高等教育不再受限于学校的教学设施和资金投入，企业的资金、设备、技术等资源可以流动到学校，为高等教育的发展注入新的活力，提升高等教育的实效性。

以深圳为例，深圳是中国的科技创新中心，拥有华为、腾讯、大疆等世界级科技企业。这些企业在科技创新和研发投入上占据世界前列，同时，对于高技能人才的需求也非常大。另一方面，深圳的高等教育机构正在培养一代又一代的优秀学生，但他们需要更多实践性的教学场所，以将理论知识转化为实践技能。产教融合在这里得到了很好的实践。科技企业可以与高校进行深度合作，将他们的资金和最新的科技资源投入教育中。例如，企业可以资助学校的科研项目，给学生提供实习和实践的机会，或者共同开设课程，让学生有机会直接接触和使用最新的科技产品和开发工具。高校则可以利用这些资源，提升教育质量，让教学内容更贴近实际需求。

5.实现精准对接，促进高等教育与市场需求的匹配

产教融合可以实现产业发展需求与职业人才培养供给的精准对接。企业

可以根据自身发展需求，参与到高等教育的课程设计、教学过程等环节中，提高人才培养的针对性，同时能为学生提供更多的就业实习和就业机会，从而减小学校毕业生就业的难度。

6.特色化建设，提升高等院校的竞争力

产教融合为高等院校提供了特色化建设的机会，使高等院校能够更加精准地定位自身的发展方向，根据产业发展和市场需求，调整教学内容和教学方式，打造具有自身特色的优质课程，提升高等院校的竞争力。

7.实现优质毕业生输出，提升学校社会声誉

通过产教融合，高等院校能够根据产业需求，科学设计课程，合理规划教学，从而提高毕业生的专业技能和就业竞争力，实现优质毕业生的输出，提升学校的社会声誉。

（三）保证政府在经济社会管理中的作用

在经济社会管理中，政府起着至关重要的作用，特别是在推动地方产业经济发展的过程中。这在产教融合的背景下更是如此。产教融合，即产业与教育的紧密结合，其核心目标是培养符合产业需求的高质量人才，以推动经济的可持续发展。政府在这个过程中扮演着什么样的角色，如何通过政策支持和协调来推动产教融合的实现，是值得深入探讨的。

政府作为产教融合的主导者，承担着提供政策支持和财政援助的职责。无论是为高校提供科研基金，还是为企业提供税收优惠，都是政府在财政方面扶持产教融合的重要方式。但仅仅提供财政支持是不够的，政府还需要在调和各方利益诉求和文化冲突上发挥作用。由于高校和企业在价值观、运营模式、人才培养方式等方面存在较大的差异，因此各方不可避免地会产生一些文化冲突。政府需要通过政策引导，促进各方文化的交融和包容，为产教融合创造良好的环境。

政府可以通过产教融合，实现科研人才和技术技能资源的整合。科研人才和技术技能是推动经济发展的关键，政府可以利用产教融合的机会，打通科研和生产之间的隔阂，让科研成果更好地转化为生产力。同时，政府需要注重公益性目标与经济性追求的平衡。产教融合不仅要追求经济效益，还要

注重社会效益，政府应调整政策，确保两者之间的平衡。

　　政府可以通过产教融合，推动经济社会的创新发展。产教融合可以使地方集聚更多的人才、技术、资本，提升地方竞争力，有利于政府高效地管理经济社会。政府可以通过优化人力资源配置，推动产业体系的整体优化和全球中高端产业链的发展。这对于新时期的经济社会创新、智慧发展和可持续发展具有重要意义。产教融合在培养符合未来产业需求的人才方面有着独特的优势，政府可以通过引导和支持产教融合，推动产业结构升级，促进经济社会的可持续发展。

参考文献

[1] 黎鲲. 高职院校产教融合模式及其评价机制 [M]. 西安：陕西人民教育出版社，2022.

[2] 黄艳. 产教融合的研究与实践 [M]. 北京：北京理工大学出版社，2019.

[3] 秦凤梅. 职业教育：产教融合质量评价探索 [M]. 重庆：重庆大学出版社，2021.

[4] 蒋新革，等. 新时代高职产教融合路径研究 [M]. 广州：中山大学出版社，2021.

[5] 黄佳. 产教融合一体化育人策略与实践 [M]. 北京：中国原子能出版社，2021.

[6] 王云雷. 产教融合：中国职业教育发展的关键路径 [M]. 北京：团结出版社，2020.

[7] 祝木伟，毛帅，赵琛. 产教融合型实训基地建设与评价研究 [M]. 徐州：中国矿业大学出版社，2020.

[8] 柏芳燕. 构建产教融合生态圈的研究与实践 [M]. 北京：中国原子能出版社，2020.

[9] 唐新贵，唐连生. 基于互联网生态助推产教融合发展：宁波工程学院经管案例精选 [M]. 北京：中国财富出版社，2019.

[10] 谢少娜，洪柳华，傅燕萍. 基于产教融合背景下的高职学生就业创业教育研究 [M]. 沈阳：辽宁大学出版社，2021.

[11] 鲁武霞，沈琳. 混合所有制"共享工厂"：高职产教融合的新模式 [M]. 南京：河海大学出版社，2021.

[12] 徐健，周士浙. "智能 +"背景下的产教融合模式建设水平提升研究 [M]. 沈阳：辽宁大学出版社，2020.

[13] 许士密. 行业学院模式下地方高校产教融合专业群建设研究 [M]. 青岛：中国海洋大学出版社，2019.

[14] 赵熹. 高职院校产教融合的研究与实践 [M]. 西安：西北大学出版社，2022.

[15] 李飞. 协同治理视角下高职院校产教融合治理研究：以浙江省 X 职业学院为例 [D]. 杭州：浙江工商大学，2023.

[16] 颜怡. 产教融合政策背景下本科职业教育人才培养机制优化研究：以 J 学院为例 [D]. 南昌：南昌大学，2022.

[17] 马晓等. 产教融合背景下我国高等职业院校特色专业建设研究：以河南 A 职业技术学院为例 [D]. 南宁：广西大学，2022.

[18] 陈蕾吉. 地方政府促进高职院校产教融合问题及对策研究：以四川省 A 学院为例 [D]. 成都：四川师范大学，2022.

[19] 王琪. 嘉兴市高职教育校企合作政策执行问题研究 [D]. 重庆：西南大学，2022.

[20] 任幼巧. 新工科背景下产教融合协同育人机制研究：以 W 学院为例 [D]. 上海：华东师范大学，2022.

[21] 邹文. 四川省政府推进职业教育产教融合的问题研究 [D]. 成都：电子科技大学，2022.

[22] 方菁华. 产教融合对应用型本科人才培养的价值及其实现路径研究 [D]. 广州：广东技术师范大学，2022.

[23] 高思茵. 产教融合视域下高职学生职业核心素养培养策略研究 [D]. 广州：广东技术师范大学，2022.

[24] 陆秋宇. 高职产教融合协同治理研究：以 Z 高职学院财会专业为例 [D]. 扬州：扬州大学，2022.

[25] 江雪儿. 产教融合背景下高职学生就业竞争力提升的策略研究 [D]. 广州：广东技术师范大学，2022.

[26] 王慧霞. 基于 CIPP 模式的高职院校产教融合评价指标体系建构研究 [D]. 广州：广东技术师范大学，2022.

[27] 司一凡. 高质量发展视域下高职教育产教融合协同机制研究 [D]. 呼和浩特：内蒙古师范大学，2022.

[28] 殷菊. 贵州省高职院校产教融合发展中政府作用优化研究 [D]. 贵阳：贵州大学，2022.

[29] 胡怡. 产教融合背景下民办高职院校师资队伍建设现状及对策研究：以浙江省为例 [D]. 金华：浙江师范大学，2022.

[30] 徐静. 产教融合背景下高校实践基地的设计研究 [D]. 景德镇：景德镇陶瓷大学，2022.

[31] 郑晨荷. 产教融合视域下民办高校应用型人才培养路径优化研究：以上海 J 高校为例 [D]. 上海：华东政法大学，2022.

[32] 田钰析. 产教融合视域下高职院校人才培养问题研究：以 H 省为例 [D]. 哈尔滨：黑龙江大学，2022.

[33] 李召华. 产教融合视角下专业课程改革的实践探索：以"电镀"课程为例 [D]. 信阳：信阳师范学院，2022.

[34] 刘青. 共生理论视角下安徽高职院校产教融合路径研究 [D]. 合肥：安徽建筑大学，2022.

[35] 陈振斌. 城市产教融合影响因素与评价体系研究 [D]. 徐州：中国矿业大学，2022.

[36] 徐佳. 甘肃省高职教育产教融合推进现状及策略研究 [D]. 兰州：兰州大学，2022.

[37] 陆晓莉，彭锦水，姜晓娟. 基于产教融合的组织育人机制研究 [J]. 就业与保障，2023（4）：184–186.

[38] 张守波，苏贺新，张彤."产教融合"在高校应用型法学专业人才培养中的探索 [J]. 黑河学院学报，2023，14（4）：88–90.

[39] 坚葆林. 产教融合校企"双主体"人才培养机制构建研究 [J]. 中国现代教育装备，2023（7）：166–168.

[40] 陈军. 我国高等教育产教融合协同育人长效机制构建：基于三螺旋理论的视角 [J]. 安康学院学报，2023，35（2）：32–37.

[41] 白静. 推动产教融合要让校企都得利：解读《关于深化现代职业教育体

系建设改革的意见》[J]. 中国科技产业，2023（4）：16-17.

[42]何文波，关键. 产教融合协同创新生态系统构建策略研究 [J]. 山东商业职业技术学院学报，2023，23（2）：88-92.

[43]陈磊，朱庆卉，刘夏. 利益相关者视角下深化产教融合动力机制研究 [J]. 当代职业教育，2023（2）：42-50.

[44]杨伟博. 浅谈建设产教融合型院校的意义和策略 [J]. 理财，2023（4）：98-100.

[45]刘文萍. 基于产教融合、协同育人的应用型人才培养模式创新探究 [J]. 西部皮革，2023，45（6）：36-38.

[46]张阳. 应用型本科高校产教融合难点与发展动力研究 [J]. 西安航空学院学报，2023，41（2）：79-84.

[47]郑丽伟. 高职院校产教融合创新的有效途径研究 [J]. 成都航空职业技术学院学报，2023，39（1）：4-6，75.

[48]王小兰，刘保县，严余松. 地方应用型本科高校产教融合机制创新研究与实践 [J]. 成都工业学院学报，2023，26（2）：22-27，37.

[49]陈斌. 高校深化产教融合运行机制建设的实施路径探索 [J]. 创新创业理论研究与实践，2023，6（5）：100-102，106.

[50]屈璐. 黄炎培产教融合思想的历史探究与当代价值 [J]. 职教通讯，2023（3）：5-10.

[51]谢西金. 我国职业教育产教融合政策 40 年发展历程的回顾、审视与展望 [J]. 继续教育研究，2023（4）：59-64.

[52]周斌，李兆敏，史重庆. 三全育人视域下高职院校产教融合实践基地建设策略研究 [J]. 现代商贸工业，2023，44（7）：28-30.

[53]王萍. 产教融合、校企合作应用型人才培养体系研究 [J]. 辽宁丝绸，2023（1）：89-91.

[54]王晨. 基于产教融合的高职院校创新创业人才培养模式研究 [J]. 科教导刊，2023（7）：18-20.

[55]孙新章，何洋. 职业教育产教融合的组织形态探析 [J]. 江苏经贸职业技术学院学报，2023（1）：69-72.

[56] 叶春近，王慧. 产教融合推动人才培养模式变革路径探究：以成都农业科技职业学院国家"双高计划"建设为例 [J]. 教育教学论坛，2023（8）：181-184.

[57] 黄洁，雷佳宾. 校企合作产教融合实践探索：以乌鲁木齐职业大学为例 [J]. 淮南职业技术学院学报，2023，23（1）：47-49.

[58] 王学伟，吕继敏. 浅谈中职院校产教融合共生系统的构建 [J]. 职业，2023（3）：84-87.

[59] 门超，周旺. 职业教育产教融合的机理、表征、症结及策略 [J]. 教育与职业，2023（3）：45-51.

[60] 景晓宁，徐永金. 我国职业教育产教融合机制研究综述 [J]. 岳阳职业技术学院学报，2023，38（1）：13-18.

[61] 凌子豪. 产教融合背景下高职人才培养路径研究 [J]. 产业创新研究，2023（2）：187-189.

[62] 李凡，杨志超. 职业教育产教融合校企合作成效问题分析 [J]. 牡丹江教育学院学报，2023（1）：43-45，117.

[63] 王燕毅. 应用型高校人才培养工作的思考和建议 [J]. 人才资源开发，2023（09）：53-55.

[64] 丁心舟. 能力本位视域下职业本科教育人才培养工作的思考与探究 [J]. 重庆电子工程职业学院学报，2023，32（1）：1-6.

[65] 刘晓筝. 对应用型本科高校人才培养工作的思考和建议 [J]. 河南财政税务高等专科学校学报，2022，36（5）：68-71.

[66] 杨建. 新升格高职院校人才培养工作状态数据采集对策分析 [J]. 中国教育技术装备，2021（14）：22-24.

[67] 徐莉. 高职院校人才培养工作评估实践研究：以江苏城乡建设职业学院为例 [J]. 太原城市职业技术学院学报，2021（3）：27-29.

[68] 王晓佳，战祥德. 基于人才培养状态数据采集与管理平台的高等职业院校教学工作诊断与改进机制研究 [J]. 才智，2021（5）：161-163.

[69] 胡红梅，陆瑶. 高职院校会计人才培养模式的改革与创新 [J]. 商业文化，2020（34）：108-109.

[70] 余景波，高娜娜，孙丽. "1+X"证书制度下高职院校人才培养工作探析 [J]. 青岛职业技术学院学报，2020，33（3）：14-18.

[71] 张彩云，赵冬. 高职院校人才培养工作评估模式的构建 [J]. 淮北职业技术学院学报，2019，18（6）：21-23.

[72] 叶惠娟. 乡土人才开发的途径、制约及策略分析：以江苏省乡土人才培养工作的实践为例 [J]. 佳木斯职业学院学报，2019（4）：54-55.